Xantener Zeitreise

Xantener Zeitreise

Gabriele M. Knoll

B·O·S·S Kleve 2003

Umschlagfoto:
Stadtansicht um 1800 (anonym)
Kopie von Otto Böttcher um 1930

Titelabbildung:
Hl. Viktor, Typar, Siegelstempel des Viktorstifts aus der 1. Hälfte des 12. Jh.,
bearbeitet von Frank Kallenberg

CIP-Kurztitelaufnahme der Deutschen Bibliothek

Dr. Gabriele M. Knoll: Xantener Zeitreise
1. Auflage 2003

© 2003 Tourist-Information Xanten

ISBN 3-933969-33-6
Druck: B.o.s.s Druck und Medien, Kleve

Inhalt

Vorwort – oder eine Gebrauchsanweisung für das Buch

Diese Stadtgeschichte von Xanten präsentiert sich in einer einzigartigen Mischung aus historischem Roman und Sachbuch. Sie entstand zum 775-jährigen Jubiläum der mittelalterlichen Stadtrechtsverleihung. Deswegen hat die mittelalterliche Geschichte auch einen besonderen Stellenwert erhalten und wird ausführlicher behandelt.

Jedes Kapitel der Xantener Zeitreise besteht aus zwei Teilen: dem „Dönekes" und dem „Sachbuch-Teil". Mit den Dönekes auf den kursiv gedruckten Seiten werden Episoden der Stadtgeschichte in Form eines historischen Romans erzählt. Dabei soll geschildert werden, wie sich das Geschehen, das Denken und Handeln mit großer Wahrscheinlichkeit abgespielt haben könnten. Personen, die nur mit Vornamen erscheinen, sind in der Regel erfunden, vollständig mit Namen genannte wurden dagegen durch historische Dokumente überliefert.

Aber auch die Sachbuch-Teile sollen nicht trockene Lektüre sein! Die Beschäftigung mit Geschichte darf auch Spaß machen. Es „menschelt" immer wieder, denn schließlich ist es der Mensch, der Historisches und Alltägliches schafft.

Obwohl Sie auf dieser Zeitreise durch rund 2000 Jahre von vielen wichtigen wie interessanten Ereignissen in und um Xanten erfahren, so stellen diese natürlich nur eine Auswahl dar! Es besteht wahrlich kein Anspruch auf Vollständigkeit – wohl aber der Anspruch, dass das Lesen dieser Stadtgeschichte Vergnügen bereiten darf! Und Lust auf weitere Beschäftigung mit historischen Themen machen soll!

Folgenschwere Neuigkeiten aus Köln

Ein lichtloser Herbstabend am Rheinufer bei Xanten. Dicke Nebelschwaden liegen über dem Land, es nieselt und die Luft scheint nur aus Feuchtigkeit zu bestehen. *Der schwarze Klotz der Burg Beek lässt sich gerade eben durch ein schwaches Licht in einem Fensterchen ausmachen. Seltene Ruhe herrscht an der Schiffsanlegestelle. Vier mit weiten Umhängen vermummte Männer suchen auf dem Hafensteg ihren Weg durch die nassen Wiesen. Der Regen hat das Gras niedergedrückt und man erahnt gerade einmal einen Pfad, wo sonst ein von vielen Karren befahrener Weg vom Rhein in den Marktort führt. Da versperrt ihnen ein umgestürzter Baum den Weg. Sie müssen durch tiefe Wasserlachen waten und Schlamm stapfen, der ihnen fast die Stiefel von den Füßen zieht.*

„Welche Annehmlichkeiten bot dagegen die Fahrt mit dem Schiff von Köln bis hierher? Obwohl die Herbststürme die Fahrt teilweise zu einer fürchterlichen Schaukelpartie machten! Aber wir saßen im Trockenen, hatten Speise und guten Wein – auch wenn Kanonikus Heinrich davon gar nichts wissen wollte und lieber betete, dass diese Reise doch noch ein gutes Ende nehmen möge! Wahrlich nicht schlecht, der Tropfen aus Königswinter! Da besitzt das Kölner Domkapitel gute Weinberge,“ geht es Propst Gottfried durch den Kopf. „Dem Himmel sei Dank, dass wir bald in Xanten sind. Noch eine halbe Wegstunde bei diesem Wetter! Wie gut, dass ich verfügt habe, dass unsere Reisekisten und Säcke über Nacht auf Beek bleiben und erst im Morgengrauen ins Stift gebracht werden sollen. Denn das muss nicht alles erst nass werden, was wir Gutes in Köln gekauft haben und schon gar nicht unsere Geschenke.“

Die ersten Kanoniker verlassen die Kirche des heiligen Viktor schnell nach der Vesper, dem abendlichen Gebet. Der Hymnus ist noch nicht ganz verklungen, schon beginnt das Gemurmel.

„Ist da nicht der Propst zurückgekommen? Was gibt es wohl Neues aus dem Heiligen Köln?" Der Stiftsherr Dietrich zieht sich den Pelzkragen höher, als er in den Kreuzgang tritt.

„Schon wieder haben die Leute des Grafen von Kleve einige unserer Güter in Hönnepel überfallen," flüstert ihm Theoderich zu. *„Von unseren Hörigen haben sie Abgaben erpresst. Gott sei Dank, dass wir unseren Zehnt schon am Tag des heiligen Viktors erhalten haben. Wenn ich nur an die guten und fetten Gänse denke, die unser Küchenmeister Otto so hervorragend zubereitet. Dieser Braten auf der Tafel der Schwanenburg? Welch ein Frevel wäre das!"*

Das glaubt Dietrich dem wohlbeleibten Kanonikus gerne, aber auch er schätzt eine knusprig gebratene Gans mit ihrem würzigen Innenleben. Ob Otto auch wieder seine Vorräte an Pfeffer, Zimt, Muskat, Nelken und Ingwer aufgefüllt hat? Vielleicht bringen die Reisenden aus Köln ja das eine oder andere Säckchen mit? Wie gut, dass man als Stiftsherr nicht auf diesen feinen Luxus verzichten muß!

„Wird Xanten nun die Stadtrechte bekommen? Das würde doch den dreisten Klevern Einhalt gebieten!" meint Johannes mit seiner piepsigen Stimme.

„Dummer Junge!" fährt ihm Kanonikus Arnold über den Mund, *„das wird diese raffgierigen Gesellen auch in Zukunft kaum davon abhalten, uns und unsere Leute zu überfallen, zu berauben oder gar nach dem Leben zu trachten."*

„Aber warum seid Ihr denn gegen das Privileg, das uns der Erzbischof Heinrich verleihen will?"

„Wirklich, Du brauchst noch viele Lektionen in der Stiftsschule! Solltest Deine Ohren auch im Kapitel besser aufsperren! Die Stadtgründung wird uns noch eine Menge Ärger einbringen, denn damit erhalten die Leute vor den Toren unseres Stiftes Rechte; Rechte, die uns weggenommen werden. Wo soll das noch hinführen, wenn nicht mehr wir allein das Sagen haben? Wenn ungebildetes Volk bestimmt, wo es lang geht? Das ist gegen Gottes Willen und Ordnung. Und eines Tages wollen die vielleicht auch noch an unsere Pfründe!"

Im Kapitelsaal geht die angeregte Diskussion weiter, denn Propst Gottfried fehlt noch in der Versammlung der Stiftsherren.

„Das gibt weniger Zehnt!"
„Wenn die Hörigen in die Stadt ziehen, sind wir ihre Arbeitskraft los. Wer macht dann die Frondienste, die wir brauchen, die uns zustehen?"
„Ja, wie wollen wir dann noch das neue große Gotteshaus bauen, zu Ehren der heiligen Märtyrer? Mögen Viktor und Helena uns beistehen in dieser schweren Zeit!"
Schnell verstummen die Gespräche, als Propst Gottfried den Raum betritt. Die Kanoniker erheben sich von ihren Sitzen und verneigen sich stumm zum Gruß.

Die Männer setzen sich wieder und ihr Vorsteher fährt fort: „Heinrich von Molenark, durch göttliche Barmherzigkeit Erzbischof der heiligen kölnischen Kirche und unser Landesherr hat beschlossen, im kommenden Sommer Xanten die Stadtrechte zu verleihen. Auch Rees soll in jenen Tagen das Privileg erhalten, sich Stadt nennen zu dürfen."

Weshalb sollten gerade Xanten und Rees gemeinsam „in einem Aufwasch" Stadtrechte bekommen? Die beiden Orte mit ihren Stiftsgemeinschaften stellten – jeweils auf ihrem Rheinufer – die nördlichsten Punkte des Territoriums des Kölner Erzbischofs dar. Gespannte nachbarschaftliche Verhältnisse gab es dabei nicht nur zu den Klever Grafen, sondern auch zu den geistlichen Herrn des Bistums Utrecht. Machtgerangel war eben keine Angelegenheit unter weltlichen Landesherren, die Kirchenfürsten standen ihren nicht geweihten Kollegen darin um nichts nach!

Bei dieser politischen Gemengelage erschien es dem Kölner Erzbischof nötig, seine Positionen an der Grenze im wahrsten Sinne des Wortes auszubauen und den beiden jungen Städten auch das Befestigungsrecht zuzusprechen. Eine Siedlung durch Stadtmauer, Graben und Wall zu schützen, war nicht Privatangelegenheit der Bewohner, diese Baumaßnahmen erforderten immer die Genehmigung des Landesherrn. Bezahlen durften die frisch gebackenen Bürger ihre Stadtbefestigung dann jedoch selber, vielleicht gab es Zuschüsse oder den vorübergehenden Erlaß von Abgaben.

Am unteren Niederrhein hatten die Kölner Erzbischöfe im Laufe des Mittelalters schon mehrfach Besitzungen und Rechte an die Klever Grafen verloren, die nun mit ihren „Machtzentren" zwischen Kleve und Kalkar sowie rechtsrheinisch um Wesel saßen. Diese Orte gab es zwar schon, doch waren sie noch nicht als Städte zu bezeichnen – überhaupt war der Niederrhein zwischen Neuss, Nimwegen und Duisburg noch im frühen 13. Jahrhundert eine offiziell städtelose Landschaft. 1228 mit den Stadtrechtsverleihungen an Xanten und Rees sollte ein Boom an Städtegründungen eingeleitet werden. Der Landesherr in Kleve, Graf Dietrich VI., brauchte wohl etwas länger, um den strategischen wie politischen Vorteil zu erkennen, denn er verlieh erst vierzehn Jahre später – Anno Domini 1242 – seinem Hauptwohnsitz Kleve die Stadtrechte; Wesel hatte sie bereits 1241 erhalten. Im Laufe des 13. Jahrhunderts zeichnete es sich also ab, dass Xanten wie eine Insel, eine Exklave, vom Territorium der Klever Grafen umgeben sein würde.

Ein anderes Problem für das Xantener Stift war sein Großgrundbesitz mit Höfen, die zu einem beachtlichen Teil auch auf dem Land der Klever lagen. Diese Bauernhöfe mit vom Stift abhängigen Leuten hatten für den Unterhalt des Viktorstiftes zu sorgen; ihre Abgaben füllten den Keller und Teller der Kanoniker. Beraubungen und Erpressen zusätzlicher Abgaben für die Herren in Kleve konnte man natürlich nicht hinnehmen, aber das Abwerben der Bauern verursachte noch einen langfristigeren Schaden. Die Klever Grafen lockten nämlich die vom Stift abhängigen Leute in ihre Orte, späteren Städte, mit dem Versprechen von mehr Freiheiten für den Einzelnen – eine im Mittelalter durchaus gängige Praxis. Damit verloren die Stiftsherren ihre kostenlosen Arbeitskräfte, und das Funktionieren der Bauernhöfe wurde auch in Frage gestellt.

Da musste es für das Viktorstift von größtem Interesse sein, diesen Verhältnissen einen Riegel vorzuschieben. Auch der oberste Herr des Stifts, der meist in der Ferne sich aufhaltende Kölner Erzbischof, konnte solche Vergehen gegen seine Person natürlich nicht hinnehmen. Um seine Macht ebenfalls am Nordrand seines Territorium demonstrieren zu können, besaß er westlich des Stiftsbezirks auch eine Bischofspfalz. Ende des 10. Jahrhunderts hatten seine Vorgänger im Amt mit einem ersten Bau begonnen. Wie es die Bezeichnung Pfalz schon sagt, war dies eine Burg, die von ihrem obersten Burgherrn nur zeitweise bewohnt wurde. Kaiser, Könige und Bischöfe, also die bedeutendsten Landesherrn des Mittelalters, konnten Pfalzen besitzen, in denen sie auf den Dienstreisen durch ihr Land vorübergehend Station machten und die Amtsgeschäfte erledigten, die so wichtig waren, dass sie sie nicht auf Stellvertreter abwälzen konnten. Pfalzen in der weiteren Nachbarschaft, in denen auch europäische Politik gemacht wurde, waren diejenigen von Aachen, Kaiserswerth und Nimwegen. Im Vergleich mit einer „gewöhnlichen" Burg war eine Pfalz im Normalfall repräsentativer geraten, denn schließlich brauchte man einen würdigen Rahmen und damit mehr Gebäude für wichtige Empfänge und Versammlungen. Und wenn nicht gerade hochrangiger Besuch die Pfalz beehrte, war sie mit ihren Ländereien ein ganz normaler Wirtschaftsbetrieb, ein Gut, das Einnahmen in die kaiserliche, königliche oder bischöfliche Kasse brachte.

Streit kannte man in Xanten aber nicht nur mit den weltlichen Herren, sondern auch mit der kirchlichen Nachbarschaft. Auseinandersetzungen mit dem Bistum Utrecht, das mit Emmerich seinen wichtigsten Posten am Niederrhein besaß, konnten ebenfalls vorkommen, denn das Rheinland war eine wichtige Wirtschaftsregion, um die es sich zu zanken lohnte. Schließlich benötigten gerade die kirchlichen Gemeinschaften viel Geld für den Bau und Unterhalt ihrer Kirchen und anderen Gebäude – also warum dann auf irgendeine Einnahmequelle verzichten?

So angebracht es schien, die Machtverhältnisse am Niederrhein Anfang des 13. Jahrhunderts – zumal auf friedlichem diplomatischen Weg – zu sichern, im Xantener Stift gab es auch Gegenstimmen. Mit der Vergabe von Stadtrechten an Xanten befürchtete man selbstbewusste, „aufmüpfige" Bürger, über die man nicht mehr als Untertanen ohne Rechte frei verfügen konnte. Eine Keimzelle freier Bürger gleich vor dem Stiftseingang? Das drohte gegen gottgewollte Ordnungen zu verstoßen!

Und dann sollten die Kanoniker mit einem Mal für alte Rechte zahlen! Mit den neuen Verhältnissen wurden sie selber abgabenpflichtig. Sie sollten nicht mehr ohne Steuern zahlen zu müssen, kaufen und verkaufen dürfen, also Marktzölle auch für geschäftstüchtige Kanoniker. Ebenso das Privileg, die „Extrawurst", das Vieh des Stifts ohne Gebühren auf städtischen Flächen weiden zu lassen, sollte beschnitten werden. Nach einigem Hin und Her beschwerten sich die Stiftsherren gleich in Rom. Den korrekten Dienstweg über den Kölner Erzbischof mochte man nicht einhalten, denn der schien ja diesmal mehr auf der Seite seiner neuen Stadtbürger zu stehen.

Vom Ausgang des ersten aktenkundigen Streits zwischen Stift und Stadt weiß man nicht viel mehr, als dass Papst Gregor IX. am 30. Mai 1234 einen Untersuchungsausschuss einsetzte. Stiftsherren aus Mainz sollten den Beschwerden ihrer Xantener Kollegen nachgehen. Von Propst Gottfried liest man in den Akten jener Zeit nicht viel. Er sah sich wohl mehr als Archidiakon, als Vertreter des Kölner Erzbischofs in den wichtigen Amtshandlungen des Erzbistums, und kümmerte sich vermutlich lieber um die große Politik im Lande. Für das Tagesgeschäft in Xanten fühlte er sich nicht mehr berufen, seine Anwesenheit bei der Stadtrechtsverleihung war ihm wohl schon genug Beschäftigung mit den Sorgen und Problemen in seinem Stift.

Die offizielle Stadtgründung –
Verleihung von Stadtrechten im Doppelpack

„Wir wünschen es also, es möge zu aller Kenntnis gelangen, dass wir im Hinblick auf die Belästigungen und Verluste, die unsere getreuen Bürger von Xanten infolge der kriegerischen Zeiten durch Einfälle *immer häufiger erlitten haben, ihnen auf Rat unserer Getreuen erlaubt haben, ihre Stadt zu befestigen. Dabei haben wir ihnen und allen, die dort ansässig werden, die Freiheit und Rechte verliehen, die unsere Bürger von Neuss seit altersher bekanntlich besessen haben, auf dass sie um so wärmer der kölnischen Kirche ergeben sind, je mehr sie erkennen, welch dankenswerte Vorteile sie von ihr reichlich empfangen haben."*

Feierliche Stille herrscht nach diesen Worten des Kölner Erzbischofs Heinrich von Molenark in der Reeser Marienkirche. Für die Bewohner Xantens sollen nun auch, wie es schon den Reeser Bürgern am Vortag verkündet wurde, sichere Zeiten anbrechen. Der 15. Juli 1228 wird für sie ihr historischer Tag. Doch nur wenige Xantener können direkt dabei sein, von der Prominenz gerade einmal Propst Gottfried, der Vogt Dietrich von Veen und der zukünftige Schultheiß von Xanten, Arnold von Molenark, der diesen Posten auch für Rees erhalten hat. Dem Propst ist es sehr recht, dass Erzbischof einen Verwandten für dieses Amt ausgewählt hat.

„Dann wird in Xanten schon alles mit rechten Dingen im Sinne des Erzbischofs zugehen. Arnold ist uns treu ergeben, und wir in Köln brauchen uns nicht um alles zu kümmern," denkt Gottfried, den seine Karriere mehr interessiert als das Wohlergehen des Viktorstifts. „Vielleicht bedeuten diese geordneten Verhältnisse auch, dass ich frei bin für einen Bischofsstuhl. In den letzten fünfzehn Jahren ist es schließlich schon zwei Xantener Pröpsten gelungen, Bischof zu werden. Otto in Utrecht, Dietrich in Münster. Da könnte ich doch …"

Trompetenklänge reißen Gottfried aus seinen Träumen. Ihr Hall ist noch nicht ganz in der Kirche verklungen, da hebt Heinrich von Molenark wieder die Pergamentrolle hoch. Er zieht an den grünen, roten und gelben Seidenbändern das hellrote Wachssiegel der Urkunde zurück und beginnt, mit kräftiger Stimme vorzutragen.

„Damit nun diese unsere wohlbegründete und für unsere Kirche nutzbringende Entscheidung auch die Kraft nötiger Sicherheit erhalte und damit die Freiheit und die Rechte, die wir genannten Bürgern gewährt haben, sowohl von uns wie auch von unseren Nachfolgern unverletzt bewahrt werden, haben wir hiernach diese Urkunde aufschreiben und durch Anfügung unseres Siegels bestätigen lassen."

Dann zählt er die Zeugen auf, die anwesend waren, als der Reeser Stiftsherr Theoderich die bedeutungsschweren Sätze mit kratzender Feder auf die Tierhaut schrieb. Selbstverständlich sind diese Herrschaften auch wieder mit ihren prächtigsten Gewändern dabei.

„Godefridus prepositus Xantensis et archidiaconus Coloniensis, Hermannus Coloniensis advocatus ..."

Propst Gottfried hält den Atem an und streckt sich ein bisschen, denn er ist stolz, dass er bei diesem Staatsakt mit allen wichtigen Personen aus Köln als Erster genannt wird. Er schaut hinüber zu Vogt Hermann, einer stattlichen Erscheinung in seinem dunkelroten Mantel. Mit seinen 65 Jahren gilt Hermann IV. aus dem Geschlecht derer von Heppendorf schon als ein hoch betagter Greis, aber er waltet noch immer seines Amtes wie ein junger Mann. Erst vor zwei Jahren war es ihm gelungen, den Mörder des Kölner Bischofs Engelbert aufzuspüren und seiner gerechten Strafe auf dem Rad zuzuführen. Alle Achtung! Sieben Erzbischöfen hat Hermann im Lauf seines ungewöhnlich langen Lebens schon gedient. Man wird nicht unbedingt alt als Bischof, sinniert Gottfried, aber das hält mich nicht im Geringsten davon ab, es auch werden zu wollen. Diese Macht will ich auch haben. Ich will in prächtigen Sälen und warmen Kammern leben. Raus aus der Provinz, weg vom Land, wo es nicht einmal standesgemäße Quartiere für hohe Gäste gibt! Ich brauche die Luft von Köln, dem Rom des Nordens!

Dass Propst Gottfried nicht zufrieden ist mit den Möglichkeiten Xantens in jenen Tagen, muß nicht verwundern. Denn es ist schon ein Armutszeugnis, dass man die hochrangigen Gäste aus Köln nicht standesgemäß unterbringen kann. Die Bischofspfalz am Rand des Stiftsbezirks bestand aus nicht viel mehr als einem mehrgeschossigen Wohnturm; das Stift besaß kein ordentliches Gästehaus, und in der Kaufleutesiedlung Xanten hatte man auch kein Gebäude für so viel hohen Besuch. Eine Stadtrechtsverleihung und Unterbringung der Gäste in Zelten? Das war natürlich kein würdevoller Rahmen. So verschweigen die Dokumente aus dem 13. Jahrhundert, wie der Erzbischof bzw. seine Leute dieses organisatorische Problem gelöst haben, und wie die Verleihung der Stadtrechte an Xanten nun wirklich abgelaufen ist.

Schon die Urkunde wurde mit größter Wahrscheinlichkeit in Rees aufgesetzt, denn sie besitzt nicht nur einen nahezu identischen Text, sondern sie trägt dieselbe Handschrift wie diejenige, die der Stadt Rees ihre neuen Privilegien gibt. Theodericus, Kanonikus im Marienstift, ist in jener Zeit als „scriptor" (Schreiber) sogar namentlich bekannt. Als Zeugen der Niederschrift werden alle vierzehn Stiftsherren samt Propst und Dechant aus Rees genannt, für das Protokoll der Xantener Stadtrechtsverleihung dagegen nur drei Personen, die in einer Beziehung zu Xanten stehen und dann auch noch mit größter Wahrscheinlichkeit zu den aus Köln angereisten Personen gehörten. Es sind der Propst Gottfried, von dem überliefert ist, dass er wenig in Xanten war und die beiden neuen Stadtherren Vogt Dietrich von Veen und Schultheiß Arnold von Molenark aus dem Gefolge des Kölner Erzbischofs. Es fällt ebenfalls auf, dass von den Kanonikern des Viktorstifts niemand auf dem Pergament genannt wird. So unbedeutend war das Viktorstift wirklich nicht, dass man die Herrschaften bei der Stadtgründung hätte übergehen können – wenn sie denn in Xanten stattgefunden hätte!

Aber vielleicht sind die Xantener ja doch nicht ganz um einen Festakt gekommen, den dieser Anlass schon verdient hätte. Man könnte sich vorstellen, dass Heinrich von Molenark mit Gefolge auf der Rückreise bei Xanten noch einmal vom Schiff gestiegen ist, um in

18

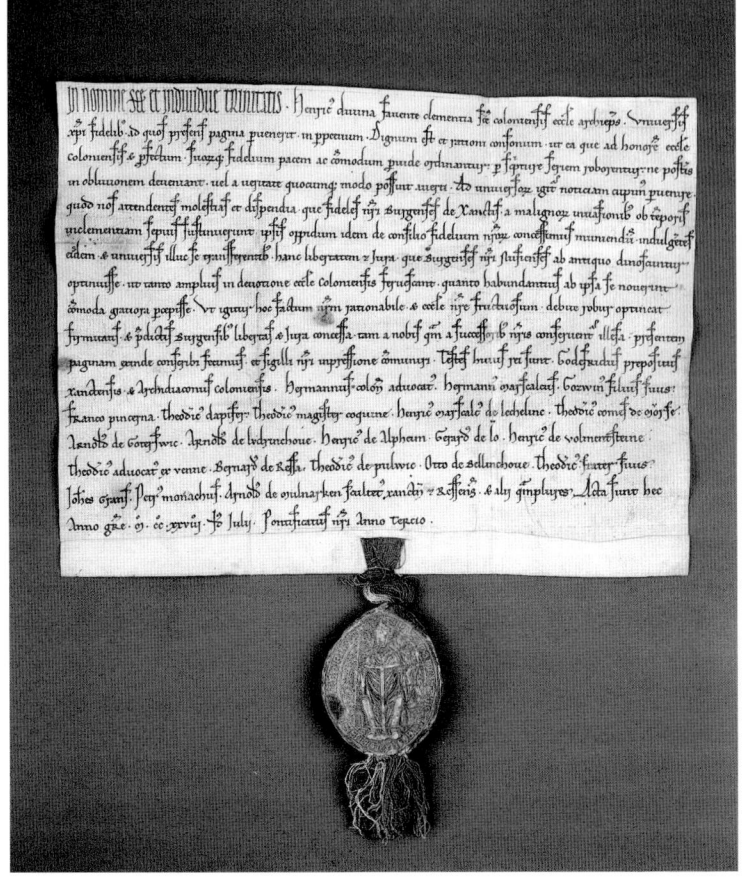

Die Stadterhebungsurkunde vom 15. Juli 1228

der Viktorkirche den Text zu verlesen und die Urkunde zu überreichen. Ein opulentes Festmahl hätte die reisende Gesellschaft für ihren weiteren Weg noch stärken können.

Auf dem Papier – genauer auf einer Schafshaut – besaßen Xantens Bürger ab dem 15. Juli 1228 neue Rechte. Erst jetzt durften sie sich „Bürger" nennen, was wiederum mit Privilegien gegenüber der Landbevölkerung verbunden war. Der Kölner Erzbischof hatte ihnen drei Rechte zugestanden: die Befestigung, die Freiheit der Bewohner von der Hörigkeit und einigen anderen Abhängigkeiten und drittens noch die Selbstverwaltung inklusive einer eigenen Rechtsprechung.

Obwohl ein wesentlicher – wenn nicht sogar der wichtigste – Grund für die Stadtrechtserklärung die Sicherung und Stärkung Xantens gegenüber den Angriffen der Klever Grafen war, nahmen die frisch gebackenen Bürger die Befestigung gar nicht so ernst, wie man es hätte erwarten können. Die Zeit war wohl noch nicht reif oder die Bedrängnis doch gar nicht so groß, dass man die eigene Stadt mit einer vertrauenserweckenden Mauer umgeben wollte. Die Xantener begnügten sich fürs Erste mit einem Wassergraben und einem Wall, der durch Palisaden ein bißchen wehrhafter wirkte. Genaueres ist von der ersten Stadtbefestigung in den Dokumenten nicht überliefert. Ernster nahmen dagegen die Stiftsherren den Schutz ihres Bezirks, der Immunität. Sie konnten sich schon im 13. Jahrhundert hinter einem Graben und einer stabilen Bruchsteinmauer sicherer fühlen. Doch diese Ringmauer erfüllte auch nicht immer ihren Zweck und so blieb den Stiftsherren manches Mal nichts anderes übrig, als ihre Kirchenschätze und Reliquien in Kisten zu packen, um sie irgendwohin in Sicherheit zu bringen.

„Stadtluft macht frei!" – ein verheißungsvoller Satz für alle, die auf dem Lande lebten, denn für sie galt das Motto „Landluft macht eigen" und das waren im 13. Jahrhundert am Niederrhein um die 90% der Bevölkerung. Dabei war es gleichgültig, ob man als Abhängiger eines weltlichen oder geistlichen Herrn sein Leben fristete. Natürlich besaß auch das Viktorstift viele Hörige und in deren Leben mischten sich die geistlichen Grundherrn in fast jeder Situation ein. Der Boden, den der Abhängige beackerte, und das Haus oder die Hütte, in der er mit seiner Familie lebte, gehörten dem Stift. Von dem Erwirtschafteten musste rund die Hälfte in Naturalien abgeliefert werden. Wenn man Glück hatte, war nur die „dritte Garbe", also ein Drittel der Ernte, fällig. Auch die Arbeitskraft des Hörigen war noch an anderen Plätzen gefragt. Gab es Frondienste zu leisten, zum Beispiel um mit „seinem" Ochsengespann Holz und Steine auf die Dombaustelle zu transportieren oder gleich dort als Handlanger zu arbeiten, blieb die Arbeit auf dem „eigenen" Feld und im Stall liegen bzw. wurde dann allein von den Familienangehörigen geleistet. Ein Entkommen aus dieser Abhängigkeit war nicht vorgesehen, denn man durfte nur mit der Genehmigung des Grundherrn seine Scholle verlassen – das Umziehen in die Stadt bedeutete eine Flucht, einen Verstoß gegen bestehende Rechte. Doch die Verlockung war natürlich groß und verständlich. Vielleicht mochte der hörige Mensch auch gerne selber entscheiden, wen er heiraten wollte und dies nicht der Willkür seines Herrn überlassen. Selbst nach dem Tod profitierte dieser noch von seinen ehemaligen Abhängigen. Die Verwandten hatten als Ersatz für einen Mann das beste Stück Vieh und für eine Frau deren wertvollstes Gewand oder Haushaltsgerät abzuliefern. Kleine Gebühren für den Ausfall von Arbeitskraft? Oder Erbschaftssteuer von Leuten, denen ohnehin fast nichts gehörte? Das alles bestimmte der Grundherr, denn er stellte die Regeln auf und sorgte für ihre Ausführung. Schließlich war man auch noch der zuständige Gerichtsherr für seine Hörigen. All dieser Einengungen und Abhängigkeiten konnte man sich entledigen, wenn man den Neuanfang in einer „richtigen" Stadt wagte. Wesentliche Voraussetzung war dafür das entsprechende Wort „libertas" (Freiheit) in der Stadtrechtsurkunde und die persönliche Ausdauer, ein Jahr und einen Tag am Rande der Legalität in der Stadt gelebt zu haben. Dann war man ein freier Mensch!

Zu den Freiheiten, die Xanten am 15. Juli 1228 zugesprochen bekam, gehörte auch das Recht der Bürger auf Selbstverwaltung und eigene Gerichtsbarkeit. Die Rechtsprechung war nun nicht mehr die Privatangelegenheit eines einzelnen Grundherrn, sondern eines aus mehreren Personen bestehenden Schöffengerichts. Zwar hatte der Kölner Erzbischof als Landesherr noch einiges mitzureden, denn er half bei der Auswahl der Schöffen mit und „sein Mann" in Xanten, der Schultheiß, musste die Beschlüsse und Urteile absegnen. Aber es waren schon einmal weit mehr Personen an der Rechtsprechung beteiligt. Das Amt des Schöffen wurde allerdings durch die Jahrhunderte hinweg dann in den wenigen auserwählten Familien vererbt. Vor allem sollte es sehr förderlich für die wirtschaftliche Entwicklung der jungen Stadt werden, dass Kaufleute und Handwerker nun ihre Geschäfte und Gewerbe in einem rechtlich abgesicherten Raum betreiben konnten. Man konnte Verträge machen über Geschäftsbeziehungen, den Kauf von Grundstücken oder Häusern, man konnte finanzielle Fragen regeln. Dafür war es jetzt auch nicht mehr nötig, auf einen der wenigen jährlichen Gerichtstermine zu warten, sondern es genügten zwei Schöffen und der Schultheiß – und schon stand der Notartermin.

Vermutlich sieben Schöffen und der Schultheiß bildeten Xantens erste Stadtregierung und Verwaltung. Die genaue Stadtverfassung ist für das 13. Jahrhundert nicht überliefert; da in der Mitte des 15. Jahrhunderts stets sieben Schöffen in den Dokumenten erwähnt werden, könnten es gleich viele von Anfang an gewesen sein. Der Schultheiß, der ab dem 14. Jahrhundert dann „Richter" genannt wurde, wurde vom Kölner Erzbischof als Verwalter des Bischofshofes in dieses Amt gesetzt. Den ersten, Schultheiß Arnold, hatte Heinrich von Molenark aus seiner Verwandtschaft ausgewählt. In seiner Aufgabe als Stadtrichter wurde der Schultheiß oder Schulze vom Vogt unterstützt. Erster Mann auf diesem Posten war Dietrich von Veen, einer der Zeugen bei der Stadtrechtsverleihung. Ein Vogt war verantwortlich für die hohe Gerichtsbarkeit, schwere Verbrechen wie Mord und Totschlag fielen in sein Ressort. Solche Delikte wurden gewöhnlich an den drei jährlich feststehenden Gerichtsterminen verhandelt: am Montag nach Ostern, am Tag des hl. Lambertus, dem 17. September und nach Dreikönigen, dem Ende der Weihnachtszeit. Gelang es jedoch, einen Täter auf frischer Tat in der Stadt zu ertappen, kam er gleich vor das Schöffengericht, und der Vogt war nur noch für die Vollstreckung der Strafe zuständig.

In den Worten „oppidum … muniendum", „libertatem et jura" der Stadtrechtsurkunde verbergen sich umwälzende Neuerungen für die Bewohner Xantens. Die neue Rechtslage im Schatten der Viktorkirche bringt vielen Vorteile, auch der Kölner Erzbischof und seine Schatulle werden von dem Neuanfang und dem Tatendrang der frisch gebackenen Bürger profitieren. Also, politisch kein schlechter Schachzug, denn mit der Verleihung der Stadtrechte an Xanten und Rees beginnt sich das Gründungs-Karussell am Niederrhein erst richtig zu drehen. Stadtgründung scheint der Zeitvertreib der hohen Gesellschaft zu werden, zum neuen Trend in der Territorialpolitik.

1230 erhebt der Graf von Geldern Goch zur Stadt, 1233 ist Emmerich an der Reihe, im selben Jahr zieht der Kölner Erzbischof mit Rheinberg nach, 1241 beginnen die Klever Grafen mit ihren Stadtgründungen: erst Wesel, dann Kleve, dann Kalkar. Um bei der modern gewordenen Landflucht nicht gegenseitig die Untertanen und damit ihre geschätzte Arbeitskraft zu verlieren, schlossen die niederrheinischen Landesherren in der Mitte des 13. Jahrhunderts sogar Verträge ab, die das Auswandern verhindern sollten. 1242 wurde ein Vertrag zwischen Geldern und Kleve unterzeichnet, 1255 einer zwischen dem Grafen von Geldern und dem Kölner Erzbischof und 1260 zwischen den Geldernern und dem Viktorstift in Xanten. Stadtluft macht frei – wenn schon, dann aber bitte nur in meinem Territorium, dachte man als Landesherr!

Aufbruchstimmung

Das Hämmern der Steinmetze ist nicht zu überhören. Auf den schwebenden Gerüsten an den beiden Türmen der Viktorkirche arbeiten die Maurer. Schon beim Gedanken an diese Höhen wird es Dorothea *schwindelig. Noch nie hat sie so hoch oben gestanden, sie will es aber auch gar nicht. Wenn sie den Berichten ihres Bruders Arnt lauscht, der dort arbeitet, hat sie noch mehr Angst um ihn und nimmt sich jedesmal vor, ein Gebet mehr für ihn zu sprechen. Hatte er nicht erst gestern erzählt, dass im vergangenen Sommer ein Lehrjunge, der 12 Jahre alt war – gerade einmal so alt wie sie, von den nassen Brettern am Südturm abgerutscht war? Und wie er da gelegen haben muss mit seinen zerschmetterten Knochen, in seinem Blut? Von solch schlimmen Dingen hatte sie in Hönnepel noch nie gehört; es gab dort schließlich auch nichts, was annähernd so hoch war wie diese Mauern an der Xantener Kirche. Wenn man in Hönnepel von einem hohen Baum fiel, konnte das auch sehr schmerzhaft sein, aber jeder, dem das passiert war, hatte, soweit sie das wußte, diesen Sturz überlebt. Nur Matthias humpelte seitdem mit einem verkrüppelten Bein.*

„Aus dem Weg!"

Ein Fuhrknecht schnauzt das in Gedanken versunkene Mädchen an. Dorothea springt auf die Seite und scheucht damit einige Hühner auf, die in den Abfällen am Straßenrand nach Futter suchen. Sie ärgert sich, denn sie wollte doch mit einem sauberen Rock bei der Familie ihres Onkels erscheinen. Wernher, ihr Vetter, hatte versprochen, ihr Xanten zu zeigen. Es ist gerade zwei Wochen her, dass auch ihre Eltern mit den sieben Geschwistern heimlich in der Nacht ihre Hütte verlassen und sich auf den Weg in die neue Stadt gemacht haben. Wernher und seine Familie sind nun schon fast zwei Jahre in der Stadt, sie haben damit den Sprung in das freie Stadtleben geschafft.

Dorothea betritt das Haus ihres Onkels in der Weberstraße. Hier leben und arbeiten nicht nur die Leinenweber, sondern auch die Wollweber, zu denen er gehört.

„Schön, dass Du kommst, sei gegrüßt, Dorothea," sagt die Tante, die mit ihrem Nähzeug an dem kleinen Fenster sitzt und sie schon längst gesehen hat. Dorothea hat dagegen Mühe zu erkennen, wer sich sonst noch in dem düsteren Raum aufhält. Nahe beim Herdfeuer, das jetzt nur noch schwach glimmt, schaukelt ihre Cousine den Jüngsten der Familie auf dem Schoß. In der hintersten Ecke hört sie, wie zwei kleinen Jungen auf dem Strohlager balgen und damit die Katzen vertreiben. Fauchend springen die Tiere davon und suchen das Weite. Fast wäre Wernher über eine der Katzen gestolpert, als er von der Straße hereintritt. „Hallo, komm lass uns gleich gehen!" begrüßt er Dorothea. „Ich will Dir die Stadt zeigen!"

Überall wird gehämmert und gebaut, ungeahnter Tatendrang ist in allen Straßen und Gassen zu spüren. Fast so viele Baustellen wie fertige Häuser sind in der Stadt zu finden. Hier richten Zimmerleute gerade mit großer Kraftanstrengung den hölzernen Rahmen für eine ganze Hauswand auf. Dort sägt man Balken für einen Dachstuhl, und nebenan werden die Strohbündel für ein dickes Dach zusammengebunden. Da wird Lehm mit Stroh vermischt, um ihn später auf das Rutengeflecht der Fachwerkwände zu schmieren.

Auf dem Marktplatz herrscht Hochbetrieb, denn am Samstag wird hier der große Wochenmarkt abgehalten. Weit mehr Händler machen sich inzwischen auf den Weg nach Xanten, denn mit einer Urkunde hat sie der Kölner Erzbischof von lästigen Abgaben befreit. Seit 1237 müssen sie für ihre Waren und das Vieh, das sie hier verkaufen wollen, keine Zölle mehr zahlen. Auch die großen Kaufleute profitieren davon, dass für ihre Schiffe, die in Xanten anlegen, jetzt die Zollgebühren entfallen. Nur noch für die Märkte am Tag des hl. Viktors und des hl. Thomas müssen sie Zoll an den Erzbischof zahlen. Aber das schmerzt sie kaum, denn dann sind so viele Pilger in der Stadt und die Geschäfte laufen so gut, dass man auch darüber locker hinwegkommt. Wernher und Dorothea haben Mühe, sich im Gedrängel des Marktes nicht zu verlieren. An jedem Stand will Dorothea aber auch schon wieder stehen bleiben und sich die Dinge ansehen, die dort feilgeboten werden. *Diese Berge von Früchten und Gemüse kann sie nicht genug bestaunen, denn solche Mengen hat sie noch nie gesehen.* Selbst wenn die Ernte in Hönnepel gut ausfiel, war es nie soviel. *Und dann die vielen Dinge, die sie überhaupt nicht kennt! Was man in der Stadt nicht alles braucht! Und was die feinen Herren aus dem Stift nicht alles kaufen?* Schwer beladen folgen die Küchenjungen dem Koch des Stifts, zu zweit mühen sie sich mit einem Korb ab, und ein dritter geht gebeugt unter einem dicken Sack. *Dort läßt ein anderer Kanonikus von einem Händler einen hohen Stapel glänzender Kupfergefäße durch das Marktgetümmel Richtung Michaelskapelle balancieren.* Durch das Stimmengewirr dringt plötzlich ein schöner Gesang begleitet von Flöten- und Psalterklängen. Werner und Dorothea kämpfen sich nun schneller durch die Leute hindurch, denn sie wollen sehen, wer da Musik macht. So etwas hört und sieht man schließlich auch nicht alle Tage. Ein Musikantenpaar trägt eine Geschichte vor, in der es nur um die Liebe gehen kann, so gefühlvoll und vielsagend wie die Worte und die Gesten des Sängers sind.

„Schade, dass ich nicht viel verstehen kann," flüstert Dorothea ihrem Vetter zu.

„Was ist das denn für eine komische Sprache?"

„Weiß ich doch nicht," raunzt der zurück. Da mischt sich ein Kaufmann, der den Wortwechsel der Kinder mitbekommen hat, ein: „Französisch! Und die Lieder kenne ich auch, denn jedes Mal, wenn ich auf den Messen in der Champagne gewesen bin, hat man sie auf den Plätzen gehört. Es ist der Roman der Rose, eine Geschichte von einem Liebesgarten hinter hohen Mauern. Aber das geht Euch ja noch gar nichts an! Das müsst Ihr wirklich nicht verstehen!"

Dorothea sieht das jedoch anders. Da flüstert ihr ein Mädchen, das neben ihr steht, zu: „Der Mann liebt eine wunderschöne rote Rose, hat der Sänger erklärt, bevor sie angefangen haben."

Na, was ist da denn schon dabei? Warum darf ich das nicht wissen? Von der Liebe singen andere auch. Und nachts im Strohlager, wenn Vater und Mutter meinen, ich würde schlafen… ? denkt Dorothea.

„Komm, lass und weitergehen!" sagt sie und nimmt Wernhers Hand.

Wieder müssen sie sich durch die dicht gedrängten Zuschauer mühen und sind froh, den Marktplatz verlassen zu können. Doch so viel leerer ist es am Rand des Großen Marktes und dem Beginn der Marsstraße auch nicht, da von hier ebenso die Besucher auf den Platz strömen.

Bald ziehen die Arbeiten an einem noch nicht ganz fertigen Haus in der Marsstraße die beiden Kinder in den Bann. Da entsteht kein Holzhaus gewöhnlicher Leute mit seinen kleinen und niedrigen, meist verräucherten Räumen. Es ist ein steinernes hohes Haus, so gebaut wie man es in Xanten nur von der Bischofsburg und dem Stift kennt. Ein reicher Kaufmann soll es errichten lassen, erzählt man. Dieses Haus hat keinen Lehmboden, der aufweicht und glitschig wird, wenn man Wasser verschüttet hat! Nein, seine Räume sind mit steinernen Platten ausgelegt, so wie man sie auch in der Viktorkirche findet. Und dann die großen, oben runden Fenster, wie sie so auch nur noch an der Kirche zu sehen sind! Aber wie wollen die Bewohner das schaffen, im Winter die Kälte herauszuhalten? Ob dafür die Fensterläden ausreichen? Aber wieviel Licht könnte es da im Sommer in dem Haus geben? Man kann dann bei Sonnenschein vielleicht gar nicht mehr unterscheiden, ob man drinnen oder draußen ist. Für Dorothea steht der Entschluss längst fest, eines Tages in einem vornehmen Steinhaus zu wohnen. Wenn ich schon keinen reichen Kaufmann heiraten kann, so realistisch ist sie mit ihren zwölf Jahren bereits, dann will ich wenigstens als Magd mit seiner Familie in so einem prächtigen steinernen Haus leben.

Mit der Verleihung der Stadtrechte setzte in Xanten eine rege Bautätigkeit ein. Schnell erkannte man die besten Lagen, vor allem die Grundstücke am Markt und an den wichtigsten Durchgangsstraßen, der Marsstraße und der Weberstraße. Mit einer Urkunde des Jahres 1250 musste Erzbischof Konrad von Hochstaden schon in den Grundstückshandel regulierend eingreifen. Er sorgt dafür, dass die Abgaben für die besten Lagen nicht in astronomische Höhen steigen. Alle Grundstücke in Xanten sollen wie auch in anderen Städten mit dem üblichen Zins – Steuersatz – belegt werden. Für die

Grundstückseigentümer legt man auch den Zahltag fest; jeweils acht Tage nach dem Tag des hl. Viktors, also am 18. Oktober, sind die acht Kölner Denare fällig. Dieselbe Gebühr wurde auch als Erbschaftssteuer für einen Hausplatz festgelegt.

Der erste Bauboom, den Xanten im 13. Jahrhundert erlebte, brachte der jungen Stadt eine Vielzahl von Holzbauten, vor allem Fachwerkhäusern. Manches mag auf einem Steinsockel erbaut worden sein, vielleicht sogar ein Erdgeschoss oder aber nur eine Wand aus Stein besessen haben, um die Brandgefahr am Herdfeuer gering zu halten. Ab dem Ende des 13. Jahrhunderts taucht der Backstein auf Xantener Baustellen auf. An den ersten Stadttoren, die den Zugang durch das Wall-Graben-System sichern, versucht man sich vermutlich mit dem „neuen" Baumaterial. Obwohl Xanten auf dem Ruinenfeld der Colonia Ulpia Traiana vor der Haustüre eigentlich über größere Mengen an Steinen verfügte, liest man nichts von Karawanen an Ochsen- und Pferdekarren, die den Transport des wertvollen Baumaterials auf die zahllosen Baustellen der neuen Stadt besorgt hätten. Hin und wieder findet man zwar römisches Baumaterial in mittelalterlichen Gebäuden – womit bewiesen wäre, dass „Recycling" keine moderne Erfindung ist; aber in einem solchen Umfang hat man die Steine aus Eifel und Siebengebirge auch wieder nicht verarbeitet, dass sie das Stadtbild prägten.

Unter den hölzernen Gebäuden Xantens fielen die wenigen Steinhäuser auf. Zwischen 1290 und 1373 sind sechs Stück nachgewiesen. Dabei handelte es sich keinesfalls um Häuschen aus Ziegelsteinen, sondern um Hofanlagen mit Haupt- und Nebengebäuden – vielleicht kleinen Stadtburgen, denn die Befestigung Xantens mit seinem Wall-Graben-System ließ in jener Zeit einiges zu wünschen übrig. Da war es nicht schlecht, etwas mehr in die Sicherheit des eigenen Anwesens zu investieren. Außerdem konnte man mit solch aufwendigem und teurem Bauen seine Zeitgenossen noch beeindrucken. Man gehörte zu eben zu einem kleinen Kreis, zur gerade im Entstehen begriffenen städtischen Oberschicht. Das waren die einflußreichen Männer, die als Schöffen oder Ministerialen – der neuen Berufsgruppe in Xanten, den erzbischöflichen Beamten – die Stadt regierten. Ein anderer aus diesem Kreis war der Münzer, der Chef der erzbischöflichen Münzstätte, der sich in der Marsstraße ein Steinhaus errichten ließ.

Nördlich der Stiftsimmunität dehnte sich die junge Stadt weiter aus, als es durch den heute erhaltenen Mauerverlauf erscheint. Die Rhein-, Bemmel-, Brück- und Klever Straße reichten bis fast an die Grenze der Colonia Ulpia Traiana heran. Vielleicht hat man praktisch gedacht und die – entweder noch existierenden oder leichter wieder freizulegenden – römischen Stadtgräben in die mittelalterliche Befestigung einbezogen. In den Dokumenten sind jedenfalls Häuser und Höfe überliefert, die vor 1389 nördlich der späteren Stadtmauer liegen und dann plötzlich nicht mehr existieren. Danach wurden Nutzgärten an ihrer Stelle angelegt, die teilweise in Besitz derer sind, die dort vorher Häuser besessen haben. Ein gewisser Bereich vor einer Stadtmauer durfte nie mit Häusern bebaut sein, denn schließlich hätte dies den Verteidigern die Sicht versperrt und Angreifern guten Schutz geboten. Doch soweit war es in Xanten noch nicht. In der Mitte des 13. Jahrhunderts war man am Niederrhein und auch der eroberungsfreudige Klever Graf mit den diplomatischen Geschäften für Stadtgründungen ziemlich gut beschäftigt, dass man den Bau solider Stadtmauern eben noch auf die lange Bank schieben konnte. Wirtschaftförderung zur Stärkung der eigenen Macht war mehr angesagt.

In Xanten musste man dabei auch nicht am Punkt Null anfangen, denn es existierte bereits ein Marktplatz und demzufolge auch Markttreiben, das von den beiden Grundherren, dem Kölner Erzbischof und dem Viktorstift, auch ohne offizielle Erklärungen toleriert wurde. Es war ja nicht zu ihrem Schaden! Durch die Verleihung der Stadtrechte und nachfolgender Privilegien wurde mit dem Markt schon Existierendes rechtlich abgesichert und gefördert. 1237 befreite Heinrich von Molenark die in Xanten Handel treibenden Personen von detaillierten Zollgebühren und führte einen Pauschalbetrag von 16 kölnischen Schillingen ein, den die Xantener Bürger alljährlich am Tag des hl. Lambertus, dem 17. September, abzuliefern hatten. Auch die Besucher der Märkte wurden

Ansicht der Kirche zu Xanten, Lithographie um 1824/31
Die romanischen Westtürme von St. Viktor rahmen ein später eingebautes
gotisches Maßwerkfenster.

von Zollabgaben – der mittelalterlichen Frühform der Mehrwertsteuer – befreit. Zusätzlich standen sie bei ihrem Weg von und zum Markt unter dem Schutz des Erzbischofs. Wie sehr dies Wegelagerer und Räuber abgehalten hat, bleibt offen.

So großzügig Heinrich von Molenark noch war, seinen Untertanen Zölle zu erlassen, so suchten und fanden seine Nachfolger neue Einnahmequellen auf diesem Gebiet. Ab dem späten 13. Jahrhundert kassierten sie bei der Burg Beek von den Vorbeischiffenden Zölle und um diesen Anspruch zu untermauern, erbauten sie einen Zollturm am Rheinufer. Damit lagen sie ganz im Trend der Zeit und folgten dem Beispiel vieler Berufskollegen, die das weitere Rheintal mit zahllosen Zollstätten, sei es in Form von Burgen oder nur Zolltürmen, versahen.

Andere Finanzmittel zu erschließen, war auch für die Kanoniker des Viktorstifts mit ein Grund, Pioniertätigkeiten im Urselwald zu starten. Die sich westlich der Stadt bis Labbeck ausdehnenden Wälder sollten gerodet und besiedelt werden. Neue Felder und Bauernhöfe auf ihrem Land bedeuteten ein Ausgleich der Verluste, die man durch die Landflucht von Hörigen schon erlitten hatte, aber dann sicherlich auch eine Steigerung der Einkünfte.

Besonders viel Geld brauchten die Stiftsherren im 13. Jahrhundert wieder einmal für den Kirchenbau. Zunächst sollte der westliche Teil der Viktorkirche vollendet werden. Von der luftigen Höhe sogenannter schwebender oder fliegender Gerüste, d. h. die Bretter, auf denen gearbeitet wurde, waren nicht Teil eines auf dem Boden stehenden Gerüstes, sondern balkonartig im Mauerwerk befestigt, wurde der Südturm fertig gestellt. Der Nordturm musste darauf bis zum frühen 16. Jahrhundert warten. Aber ganz andere Baupläne reiften in der Mitte des 13. Jahrhunderts, als das romanische Gotteshaus noch nicht einmal komplett, aber schon unmodern geworden war. Gotische Architektur war mittlerweile „in". In diesem Stil baute man schon seit über einem Jahrhundert in Frankreich große Kathedralen. Auch auf deutschem Boden, genauer in Marburg und in Trier, entstanden mit der Elisabeth- bzw. der Liebfrauenkirche die ersten gotischen Neubauten. 1248 hatte der Kölner Erzbischof mit der

Die hl. Helena auf der Xantener Dombaustelle, Wandmalerei aus dem Jahre 1754 in dem ehemaligen Kanonikerhaus Kapitel 13

Grundsteinlegung für einen neuen Dom nachgezogen. Warum sollte man da in Xanten zurück stehen und nicht auch ein noch größeres und prächtigeres Gotteshaus zu Ehren der Märtyrer und der heiligen römischen Kirche bauen? Schließlich sah die Finanzlage im Viktorstift doch gar nicht so schlecht aus.

„Eure Fabrik wird selbst mit Gottes Hilfe nicht den Dombau zu Ehren des hl. Viktors schaffen. Auch in Köln sind wir weit davon entfernt," sagt Stiftsherr Georg,*" und dabei steht es um die fabricae ecclesiae unseres Domkapitels wirklich nicht schlecht."*

„Man erzählt sich zwar im Erzbistum," entgegnet ihm der Xantener Kanonikus, *„wir im Viktorstift gehörten zu den reichsten im Lande, aber was hilft uns das denn bei solch einem großen Unternehmen? Wie kann man an weitere Mittel für den Kirchenbau kommen?"*

„Wir in Köln haben schon mehr Opferstöcke aufgestellt, und in jeder Messe wird um Spenden und Stiftungen gebeten. Das Domkapitel überlegt immer wieder, welche Pfründe man noch der Fabrik übereignen könnte. Neulich kam sogar der Vorschlag, die vier Jahre Wartezeit auf die Kanonikerpfründe um ein weiteres zu verlängern und diese Summen in den Kirchenbau zu stecken."

„Na ja, den Stiftsherren, die bereits aufgenommen sind, tut das nicht weh. Aber werden dann noch neue um Aufnahme bitten?"

„Ach, wer vier Jahre vorfinanzieren kann, der kann auch fünf!"

„Sollte man nicht beim Heiligen Vater den Segen für einen neuen Ablass erbitten? Damit wäre uns sehr geholfen. Auch die Pilger sind eine gute Einnahmequelle, vielleicht lässt sich da noch mehr herausholen?"

„Neue Reliquien für mehr Pilger?"

„Auch eine Möglichkeit! Wir werden später in der Kapitelversammlung darüber noch ausführlich sprechen."

Nach zwei gemächlichen Runden verlassen die beiden Kanoniker den Kreuzgang, durchschreiten das Tor zur Straße und setzen ihren Spaziergang unter den Bäumen des Kapitels fort. Der Xantener Stiftsherr ist froh, dass der Fabrikmeister des Kölner Domkapitels auf seiner Reise hier Station macht. Wo hätte er es in dieser Gegend auch sonst tun können? Vielleicht noch in Lüttingen auf dem Hof des Kölner Benediktinerklosters St. Pantaleon, aber da kann man im Viktorstift einem hochrangigen Gast schon mehr bieten. Und schließlich ist es nicht schlecht, etwas von den Erfahrungen des Kölner Fabrikmeisters zu hören.

„Das steht uns noch alles bevor," murmelt der Xantener, *„aber wenn man nach Köln die schönste Kirche haben will, muss man eben einiges auf sich nehmen. Und es wird sich sicherlich lohnen – nicht erst am Jüngsten Tag."*

„Welchen Wein schätzt man denn in Xanten am meisten?" fragt Stiftsherr Georg, als er den offenen Eingang zum Weinkeller sieht.

„Sicherlich wird es heute Abend für den einen oder anderen Schoppen Gelegenheit geben. Wir in Köln trinken am liebsten den Weißen vom Drachenfels."

„Ach, vom Wein halte ich nicht so viel. Mir ist ein würziges Bier lieber."

„Dominus, domini, domino, dominum, domine," schallt es ihnen von hohen Kinderstimmen entgegen, als sie hinter der Kellnerei um die Ecke biegen, *„domini, dominorum, dominibus, domines, dominibus."*

„Sie lernen ordentlich? Habt Ihr wieder solch einen hellen Kopf dabei, wie damals als der spätere Magdeburger Erzbischof Norbert von Gennep hier lernte? Der hat es ja wirklich weit gebracht. Soviel Ruhm wird uns die Nachwelt wohl nicht gönnen. Aber unsere Kathedralen werden sie noch bis in alle Ewigkeit sehen…"

„Wenn es uns gelingt, alle Mittel für den Bau aufzutreiben! Die Meister unter den Steinmetzen wissen, was ihre Arbeit wert ist und werden auch von einer Baustelle zur nächsten teurer!" entgegnet ihm der skeptische Xantener Fabrikmeister. Vor seiner Kurie, seinem Wohnhaus, schräg gegenüber der Stiftsschule hält er an.

„Ihr kennt ja den Weg zur Alten Propstei gleich neben dem Michaelstor. Dort erwartet man Euch. Ich werde mich jetzt ein bißchen zur Ruhe legen, und ich glaube, Euch tut es auch gut. Es wird heute noch ein langer Abend für uns werden – erst im Kapitelsaal, dann im Weinkeller."

Fünf Glockenschläge und das Knarren der Zimmertür holen den Xantener Stiftsherrn aus seinem leichten Schlummer. Der Diener Johannes schiebt seinen Kopf durch den Türspalt: „Heinrich, seid Ihr schon wach? Es hat fünf geschlagen!"

„Aber ja doch, komm herein und schließe das Fenster!" Genauestens verfolgt Heinrich jeden Schritt seines Knechtes. Die Leichtigkeit seines Ganges und die geschmeidigen Bewegungen des jungen und schlanken Körpers sind ihm eine Augenweide. Er wirft ihm ein zärtliches Lächeln entgegen, das Johannes mit einem strahlenden Blick beantwortet. Während der Junge das Fenster schließt, wendet er seinen Kopf dem Stiftsherrn zu, der sich behäbig aufrichtet, die Decke von sich schiebt und die Beine über die Bettkante rutschen lässt. Eigentlich wäre ihm danach, über die Pflichten und das Aufstehen zu stöhnen, doch der Anblick des Knabens bei dieser Gelegenheit ist ihm eine willkommene Entschädigung.

„Wollt Ihr gleich die Chorgewänder anlegen? Oder wollt Ihr erst noch im Bett einen Trunk nehmen?"

„Bring mir beides, ein kleines Bier und die Cappa choralis mit dem Superpelliceum! Auch wenn es eigentlich viel zu warm und lästig ist, vergiss mir nicht den Pelzschal!"

„Natürlich vergesse ich Eure Almucia nicht! Ich eile schon!" und mit einem strahlenden Blick verläßt Johannes den Raum.

Schwer beladen kommt er nach wenigen Minuten zurück. Über die Schulter hat er den schweren Chormantel aus weißem Wollstoff geworfen, über seinem linken Arm hängen das schwarze weite Chorhemd und der Pelzschal mit den lustig baumelnden Troddeln aus Tierschwänzen an seinen Enden. Mit beiden Händen nimmt Heinrich den Becher, nicht ohne die zarten Finger seines Knechts zu berühren. Einen Augenblick halten seine Hände die Hand des Jungen, die den Becher umschließt.

„Ich muss noch das Birett holen," sagt Johannes und zieht langsam seine Hand weg. Er legt die schweren Gewänder mit Sorgfalt über eine Stuhllehne. „Ich bin gleich wieder da!"

Bei diesem Gang hat der Junge weit weniger zu tragen. Das Birett stellt er vorsichtig auf den Tisch, schließlich erscheint ihm diese Mütze

aus roter Seide besonders kostbar und empfindlich. Heinrich steht
bereits vor dem Bett und zieht sich sein Untergewand vom Bettende
heran. Johannes springt hinzu und hebt die Cappa mit beiden
Händen hoch, um sie dem Stiftsherrn zu geben. Ein Lächeln des
Dankes für die kleine Handreichung huscht über das Gesicht des
Kanonikus.

„Stimmt es, dass Ihr mit dem Kölner Fabrikmeister zusammen
Xanten verlassen werdet?"

„Ich weiß es noch nicht, aber es wäre vielleicht klug, ein Bastinum zu
nehmen und eine Reise zu den großen Baustellen am Rhein zu machen.
Nicht nur in Köln gäbe es viel zu studieren. Eigentlich wären auch die
Bauhütten in Freiburg und Straßburg den weiten Weg wert, aber diese
Mühen! Diese Gefahren, Unannehmlichkeiten und Kosten einer Reise!"

„Aber die Pfründe gehen doch nicht verloren, wenn Ihr aus solchem
Grund für Monate das Viktorstift verlasst."

„Ja, ja, das stimmt schon. Aufenthalte zum Studium an den Univer-
sitäten in Frankreich oder Italien, Bildungsreisen, Verwandten-
besuche und natürlich die Pilgerfahrt darf ein Kanonikus unter-
nehmen, ohne dass man ihm Stift die Pfründe einkassiert. Die Ein-
nahmen fließen schon weiter, auch wenn ich nicht am Chorgottes-
dienst teilnehme, aber das macht das Reisen auch nicht sorgenfreier.
Und immer diese Ungewissheiten! Und die vielen Mittagsschlummer,
die mir dann verwehrt sein werden! Wolltest Du das?"

Der Lebenswandel eines Stiftsherrn unterschied sich deutlich
von demjenigen eines Mönches. Dessen Gelübde und Verpflichtung,
in Armut, Keuschheit und Gehorsam zu leben, galt für einen Stiftsherrn – alias Kanonikus – nur in eingeschränktem Maße. Von Armut
konnte bei den Mitgliedern des Viktorstifts keine Rede sein, denn
nicht nur die Gemeinschaft war wohlhabend genug, große Kirchen-
architektur in Auftrag zu geben, auch die einzelnen Stiftsherren
besaßen ausreichende Einkünfte, um einen eigenen Haushalt zu
finanzieren oder teure Kunstwerke in Auftrag zu geben.

Um Stiftsherr zu werden, musste man als eheliches Kind in einer
wohlhabenden Familie das Licht der Welt erblickt haben und auch

keine sichtbaren körperlichen Mängel oder Behinderungen aufweisen. Offiziell konnte man erst im Alter von achtzehn Jahren in ein Stift eintreten, doch über diese Bestimmung sah man schon einmal hinweg, so wie es das Beispiel des kleinen Norbert von Gennep zeigt, der im zarten Kindesalter in das Viktorstift abgeschoben wurde. Ab dem beginnenden 14. Jahrhundert erwartete man von zukünftigen Stiftsherrn auch die Weihe zum Subdiakon – damit war er ein Weltgeistlicher im Gegensatz zu einem Mönch. Die begehrten Plätze im Viktorstift waren jedoch wie auch in anderen Stiften limitiert, das bedeutete erst nach dem Tod eines Kanonikers oder dem Aufgeben dieser Position, weil man eine attraktiveren Stellung gefunden hatte – vielleicht Bischof geworden war – konnte ein Neuling nachrücken. Die Fürsprache von Mächtigen, wie dem Kölner Erzbischof oder gar dem Papst, konnte die Wartezeit natürlich verkürzen und man durfte schneller Mitglied im Kapitel werden.

Mit dem Kapitel bezeichnete man zum einen die Gemeinschaft der Kanoniker, die an einer Kirche, in einem Stift lebten und den Chor- und Gottesdienst abhielten. Pflicht war allgemein, an mindestens zwei Messen und mehreren Stundengebeten teilzunehmen. Zum anderen nannten die Stiftsherren auch ihre Vollversammlung, in denen sie über die Angelegenheiten des Stifts berieten, Kapitel. Dazu traf man sich im Kapitelsaal. Und zu guter Letzt war man im Viktorstift nicht sonderlich einfallsreich, was die Bezeichnung der Straße in der Immunität anging: Man nannte auch sie „Kapitel".

Bereits im 12. Jahrhundert ließ sich das Gemeinschaftsleben, die vita communis, nicht mehr durchsetzen und die Wohngemeinschaft der meist 48 Stiftsherren begann, sich allmählich aufzulösen. Statt in einem großen Schlafsaal zu nächtigen, zog man es zunehmend vor, in einem eigenen Haus am Kapitel und in der eigenen Schlafkammer zu schnarchen. Ob dies auch immer allein nach den Regeln der Keuschheit geschah? Theoretisch sicherlich, denn Mägde waren im Haushalt eines Stiftherrn eigentlich verboten! Aber da gibt es auch im frühen 13. Jahrhundert den aktenkundigen Fall des Stiftsherrn Gerhard aus dem kölnischen Patriziergeschlecht der Vetscholder. Dieser Kanonikus sorgte mit seiner Geliebten Blanza persönlich für

Antonius-Altar in St. Viktor, Jan Baegert, um 1500
Auf dem linken Außenflügel hat sich der Stifter des Altars, ein unbekannt
gebliebener Kanoniker, in betender Haltung malen lassen.

Nachwuchs unter den Klerikern, denn der fürsorgliche Vater brachte
seine Söhne in kirchlichen Diensten unter. Zwei wurden Domvikare
in Köln und ein dritter, vielseitig begabter Sohn namens Gottfried
Hagen wurde zunächst Stadtschreiber in Köln. Dann wechselte

der Junior in den dortigen Kirchendienst, wo er als Pfarrer von Klein St. Martin und Dechant des Stiftes St. Georg amtierte. Nebenbei fand er noch Zeit zum Schreiben und verfaßte eine volkssprachliche Chronik, mit der er einige Berühmtheit erlangte. Doch zurück zu den Xantener Herrschaften und dem korrekten Lebenswandel eines Stiftsherrn sowie den wichtigsten Ämtern in dieser Gemeinschaft! Circa 48 Kanoniker, 25 Vikare und 44 Mann Personal bildeten diese geschlossene Gesellschaft zu Ehren des hl. Viktors.

Ein Propst (lateinisch „praepositus" – Vorsteher) war als erster Mann im Stift ebenfalls zuständig für auswärtige Angelegenheiten. Anfangs wählten die Stiftsherren ihren Vorgesetzten, doch ab dem frühen 14. Jahrhundert kümmerte sich kein Geringerer als der Papst um die Besetzung dieses gut dotierten Postens. An den Einnahmen aus den reichen Pfründen waren sogar Herren aus der römischen Kurie interessiert. Es konnte auch vorkommen, dass dieser adlige Stiftsherr so sehr an dem außerhalb des Stiftes ablaufendem Leben interessiert war, dass er nicht mal mehr in Xanten wohnte oder sich die Mühe machte, sich überhaupt dort einmal blicken zu lassen. Dem einen oder anderen schien es für seine Laufbahn förderlicher, gleich in Italien zu bleiben oder beim Kölner Erzbischof zu arbeiten und vielleicht auch noch ein Kloster oder Stift in Köln zu leiten.

So gelang manchem Xantener Propst der Aufstieg auf einen der Bischofsstühle in Köln, Münster, Paderborn, Lüttich oder Utrecht. Die steilste Karriere machte in den Jahren 1457/58 Propst Enea Silvio de' Piccolomini. Dieser Herr, der Xanten allerdings nie gesehen hat, war ein Jahr bevor er die Propstpfründe annahm, Kardinal von Siena geworden und wurde 1458 zum Papst Pius II. gewählt und gab im selben Jahr die Xantener Propsteipfründe an seinen Neffen Francesco weiter. Aber auch nach Spanien und Süditalien konnte von Xanten aus die weitere Laufbahn führen. Aus dem 1543 zum Xantener Propst gewählten Antoine Perrenot de Granvella wurde 1561 der Erzbischof und Kardinal von Mechelen; weitere Stationen in einer europäischen Karriere waren der Posten des Staatssekretärs Kaiser Karls V., eines Ministers Philipps II. von Spanien und zum Schluss 1584 noch der Stuhl des Erzbischofs in Besançon.

Eine stärkere Beziehung zu Xanten hatte dagegen Kanonikus Norbert, der es als gewöhnlicher Stiftsherr am Ende seines ereignisreichen Lebens immerhin auf den Bischofsstuhl nach Magdeburg gebracht hat. Dort hatte er sich schließlich um kirchliche wie weltliche Dinge zu kümmern.

Zum Aufgabenbereich des Xantener Propstes gehörte auch der „Nebenjob" Archidiakon. Dies bedeutete, dass er als Stellvertreter des Kölner Erzbischofs in der Verwaltung und Rechtsprechung im Erzbistum aktiv sein musste. Um 1300 gehörten nicht weniger als 108 Pfarrkirchen und 21 Kapellen zum Amtsbereich des Archidiakonats Xanten, und als zweitoberstem Dienstherrn stand bei dem jeweiligen Propst demzufolge einiges an Mehrarbeit und Reisen auf dem Terminkalender. Kleinere Repräsentationspflichten fallen dabei schon kaum mehr ins Gewicht. Auch die regelmäßig jedes Jahr abzuhaltende Synode, die Zusammenkunft der Geistlichen des Archidiakonats, fiel in seinen Zuständigkeitsbereich. Da der Propst mit den Geschäften außerhalb des Stiftes bestens ausgelastet war und seine Pflichten gegenüber dem Stift eigentlich nur vernachlässigen konnte, benötigte er dort einen Stellvertreter.

Diese Aufgaben übernahm ein Dechant/Dekan (lateinisch „decanus"), dessen Amt sich im Laufe der Zeit zum wichtigsten im Stift entwickelte und den Propst damit übertrumpfte. Der Dechant führte den Stiftsgottesdienst durch und leitete die Versammlungen des Kapitels. In der Korrespondenz und bei den Urkunden steht sein Name stets an erster Stelle. Selbstverständlich fiel es auch ihm zu, auf die Einhaltung der Regeln zu achten und Verstöße zu ahnden. Der nächste in der Rangfolge der Stiftsherren war der Scholaster (lateinisch „scholasticus") – Generalsekretär, Personalrat und Schuldirektor in einer Person. Die Geschäftsführung des Stifts lag in seinen Händen, gleichzeitig vertrat er als Sprecher der Kanoniker deren Meinungen gegenüber dem Propst und Dechanten. Die Schlüsselgewalt besaß der Portar (lateinisch „portarius"), der viertwichtigste Mann im Stift. Er hütete die Schlüssel zum Chor und Kapitelsaal. Da er wohl mit dieser Aufgabe nicht ausgelastet war, wurde ihm noch die Stellvertretung des Dechanten aufgebürdet.

Eng mit den irdischen Gütern und dem Besitz der Stiftsgemeinschaft war der Kellner/Kellerer (lateinisch „cellarius" oder „cellerarius") verbunden. Er hatte sich um weit mehr zu kümmern als das, was in kleinen oder großen Fässern im Gewölbekeller des Stifts oder in Säcken auf dem Speicher verschwand. In seinen Händen lag die gesamte Verwaltung des Wirtschaftsunternehmens Viktorstift – einer „Firma" von regionaler Bedeutung. Man besaß Land und Güter in einem Dreieck vom südlichen Niederrhein, der Umgebung von Dülken und Amern, bis in die Region Dortmund und nach Nordwesten bis Alphen an der Maas. Dieser Grundbesitz und die darauf erwirtschafteten Einkünfte kassierte, verwaltete und verteilte der Cellerarius. Dreh- und Angelpunkt im weltlichen Alltag des Stifts waren die Pfründe oder Praebenden (lateinisch „praebenda"), die dem Kanoniker nach einer bestimmten Zeit, zwischen einem und vier Jahren der Zugehörigkeit zum Stift, zustanden. Aus ihnen bestritt er weitgehend seinen Lebensunterhalt, und nach seinem Tod konnte er für ein weiteres Jahr auf eine Fortsetzung der Zahlungen vertrauen. Damit ließen sich noch Schulden bezahlen oder man konnte sich mit einer Stiftung bei der Nachwelt in guter Erinnerung halten.

Ein besonderer Posten im Haushalt des Stifts war die sogenannte Fabrik oder Kirchenfabrik (lateinisch „fabrica" bzw. „fabrica ecclesiae"). Dazu zählten Besitzungen, „Fabrikgüter", deren Erträge ausschließlich für den Kirchenbau vorgesehen waren. Der Fabrikmeister, ein Stiftsherr mit größeren unternehmerischen Fähigkeiten und einer gewissen Kenntnis vom Baubetrieb, verwaltete diesen Vermögensfonds für Errichtung und Unterhalt der Kirchengebäude. Er kümmerte sich bei den Bauarbeiten auch mit ums Praktische, indem er Arbeitsverträge abschloss; für die Auswahl des Baumaterials und der Lieferanten war er ebenso verantwortlich. Die Bauleitung lag in den Händen eines Baumeisters, den der Fabrikmeister engagierte.

Für die Ausbildung des Nachwuchses, der auch in einem Stift die unterschiedlichsten Talente ausleben konnte, war zunächst einmal der Scholaster als Leiter der Stiftsschule zuständig. Es war durchaus üblich, dass die zukünftigen Stiftsherren schon im Kindesalter nicht nur für diese Karriere eingeplant wurden, sondern auch schon in das ausgesuchte Stift gebracht wurden, wie zum Beispiel Norbert von Gennep, den man im zarten Alter von sieben Jahren im Viktorstift ablieferte. Dort erhielten sie – später auch in Gesellschaft der Jungen aus der neuen städtischen Oberschicht – neben dem elementaren Unterricht im Schreiben, Lesen, Rechnen, Latein eine erste wissenschaftliche Grundausbildung in Grammatik, Rhetorik und Dialektik. Söhne armer Xantener Familien, die als Berufswunsch Priester angaben, konnten mit Hilfe von Stipendien den Besuch der Stiftsschule absolvieren. Die höhere Bildung oder ein Aufbaustudium absolvierte der Xantener Nachwuchs-Kanoniker dann unter anderem an den berühmtesten Hochschulen Italiens und Frankreichs, denn als Sprößling aus adliger und wohlhabender Familien, besaß man die nötigen Mittel für eine solche Ausbildung. Schließlich bedeutete das Kanonikerleben keineswegs Endstation hinter hohen Stiftsmauern; es konnte den Strebsamen mit guten Beziehungen ja noch auf einen Bischofsstuhl führen. Damit war im Mittelalter gleichfalls weltliche Macht verbunden – siehe wiederum den Lebenslauf des heiligen Norberts.

Reisen, Weiterbildung – sei es als Besuch einer Universität oder als individuelle Studienreise – diplomatische Dienste und Geschäftsreisen waren Gründe für ein sogenanntes Bastinum. Der Kanoniker musste nur darauf achten, dass er nicht zu lange oder gar unerlaubt abwesend war, denn dann konnte ihm der Geldhahn abgedreht und seine Pfründe ausgesetzt werden. Privater Besitz war für den neuen Stiftsherrn dagegen unerlässlich, denn im Normalfall dauerte es vier Jahre bis er an die Pfründe, seinen Anteil am Stiftshaushalt, kam. In dieser Anfangszeit musste man ja schließlich auch von etwas leben, seine Kleidung, seinen Haushalt und das eine oder andere finanzieren. Die ehemaligen Kanonikerhäuser, die Kurien, an der Straße Kapitel rund um den Dom sind heute noch Zeugnisse dieser ganz und gar nicht klösterlichen Lebensweise. Auch im Landes- bzw. Bistumsvergleich stand das Viktorstift nicht schlecht da: Nach denjenigen des Kölner Doms, St. Gereon in Köln und St. Cassius in Bonn galt es als das viertreichste im Rheinland.

Vorbildlich – Stiftsarchiv und Stiftsbibliothek

Für die neu ernannten Schöffen sollte es eine exklusive Besichtigungstour werden; sie sollten Dinge sehen, die den normalen Sterblichen ihr ganzes Leben lang vorenthalten blieben. Aber als Schöffe war man *eben doch etwas Besseres. Man hatte das Amt und die Pflicht übernommen, in der Stadt für geordnete Verhältnisse zu sorgen und das war keine einfache Angelegenheit, denn man hatte Neuland betreten. Verwaltung, Rechtsprechung, Urkunden, Dokumente … Da reicht das Gedächtnis allein nicht mehr, hatte Jakob schon mehrfach feststellen müssen und schließlich gab es immer mehr neue Dinge und Probleme, für die man Losungen finden musste. Wie nur das Ganze in den Griff bekommen? Vielleicht konnten die Einblicke in das hinter Mauern verschlossene Leben der Kanoniker weiter helfen, denn die schafften es schon seit unendlich langer Zeit, so schien es ihm, ihre Belange zu regeln. Jedenfalls hatte er noch nie davon gehört, dass die Stiftsherren Schwierigkeiten gehabt hätten, ihre Güter zu verwalten und an die Abgaben ihrer Untertanen zu kommen. Damit hatte man unter den Kirchenmännern schon viel Erfahrung.*

Kurz nach dem zehnten Glockenschlag kommt auch der letzte angeeilt. Jakob überrascht es nicht, dass sie wieder einmal auf Cornelius warten müssen, denn bei den Sitzungen des Schöffengerichts ist es ähnlich. Aber es liegt nicht nur daran, dass Cornelius mit seinem Haus am Anfang der Marsstraße wohl den weitesten Weg von ihnen allen hat. Er ist auch mit Abstand der älteste von ihnen. Nun sind sie vollständig, die Herren aus vornehmsten Familien Xantens. Man hat sich in die feinsten Tuche gehüllt, der eine oder andere lange rote Mantel ist zu sehen, etwas Pelz – auch wenn es der warme Frühlingstag gar nicht erfordert. Aber schließlich repräsentiert man die Bürgerschaft und plant einen offiziellen Besuch, bzw. man steht noch vor dem Michaelstor.

Das schwere Tor unter der Kapelle öffnet sich, und der Blick der Wartenden fällt auf eine Delegation, die sich zu ihrer Begrüßung aufgestellt hat. Die wichtigsten Herren aus dem Stift stehen vor ihnen: der Dechant, der Scholaster, der Portar, der Cellerarius. Natürlich fehlt wieder einmal der Propst, der sich ein Bastunium gönnt und beim letzten Vollmond nach Rom aufgebrochen ist. Der Thesaurar Dietrich scheint an diesem Vormittag besonders nervös. Er ist mehr gewöhnt, sich allein mit den Kirchengeräten und anderen wertvollen Dingen in der Sakristei zu beschäftigen. Diese Ruhe schätzt er; aber gleich werden alle Blicke auf ihn gerichtet sein, wenn er ihnen sein Reich zeigt und sie ihm Fragen stellen. Dann wird er es nicht mehr verheimlichen können, dass ihm meistens die Worte fehlen, nur einzelnen Buchstaben aus ihm herauskommen. Seine Gedanken sind immer klar, doch seine Zunge versagt, wenn mehr als zwei Augen ihn ansehen. Dann wissen sie es auch draußen in der Stadt! Bei diesem Gedanken schießt dem Thesaurar das Blut in den Kopf. Nicht einmal hier in der Immunität kann ich meine Ruhe haben. Hätte ich die Ernennung zum Thesaurar doch nie angenommen! Heiliger Viktor, heilige Helena, helft mir, diesen Besuch zu überstehen!

Von solchen Sorgen ahnt die Gesellschaft der Schöffen nichts. Die Herren sind viel zu sehr gespannt, was sie in der Sakristei erwartet. Und wieder klappern große Schlüssel, öffnet sich knarrend eine Tür und die Gäste des Stifts wagen kaum den Schritt über die Schwelle der Sakristei. Das Herz, das Verwaltungszentrum, einer Gemeinschaft, die sich weiter ausdehnt als die meisten von ihnen je gereist sind, das betreten sie mit andächtigem Schweigen. Wie mag das reiche Viktorstift nur seine Geschäfte, seine Einnahmen und Ausgaben regeln, wie hat man den Überblick über die Vielzahl der stiftseigenen Güter? Und wie kann man nur die Scharen von Abhängigen erfassen, kontrollieren? Dass sich keiner aus seinen Pflichten stehlen und betrügen kann? Abgaben aus dem Dorstener Zehntbezirk, Pfründe in Hamminkeln oder Dülken, Abrechnungen aus dem Dekanat zwischen Maas und Waal, Wachszins aus Hönnepel? Solche Gedanken gehen den Schöffen durch den Kopf, und für sie scheint es schon eine nicht zu lösende

Angelegenheit, die wenigen hundert Xantener vor den Toren der Immunität zu verwalten.

„Tretet doch ein!" fordert sie der Dechant mit einer einladenden Geste seiner rechten Hand auf. Der Reihe nach betreten die Schöffen die Sakristei gefolgt von den Kanonikern.

Jakob als jüngster unter den Schöffen steht in der zweiten Reihe, so wie es von ihm auch erwartet wird. Für ihn ist es in dieser Situation ein Vorteil, denn er kann sich umschauen, ohne dass es gleich auffällt. Trotzdem wagt er nur verstohlene Blicke in alle Ecken des Raumes zu werfen. Das soll das Archiv des viertreichsten Stifts im Lande sein? Hier gibt es doch gar nichts zu sehen! Wo sollten die vielen Urkunden sein, die die Pröpste und Dechanten in den Jahrhunderten des Viktorstifts haben schreiben lassen? Und die Rechnungsbücher oder die Protokolle der Kapitelversammlungen? Der Dechant nähert sich einer Kiste aus dunklem Eichenholz. Dietrich, der Thesaurar, ist jedoch um einen Schritt schneller und steckt zielsicher den Schlüssel in das Schloss. Den Deckel anzuheben, wagt er jedoch nicht, denn er lässt natürlich dem Decanus den Vortritt. Mit dem Hauch eines unsicheren Lächelns tritt er wieder einen Schritt zurück, dann noch einen winzigen zweiten, noch einen dritten in der Hoffnung, dass man ihm keine Fragen stellt. Der Decanus nimmt die oberste Pergamentrolle heraus und zeigt sie den Gästen.

„Hier seht Ihr das Archidiakonat Xanten mit all seinen Pfarrkirchen und Kapellen. Es sind weit mehr als hundert Gotteshäuser." Welch ein Prahlhans, denkt sich Jakob. Da muss er uns doch gleich erst einmal zeigen, dass die Macht der Stiftsherren viel weiter reicht als die der Schöffen von Xanten! Kommt zur Sache, Meister, ich will wissen, wie ihr eure Geschäfte und Verwaltungsangelegenheiten niederschreibt. Nun, holt schon die Rechnungsbücher, die Heberegister über die Stiftsgüter und ähnliches aus dieser kümmerlichen Kiste, die das ganze Stiftsarchiv sein soll!

Aus den kleinen Anfängen, einer Kiste, die in der Sakristei aufbewahrt wurde, entwickelte sich im Laufe der Jahrhunderte eines der bedeutendsten Archive im Rheinland. Mit größter Wahrscheinlichkeit hat man im Viktorstift von Beginn an alle wichtigen Vorgänge, soweit es damals üblich war, auch dokumentiert, doch sind diese durch den Brand im Jahre 1109 verloren gegangen. Auf dem Brandhorizont jenes Jahres – im übertragenen Sinne – baut sich heute ein Fundus von über 6000 Urkunden und mehreren tausend Akten auf. Von Urkunden, die die Siegel von Päpsten und Kaisern tragen, über profane Baurechnungen des Viktordomes bis hin zu Prozeßakten von Streitigkeiten zwischen Kanonikern und Abhängigen – alle diese Dokumente geben Einblicke in den vielseitigen Alltag des Xantener Stifts.

Gerade die „irdischen" Dinge eines Stiftslebens werden ungewöhnlich gut dokumentiert. In den sogenannten Rotuli wurden die

Blick in die Xantener Stiftsbibliothek, die um 1547/48 errichtet wurde

erwarteten Ernteerträge und daraus folgenden Abgaben aufgelistet – handlich im Heftformat, damit der Kellner sie auch parat haben konnte, wenn es an das Abliefern und Zahlen von Schulden ging. Mehr für die Verpflichtungen innerhalb des Stiftes waren die Urbare, in denen die Güter und Einkünfte des Stifts und die Leistungen der Kellnerei an die Kanoniker festgehalten waren. Bis zurück ins 14. Jahrhundert kann man den Stiftsherren in nahezu vollständig erhaltene Rechnungsbücher gucken und beispielsweise Kosten und Probleme einer Dombaustelle im Mittelalter studieren.

Die offizielle Post und die wichtigsten Amtshandlungen des Stifts wurden ungefähr ab 1130 mit dem Großen Stiftssiegel besiegelt. Dass alle Geschäfte unter den Schutz des Hausheiligen gestellt wurden, macht die ovale Messingplatte deutlich. Um eine Abbildung des römischen Kämpfers im Kettenhemd samt gestreiftem Untergewand und Hose zieht sich in Kürzeln das Spruchband „Der heilige Viktor, Patron der Xantener Kirche." In seiner rechten Hand hält er Schild und Lanze, während er sich mit einem Palmzweig in der linken als Märtyrer ausweist.

Zu den wertvollsten Beständen des Stiftsarchivs gehören ebenfalls mittelalterliche Handschriften aus der Zeit vor der Erfindung Gutenbergs. Die älteste Handschrift, die heute noch in Xanten aufbewahrt wird, ist eine Bibel aus der Mitte des 12. Jahrhunderts. Natürlich besaß man einst auch noch ältere Werke, doch die sind im Laufe der Zeit, vor allem durch die Säkularisation, die Verweltlichung des Kirchenbesitzes 1803, in „halb Europa" verstreut worden, so zum Beispiel das älteste Buch, ein Evangeliar des 9. Jahrhunderts, das sich inzwischen in Brüssel in der Bibliothèque Royale Albert I. befindet.

Die Stiftsbibliothek wuchs ähnlich wie das Archiv aus kleinen Anfängen in der Sakristei der romanischen Kirche. Zunächst wurden dort die Bücher in Pulten untergebracht. Dann kamen im späteren Mittelalter die Kettenbücher in Mode als Gegenmaßnahme zum schon erstaunlich verbreiteten Bücherdiebstahl. Und das in Zeiten, in denen nur ein Bruchteil der Bevölkerung überhaupt lesen konnte! Dagegen war die Herstellung eines Buches, auch eines gedruckten

so arbeits- und kostenintensiv, daß es wohl doch zahlreiche Zeit-
genossen in Versuchung führte, etwas preiswerter an ein solches
Luxusgut zu kommen. Die Bücher wurden mit Hilfe einer stabilen
Metallkette an das Mobiliar, die Regale oder auch entsprechende
Pulte, angebunden.

In der Mitte des 16. Jahrhunderts erhielten die Bücher den Raum
im westlichen Flügel des Kreuzgangs, in dem sie auch heute noch
aufbewahrt werden. Inzwischen ist hier aus dem Bestand von 250
Büchern, die der älteste in Teilen erhaltene Bibliothekskatalog aus
dem späten 15. Jahrhundert nennt, ein ansehnlicher Schatz von
circa 20.000 Büchern geworden. Dem „natürlichen" Schwund durch

Buchdeckel (Mitte 15. Jh.) aus Leder mit Elfenbeinrelief (um 1350),
Rubinen und Bergkristallen

Dauerausleihe oder anderen Widrigkeiten bis hin zur Säkularisation, die für ein Verstreuen oder auch Vernichten von Kirchenbesitz verantwortlich war, folgten gerade im frühen 19. Jahrhundert kistenweise Neuzugänge. Die Bibliotheken der aufgelösten Klöster in Xanten und Umgebung sollten nach Napoleons Willen alle in einer großen Bibliothèque Centrale für das Rheinland in Köln zusammengefasst werden. Doch die Geschichte war schneller als Napoleon und seine Verwaltung: Die Bücher blieben in Xanten im – aufgelösten – Viktorstift.

Womit beschäftigte sich der Stiftsherr, was las er? So weltoffen, wie wir einige von ihnen bereits kennen gelernt haben, so weit konnten

Die Stiftsbibliothek Xanten zählt zu den bedeutendsten rheinischen Bibliotheken.

auch ihre Interessensgebiete von der Theologie entfernt sein. Landwirtschaft, Politik, Botanik, Medizin und Pharmazie beweisen, dass man sich im Stift seiner Rollen als Großgrundbesitzer, Unternehmer und Personalchef bewußt war und sich wohl auch um Weiterbildung bemühte. Nicht minder nützlich konnte die Beschäftigung mit Recht und Rhetorik sein. Und für die wissenschaftliche Fortbildung las man Literatur der Philosophie, Philologie oder der profanen Geschichte. Wichtigste Sprache ist das Lateinische, doch finden sich ebenfalls Bücher in Deutsch, Französisch und Niederländisch und manch anderer Sprache. Man war als Stiftsherr eben nicht nur gebildet, beherrschte vielleicht noch die eine oder andere Fremdsprache, sondern es konnte auch der wohl seltenere Fall eintreten, dass man nicht gerade aus dem Rheinland in das Viktorstift kam.

Liturgische Bücher, Werke, die für die Messen gebraucht wurden, gehören selbstverständlich auch in großer Zahl zum Bestand der Stiftsbibliothek: Bibeln, Missale, in denen die Gottesdienste für den ganzen Jahreslauf beschrieben werden, Graduale als Vorläufer der Gesangbücher oder auch Gebetbücher, sogenannte Breviere. Betrachtet man diese Bücher, von denen viele mit feinen Miniaturmalereien ausgestattet sind, wird deutlich, dass Bücher und Bildung im Mittelalter Luxus darstellten, Privilegien, die lange Zeit dem Klerus und dem Adel – auch dort nur den obersten Rängen – vorbehalten waren. Für die neue Schicht der führenden Familien in den Städten war dies ein Neuland, das sie erst einmal für sich erobern mussten. Die Voraussetzungen waren nicht schlecht, denn das nötige Kleingeld für Bücher und Studien liess sich im Aufschwung des Städtewesens und des damit verbundenen Handels gut verdienen.

Wo war denn Viktor? Einige Ungereimtheiten

„Hodie historiam sanctorum narraa …,“ beginnt der Scholaster, „ach, nein, die Geschichte der Heiligen ist so wichtig, dass ich sie euch erst einmal so erzähle. Also, ihr habt alle schon vom hl. Viktor gehört?“

Die einen nicken, doch die meisten der Schüler schütteln den Kopf. Der Scholaster hat es von den Jüngsten in der Stiftsschule auch nicht anders erwartet.

„Also, Viktor war ein stolzer Kämpfer und natürlich auch ein frommer. Als noch viele seiner Zeitgenossen Heiden waren, hat er sich schon zum einzig wahren Glauben bekannt. Er gehörte zu unserer heiligen römischen Kirche. Viktor war Legionär in der berühmten Thebäischen Legion, die Mauritius aus der ägyptischen Stadt Thebäis führte. Was war ein Legionär, Otto?“

„Ein Ritter!“

„Gut. Viktor und seine Gefährten waren über hohe Berge gezogen, viele, viele Tagesreisen von hier. Es war ein gefährlicher Weg gewesen. Doch alles war gut gegangen, und der Kaiser Maximinian, der bei ihnen war, befahl dem Heer, den Göttern ein Dankopfer zu bringen. Außerdem sollten ihnen die Götter auf weiter ihrem Heerzug beistehen. Auch Mauritius war wie die ganze Legion Christ und wollte keinen Göttern opfern. Er zog mit seinen Leuten weiter und schlug bei Agaunum am Fluss Rhône das Lager auf. Doch der Kaiser forderte den Gehorsam und liess die töten, die ihm untreu geworden waren. Heute trägt der Ort den Namen des Märtyrers Mauritius.“

„Dann ist Viktor auch an der Rhone gestorben und nicht in Birten?“

„Nein. Viktor und noch andere der Thebäischen Legion waren schon weiter nach Norden geschickt worden, wo sie am Niederrhein den Aufstand des Carausius niederschlagen sollten. Doch der Zorn des heidnischen Kaisers verfolgte die Christen. Er liess auch die Thebäer, die bereits am Rhein waren, durch seine Gefolgsleute töten. Es gab

viele Märtyrer im Rheinland: in Bonn waren es Cassius und Floren-
tius mit sieben Gefährten, in Köln war es Gereon mit 318 Mann, und
in Xanten starben Viktor und 330 Ritter. Und wer weiß, wie die
Geschichte weiter geht? Niemand? ... Dann erzähle ich sie weiter.
Über Viktors Grab bauten die Christen eine kleine Kapelle, dann eine
größere und wieder eine größere, eine richtige Kirche. Ohne Unterlass
pilgerten die Christen zu den Märtyrern und erflehten in den schwe-
ren Zeiten Hilfe von ihnen. Seit mehr als vierhundert Jahren beten wir

hier zum hl. Viktor, pflegen sein Grab und sein Andenken. Und, das
kann ich euch auch schon verraten, wir werden bald eine noch
größere, noch prächtigere Kirche zu Ehren des hl. Viktors bauen."

„Noch größer? Das geht doch gar nicht! Reicht dann die Kirche bis
in den Himmel?"

„Nein, Ihr dummen Jungen! An welchem Tag ist denn das Namens-
fest unseres Schutzpatrons?"

„Am 10. Oktober!"

„Woran merkt ihr das?"

„Dann ist in Xanten richtig was los! Dann ist Hochbetrieb in der
Stadt, die vielen Pilger und Händler, die dann zu uns kommen! Ganze
Kohorten oder gar Legionen!"

Ein römischer Kaiser lässt eine ganze Legion niedermetzeln, die
er eigentlich für die Niederschlagung eines Aufstands braucht?
Ein kaum nachzuvollziehendes Verhalten selbst für einen schwer
frustrierten Imperator! Denn da geht seine Wut über den ungeheuer-
lichen Ungehorsam soweit, dass er gleich selber eine militärische
Aktion zum Scheitern verurteilt. Wirkungsvoll bleibt dagegen das
Rachegelüst, das eine Blutspur aus dem Walliser Rhônetal bis an
den Niederrhein zu ziehen vermag – und das vor mehr als 1600
Jahren. Keineswegs historisch gesichert ist das Jahr des Gemetzels.
Martyrien für römische Soldaten christlichen Glaubens gehören mit
zu den düsteren Kapitel der römischen Geschichte und sind historisch belegt. Zur Regierungszeit des Kaisers Maximinian und einige
Jahre danach bis in Jahr 303 gibt es jedoch zahlreiche Christen in
hohen Ämtern im Imperium. Wie könnte Maximinian es da wagen,

Das Martyrium des hl. Viktor und seiner Gefährten, Hochaltar St. Viktor,
Ölgemälde von Barthel Bruyn d. Ä., um 1529–1534

Steinskulptur des hl. Viktor im Kanonikerchor
In der mittelalterlichen Bildhauerei wird der römische Soldat Viktor als Ritter
dargestellt.

Christen in solcher Zahl öffentlich niedermachen zu lassen? Würde
man die Ereignisse in die Zeit seines Nachfolgers datieren, gäbe es
ein anderes Problem. Dann hätte ein gewisser Constantinus Chlorus
die Verantwortung für die Militäraktion gehabt – und der war Ehe-
mann der hl. Helena und damit auch Vater Constantins des Großen,
der bekanntlich das Christentum zur Staatsreligion erhob.

Im späten 6. Jahrhundert schreibt Gregor von Tours, Bischof und
fränkischer Geschichtsschreiber, von dem die ersten Nachrichten
aus Xanten nach dem Abzug der Römer stammen, dass man wohl

Hl. Viktor mit dem Xantener Dechanten Arnold Goldwert,
Gemälde von Barthel Bruyn d. Ä., um 1530

den Namen von Viktor, aber nicht sein Grab kennt. Kurz vor dem
Jahr 590 hat der Kölner Erzbischof Eberigisil „apud bertunensim
oppidum" – bei der Siedlung Bertuna – die Gebeine des Märtyrers
Mallosus erheben und in einer neuen Basilika wieder bestatten

Typar, Siegelstempel des Viktorstifts, 1. Hälfte des 12. Jh.

lassen, liest man bei Gregor. Für Eberigisil besaß der Aufwand um
die Gebeine des Mallosus, eines anderen Märtyrers, durchaus einen
politischen Hintergrund, denn ein Stützpunkt an der Nordgrenze
seines Bistums – wenn auch nur durch eine Kirche und eine
Priestergemeinschaft und „etwas Volk" dabei, konnte äußerst nützlich sein. Sein später Berufskollege Heinrich von Molenark sollte
diesen Gedanken mit der Stadtrechtsverleihung noch erfolgreicher
in die Tat umsetzen!

Im Jahre 863 dringen Wikinger im Rheintal vor, und ein Überfall
auf die kirchliche Siedlung bei dem Märtyrer Mallosus ist zu befürchten. Und „plötzlich" ist von Viktorreliquien die Rede, die
nach Köln in Sicherheit gebracht werden. Zur Erklärung gibt es eine
Legende: Die hl. Helena war in Xanten und hat südwestlich der

Colonia Ulpia Traiana die Gebeine Viktors entdeckt und am Fundort die Kapelle St. Gereon in den Sümpfen errichten lassen. Dort musste man keinen Neubau auf die grüne Wiese setzen, sondern man hat einen Wasserverteiler des römischen Aquädukts zum Kirchenraum umfunktioniert. In der ersten Hälfte des 8. Jahrhunderts könnten die sterblichen Überreste Viktors vielleicht zu denen des Mallosus umgebettet worden sein. Dann hätte es die Berechtigung gegeben, von dem Ort „ad sanctos" – bei den Heiligen – zu sprechen. Im 9. Jahrhundert setzt sich der neue Name durch.

Gegen eine lückenlose Verehrung des hl. Viktors an der Stelle des heutigen Viktordomes sprechen auch die archäologischen Befunde. Hier ist man sich inzwischen sicher, dass die Reihe der Gedächtnis- und Kirchenbauten über einem alten und auffallend großen Grab eine markante Unterbrechung aufweist. Für rund zwei Generationen, das bedeutet ungefähr ein halbes Jahrhundert, gab es über dem größten Grab unter dem Dom gar keine Kapelle oder Kirche. Erst mit dem späten 6. Jahrhundert setzt in Xanten die kontinuierliche Folge von Bauten zur Märtyrerverehrung ein, deren Höhepunkt dann die gotische Stiftskirche werden sollte. Das rätselhafte Doppelgrab unter dem Dom entdeckte Walter Bader übrigens erst am 26. Oktober 1933. Ob die beiden Männer, die hier bestattet wurden, den Märtyrertod erleiden mussten, lässt sich kaum beweisen. Allerdings eines unnatürlichen Todes starben die beiden schon in der zweiten Hälfte des 4. Jahrhunderts. So schön es in die Legenden passen würde, es kann sich bei den beiden nicht um Viktor und Mallosus handeln. Letzterer wurde bereits im 8. Jahrhundert nach Köln überführt. Und Viktor? Seine Reliquien liegen vermutlich seit der Mitte des 12. Jahrhunderts im Viktorschrein, und bilden heute den Mittelpunkt des Hochaltars. Dieses Meisterwerk der frühen Renaissance illustriert unter anderem einige Szenen aus der Legende des hl. Viktors und bietet Bilder, wie man sich Viktor im frühen 16. Jahrhundert vorstellte – ein stolzer Kämpfer mit braunen Locken und Bart. Als unveränderliches Kennzeichen trägt Viktor stets eine Fahne und einen Schild mit einem Kreuz, und oft steckten ihn die Künstler in eine mittelalterliche Rüstung. Ein Kämpfer war für sie eben ein Ritter!

Die große Viktortracht

Von der Zeltstadt vor den Toren der Stadt Xanten macht sich der kleine Festzug auf den Weg. Es ist noch früh am Morgen, doch an diesem Augusttag des Jahres 1464 scheint das kein schlechter Zeitpunkt, denn es wird noch sehr heiß werden. Man kann Mitleid bekommen mit den hohen Herrschaften, dem Klever Herzog Johann I. und seiner burgundischen Gemahlin Elisabeth von Estampes-Nevers und Gefolge, die sich in ihre kostbarsten Gewänder gehüllt haben. Schwere Brokate, üppiger Pelzbesatz und Samt in vielen dicken Falten, Goldfäden in den Stoffen, aufgestickte Perlen und Edelsteine – auch schon ohne die kostbaren Schmuckstücke, die die Damen und Herren des Klever Hofstaats tragen, glänzt und funkelt es ungewohnt in der Morgensonne. Der Tross zieht durch das Klever Tor, dessen Torflügel natürlich weit geöffnet stehen, wenn der Landesherr mit seinem Gefolge hindurch reitet. Zwischen den engen Mauern und im Gewölbe des Torbaus hallen die Hufe der Pferde, aber auch das Rumpeln der Kutschenräder klingt lauter. Hinzu kommen die Schritte der Garden und des Fußvolks, ein Festzug, der die Geräusche am Straßenrand schnell verstummen lässt, so beeindruckt sind die Schaulustigen, die den Weg säumen. Durch die Klever Straße zieht man weiter in fast schon andächtiger Stille. Doch die ist vorbei, als der Festzug sich dem Marktplatz nähert. Hier scheint alles auf den Beinen zu sein, das halbe Rheinland hat sich auf den Weg nach Xanten gemacht. Der Platz steht voller Verkaufsstände und Buden, von den angebotenen Waren ist kaum etwas zu erkennen, so dicht drängen sich die Menschenmassen. Es bleibt gerade einmal eine jedoch mit Fahnen geschmückte Schneise, durch die der Hofstaat seinen Weg in die Stiftskirche bahnen kann.

Auch die Kirche des hl. Viktors hat man zu diesem großen Ereignis herausgeputzt. Doch nicht nur das! Der Stiftsherr Vaick hatte in weiser Vorahnung der Pilgerscharen, die zur Viktortracht kommen würde, sogar in die Westfassade des Domes ein neues Portal brechen lassen. Für eine bessere Belüftung der Kirche ließ er im Mittelschiff noch zusätzlich einige Fenster herausnehmen. Das befreit den einen oder anderen Gläubigen zwar nicht von der Platzangst, doch man kann wenigstens halbwegs Luft bekommen. Schließlich hat man heute am Höhepunkt der Viktortracht schon einiges hinter sich.

Zwei Tage zuvor, am 18. August, dem Namenstag der hl. Helena, gab es schon einen ähnlichen Volksauflauf, als alle 23 Reliquiare der Stiftskirche vom Dechanten Arnold von Heymerick gezeigt wurden. Im Giebelfenster eines Kanonikerhauses, das zum Markt hinaus zeigte, fand die Reliquienzeigung statt. Dafür hatten die Kanoniker die Hauswand mit kostbaren Tüchern und Teppichen schmücken lassen. Zuerst predigte ein Stiftsherr, dann spielte eine Kapelle eine getragene Melodie. Die Spannung stieg und trotz der unzähligen Gläubigen, die sich auf dem Marktplatz eingefunden hatte, war es vielen möglich, in der ungewöhnlichen Stille den Worten des Priesters zu lauschen. Mit kräftiger Stimme kündigte dieser die Reliquiare an, die Dechant Arnold aus den Händen der aufgereihten Stiftsherren nahm.

„Reliquien der hl. Jungfrauen der hl. Ursula, … Arm der hl. Helena, … Arm des hl. Viktors, … Reliquien der hl. Märtyrer zu Xanten …"

Ein Posaunenstoss zerriss jeweils die Stille, wenn der Dechant das Reliquiengefäß aus dem Fenster hielt.

Heute steht allein Viktor im Mittelpunkt des feierlichen Geschehens. Es ist zwar nicht sein Namensfest, das feiert man schließlich erst am 10. Oktober, doch sein Schrein wird in einer großen Prozession aus der Kirche, durch die ganze Stadt hinauf auf den Fürstenberg zu den Zisterzienserinnen und natürlich wieder zurück in den Schutz seiner großen und prächtigen Kirche getragen. Dort wartet man vor dem Hochamt auf das Erscheinen der herzoglichen Familie und ihres Hofstaats. Arnold von Heymerick wird unruhig. Zwar lag in der letzten Zeit schon viel Verantwortung auf seinen Schultern, aber heute wird es mit der Anwesenheit des Landesherrn und seines Gefolges eine

noch schwerere Last. Ob es auch immer gelingt, das Protokoll ein-
zuhalten, fragt sich der Dechant. Dabei hat der Herzog doch seinen
Bemühungen wohlgesonnen gegenüber gestanden. Er erinnert sich
noch gut an den Empfang Anfang Mai auf der Schwanenburg,
als Herzog Johann I. vor dem versammelten Hofstaat und der Delega-
tion aus dem Viktorstift sprach: „Die Sache gefällt uns und wir sind
bereit, alles zu tun, was zum Lobe eures heiligen Märtyrers und zum
Ruhme eurer Kirche geschehen kann. Überlegt also mit unseren
Räten, wie ich dabei mitwirken soll, und macht die Organisation mit
ihnen ab."

Und dann hatte der Herzog sogar noch zum Schmuck der Viktor-
kirche edle Wandteppiche ausgeliehen. Arnold erinnert sich nur
zu gut daran, wie die beiden hochbeladenen Fuhrwerke vor dem
Michaelstor standen und die müden Tiere nach der kleinen Pause
nicht einmal mehr die wenigen Schritte bis zur Sakristei gehen
wollten. Aber Kanonikus Vaick hat sich zusätzlich noch als ein
guter Ochsenbändiger und Treiber erwiesen! Der hat bei den Vor-
bereitungen für die Viktortracht wirklich Unglaubliches geschafft,
fast schon Berge versetzt, denkt Arnold von Heymerick, als er durch
die neue Toröffnung im Dom schaut. Aber auch ich habe vieles selber
machen müssen, weil unser Propst Francesco Todeschini Piccolomini
nie die Zeit fand, nach Xanten zu kommen. Als Erzbischof von Siena
hat man sicherlich auch genug zu tun, aber wenn man schon
die Propstpfründe von Xanten einstreicht? Arnolds Puls schlägt
schneller, denn die Herrschaften nähern sich. Als Hausherr geht
er ihnen entgegen, um sie zu begrüßen und sie zu ihren Plätzen im
festlich geschmückten Chor zu begleiten. Hier dürfte sich der Hofstaat
wie zu Hause fühlen, denn man sitzt unter wohl bekannten Wand-
teppichen. Der Stiftorganist begrüßt die eintretende Gesellschaft mit
majestätischen Akkorden, so lauten Klängen, wie sie die kleine Orgel
gerade hervorbringen kann. Am Instrument wird man sich die
Arbeit teilen, denn der Hoforganist aus Kleve unterstützt den Xante-
ner Organisten Johannes Noster. Ihm wird später die Ehre zukommen,
den feierlichen Auszug und den Beginn der Prozession musikalisch
zu untermalen.

Herzogin Elisabeth verlässt als Erste mit ihren Hofdamen die Kirche durch die Sakristei, weil die Damen in der Kutsche an der Prozession teilnehmen. Sie wollen schon in dem prächtigen purpurfarbenen Wagen sitzen, wenn der Viktorschrein herausgetragen wird und sich die lange Prozession aufstellt. Der Kutscher fährt einmal um die Stiftsgebäude herum, um am Westportal zu warten. Gerade treten Mädchen in weißen Kleidern aus der Kirche, gefolgt von ebenfalls weiß gekleideten Jungen. Kanonikus Vaick ist längst zur Stelle, um den Kindern die Marschrichtung zu zeigen. Doch das wissen die Kleinen, *denn sie haben den Auszug aus der Kirche, den Gang durch die Immunität und weiter über den Marktplatz bis zum Marstor schon einmal in dieser Aufstellung geübt. Auch die Lieder zum Lob des hl. Viktors haben sie mit dem Stiftsorganisten einstudiert. Aber jetzt am Beginn der Prozession soll erst einmal nur der Chor singen, der nach ihnen folgt. Dann kommen die 21 Vikare und Dechant Arnold mit seinen 40 Stiftsherren. Vier starke Xantener Männer aus den vornehmsten Familien der Stadt haben den Viktorschein auf zwei Tragbalken geschultert. Sie werden flankiert vom Herzog und seinen drei Söhnen. Mit langsamen Schritten schreitet man auf das Michaelstor zu.*

Als der Viktorschrein den Markt erreicht, nehmen der Gesang, das Beten und Jubeln der Gläubigen ungeahnte Ausmaße ein. Darunter mischt sich plötzlich auch ein unfrommes Schimpfen und Fluchen, denn unter den Schützen aus Wesel und Dorsten, die nach ihren Xantener Kollegen dem Schrein folgen sollen, ist ein Streit um den Vorrang ausgebrochen. Herzog Johann schlichtet den Zank auf diplomatische Weise, denn er befiehlt, dass jeweils ein Weseler und ein Dorstener nebeneinander gehen sollen. Damit ist wieder Friede in der Prozession hergestellt. Nun können Arnold von Heymerick und drei Stiftsherren die Positionen des herzoglichen Ehrengeleits übernehmen, während sich Johann I. und seine Söhne auf ihre bereit gestellten Rösser schwingen. Den langen Weg bis auf den Fürstenberg macht man als Herzog schließlich nicht zu Fuß.

So wie die Heiligtumsfahrt alle sieben Jahre Pilgerscharen nach Aachen zog, so zeigte man auch in Xanten den Gläubigen die

Große Viktortracht im Jahre 1464 zwischen der Stadt Xanten und
dem Fürstenberg, Ölgemälde, 15. Jh., im Zweiten Weltkrieg zerstört

Reliquien des hl. Viktors in einer großen feierlichen Prozession, der
Viktortracht. Man legte sich dabei jedoch nicht auf einen bestimmten Rhythmus fest, sondern führte die Prozession einmal in jeder
Generation zu einem wichtigen Anlass durch. Ein wichtiger Grund
für die Viktortracht des Jahres 1464 war es, eine Annäherung
zwischen den zerstrittenen Parteien am Niederrhein zu erleichtern,
einmal dem Herzog von Kleve und zum anderen dem Kölner Erzbischof.

Doch vorrangig profitierten das Viktorstift und die Stadt Xanten
von den Scharen an Besuchern, an Gläubigen und Schaulustigen. In
einer Überlieferung zur Viktortracht im Jahre 1464 wird sogar schon
von 200.000 Menschen berichtet, die nach Schätzung von Klever
Räten auf den Beinen waren. Mit dieser Zahl darf man es nicht so
genau nehmen, und sie eher als Sinnbild für eine nicht fassbare
Menschenmenge verstehen. Aber trotzdem lässt es sich gut nachvollziehen, wie gut der Pilgertourismus für den Kommerz und das
Renommee war! Denn die bedeutenden Wallfahrtsorte waren auch
als Städte – siehe Aachen und Köln – recht erfolgreich und wichtig,

Große Viktortracht aus dem Jahre 1936

hatten in vielen Dingen ein Wörtchen mitzureden. Und für den Bau ihrer Kirchen schien es im Mittelalter nicht an den notwendigen Mitteln zu fehlen! Wenn man auch in Xanten sicherlich nicht an die großen Vorbilder herankam, seinen Vorteil hatte man garantiert von den vielen Pilgern. So ist in den Rechnungsbüchern nachzulesen, dass die Viktortracht im Mittelalter dem Fabrikmeister einen ordentlichen Zuschuss zu den Baukosten für die gotische Stiftskirche, den heutigen Viktordom, brachte. Zu dieser günstigen Gelegenheit, dass eben viele Gläubige in die Stadt kommen würden, die sich mit Geldspenden von ihren Sünden freikaufen wollten, schuf man für die Viktortracht 1487 einen neuen Ablass. Die Rechnung ging auf: Der Fabrikmeister konnte nach dieser Wallfahrt einen Gewinn von 1428 Mark und 6 Solidi verbuchen, gegenüber einer Summe von 482 Mark und 2 Solidi aus den Erträgen der Kirchenfabrik, den Pfründen für den Bau der Viktorkirche.

Die Reihe der bekannten Großen Viktortrachten beginnt mit dem Jahr 1288. Weitere gab es 1315, 1347, 1375, 1400, 1421, 1464, 1487, 1512, 1749, 1837, 1854, 1886, 1921, 1936, 1949, 1966 und 1991 –

eine Tradition von mehr als 700 Jahren, zu denen auch noch die kleine, ebenfalls unregelmäßig stattfindende Viktortracht gehört.

Über die Viktortracht des Jahres 1936 produzierte der Katholische Lichtspielverband e.V. aus Düsseldorf den Film „Ad sanctos", mit dem er bei der Film-Oberprüfstelle in Berlin um Vorführrechte streiten musste. Obwohl die Produzenten – und Verleiher – den Film schon „ausschließlich für katholische Volksgenossen" vorgesehen hatten, erlaubte ihnen die Zensur in Berlin nicht, ihn vor Mitgliedern katholischer Pfarrgemeinden abzuspielen. „Ad sanctos" wurde nur zur Vorführung „vor Angehörigen katholischer Verbände und Vereine in geschlossenen Veranstaltungen religiösen Charakters" zugelassen – aber nicht an bestimmten Feiertagen. Dafür fehlten dem Film nach §1 der Vierten Verordnung zur Durchführung des Lichtspielgesetzes vom 27. März 1934 die „positiven" Werte im Hinblick auf den „Heldengedenktag". Für den Totensonntag war damit ein Film über die Märtyrer von Xanten untragbar.

Der Viktorschrein, um 1129/1150 geschaffen, gilt als der älteste Schrein im Rheinland.

Norbert – Karriere eines Xantener Stiftsherrn

„Welch ein Sündenpfuhl ist das Viktorstift geworden? So verkommen sind hier die Ideale des Urchristentums, die Regeln des hl. Augustinus! Das Leben in brüderlicher Liebe, Armut, Gehorsam! Schande über alle *hier! Ich ziehe aus und gehe in die Einsiedelei auf den Fürstenberg!" schreit Norbert in die Runde der Kanoniker und verlässt mit flatterndem Chorherrengewand den Kapitelsaal. Die Türe knallt und seine Schritte verhallen bald im Kreuzgang.*

Dieser Abgang des Stiftsherrn Norbert von Gennep hat nur für eine kurze Unterbrechung der erhitzen Diskussion gesorgt. Die alten Herren des Stifts sind entsetzt über die Äußerungen und Vorwürfe des jungen Heißsporns. Mit einer strengen Reform ihr Leben ändern? Nein, das hält hier im Saal keiner für nötig. Warum sollte es Gott nicht gefallen, wenn sie aus eigenen Häusern in die Kirche gehen, um dort zu beten und den Allmächtigen zu preisen? Würden die Heiligen daran Anstoß nehmen? Würde der hl. Viktor ihnen die Fürsprache am Jüngsten Tag versagen? Oder die hl. Helena? Ist es denn Sünde, nicht gemeinsam im Refektorium zu speisen oder nicht gemeinsam im Dormitorium zu schlafen? Außerdem sind es ja gar nicht alle Stiftsherren, die einen eigenen Wohnsitz, eine Kurie, haben. Aber davon träumen und es planen, das scheinen sie wohl alle in dieser Gesellschaft. Das Ende der vita communis, des gemeinschaftlichen klosterähnlichen Lebens, zeichnete sich schon längst ab.

Der Propst erhebt sich von seinem Sitz und beschwichtigt die Herren: „Silentium, silentium! Lasst Ruhe einkehren! Silentium!" Während das aufgeregte Diskutieren an Lautstärke verliert, erhebt sich Kanonikus Heribert und legt los: „Da predigt er Enthaltsamkeit und Armut und wie hat er selber gelebt, als der vor wenigen Jahren das Stift verließ? Er hat den Kölner Erzbischof Friedrich I. an den Hof König Heinrichs V. begleitet. Wie hat der da wohl gelebt? Auch als Hof-

geistlicher hat er weder die Festtafeln, noch den Wein oder die weichen Betten verschmäht! Und dann seine Reise nach Rom, wo Heinrich zum Kaiser gekrönt wurde. Wie wird Norbertus da gelebt haben? In Armut und Demut? Das kann ich nicht glauben. Das ist in dieser Umgebung, in dieser Gesellschaft gar nicht möglich! Da ging es ihm wie der Made im Speck, an nichts hat es ihm gefehlt! Vielleicht hat er mit gespieltem Zieren mit der einen Hand etwas abgelehnt, was er dann mit der anderen genommen hat! So sind die, die im Schatten der Großen ihre Karriere machen wollen."

„Nein, das stimmt so auch nicht ganz," entgegnet ihm der Propst, „auf eine Karriere ist unser Norbert von Gennep doch nicht aus, denn er hat im Jahre 1113 den Bischofsstuhl von Cambrai abgelehnt."

„Den hat er abgelehnt, weil damit nicht genügend Einfluss und Macht verbunden war."

„Ich glaube, dass der Blitzschlag anno 1115 ihn nicht nur vom Pferd geworfen hat, sondern auch seinem Verstand einigen Schaden zugefügt hat," wirft Kanonikus Albrecht ein, „seitdem – und vor allem seit er in Siegburg bei den Benediktinern war, hat er diese weltfremden Ideen, will die Welt verbessern! Und fängt dann gerade bei uns an, die wir ein Gott gefälliges Leben führen! Und redet von Askese! Ja, wer sind wir denn?"

Norbert von Gennep (um 1080–1134) war es jedenfalls ernst, er packte sein Bündel und tauschte seine karge Zelle im Michaelstor und das Viktorstift gegen eine Einsiedelei auf dem Fürstenberg. Doch in der Einsamkeit der niederrheinischen Höhen konnte er als Eremit zwar leben und beten, seine Ideen und sein Reformdrang ließen sich auf diese Weise kaum weiter verbreiten. Und so begann er schon mit dem festen Wohnsitz auf dem Xantener Hügel seine Wandertätigkeit. Damit eckte er bei den Geistlichen immer wieder an. Im Juli 1118 wurde er deshalb vor die Synode in Fritzlar geladen, um gegenüber dem Klerus sein Handeln zu rechtfertigen. Wie er offiziell aus dieser Sache heraus kam, ist nicht überliefert; eindeutig ist jedoch, dass Norbert jetzt seine Beziehungen nach Xanten

Im Torbogen unter der Michaelskapelle befindet sich der Zugang zu Norberts ehemaliger Zelle.

vollends abbricht. Er verzichtet auf seine Kanonikerpfründe und macht sich auf den Weg nach Südfrankreich.

Dort traf er im Wallfahrtsort Saint-Gilles-du-Gard Papst Gelasius II., der ihm das Predigen auf Wanderschaft gestattete. So gelangte Norbert im Herbst 1119 nach Reims, wohin der nachfolgende Papst Calixt II. das Konzil einberufen hatte. Auch hier wurde dem Wanderprediger wieder eine feste Stelle angeboten. Er sollte Vorsteher eines Stiftes in Laon werden. Aber auch dort machte Norbert sich innerhalb kurzer Zeit mit seinen Reformideen unbeliebt, so dass ihn die Kanoniker von St. Martin ablehnten. Klappte dieser Versuch, den Wanderprediger sesshaft zu machen schon nicht, so versuchte das Konzil den rastlosen Reformer unter anderen Bedingungen „einzufangen". Man bot ihm an, sich mit einigen Gefährten in dem unwegsamen Waldtal Prémontré in der Nähe von Laon im Norden Frankreichs niederzulassen. Aus diesen Anfängen wurde dann im Jahre 1120 die offizielle vom Bischof abgesegnete Gründung des Prämonstratenserordens.

Für Norbert bedeutete dies, dass er eine Gemeinschaft leiten konnte, die nun nach seinen Idealen und den Vorgaben der strengen Augustinusregel lebte. Gemeinsames Beten, Schweigen, Fasten und handwerkliches Arbeiten bestimmten den Alltag der jungen Gemeinschaft. Als Äußeres entsprach das schlichte Gewand aus ungefärbter naturbelassener Wolle, eine Sutane mit dem darüber hängendem Skapulier, einer Art langer Schürze, den Vorstellungen von asketischer Bekleidung. Aus dem gleichen groben Wollstoff wurde die Kopfbedeckung, ein Birett, genäht.

Im Winter 1125/26 machte sich Norbert wieder einmal auf den beschwerlichen Weg nach Rom, um von Papst Honorius die Betätigung seines Prämonstratenserordens zu erhalten, als für seine Zukunft wichtige Weichen gestellt wurden – wohl ohne dass er es ahnte. Kurz vor dem Weihnachtsfest war Erzbischof Ruotger von Magdeburg gestorben. Über seinen Nachfolger konnte man sich nicht einigen. Die Stelle blieb offen bis zum Hoftag in Speyer, den König Lothar III. im folgenden Sommer einberief. Zufällig war Norbert in Gesellschaft päpstlicher Gesandter ebenfalls anwesend. Ziemlich überraschend – oder hatte es eine Geheimdiplomatie gegeben, von der Norbert nichts mitbekommen hatte – traten beide Kandidaten für den

S. NORBERTO
PATRI SUO INSTITUTORI POST ARCHIEP. MAGDURGNENSI
ET GERMANIA PRIMATI CANON. PRÆMONSTRAT DEO
EJUSQUE ECCLESIÆ JUGITER FAMULANTES STATUAM
HANC EX MARMORE STATUARIO IN SACROSANCTA
BASILICA S PETRI EREXERUNT ANNO MDCCLXVII

Hl. Norbert, Kupferstich von P. Bombelli (1785) nach einer Marmorstatue
von P. Bracci
Graphische Sammlung der Kath. Propsteigemeinde St. Viktor Xanten

Bischofsposten zurück und überließen dem ehemaligen Xantener Stiftsherren das Feld und den Posten in Magdeburg. Vermutlich hatten die päpstlichen Legaten den König über die Wünsche des Papstes informiert. Von Speyer zog Norbert sofort an seinen neuen Arbeitsplatz.

Sein erster Auftritt in Magdeburg gab gleich einen Vorgeschmack auf die Auseinandersetzungen, die noch folgen sollten, auf die Vorstellungen, die aufeinander prallten. Der neue Erzbischof, nicht nur Kirchenmann sondern auch Herr der Stadt, kam in ärmlicher Kleidung und barfuß daher. Dass neue Zeiten angebrochen waren, merkten die Magdeburger schnell und alle Untertanen – der Klerus, der Adel und die Bürger – waren sich bald einig, dass sie Norberts Reformwillen nicht teilten. Kirchengüter, die in den Besitz des Adels gelangt waren, wollten diese nicht wieder hergeben; die schlechte wirtschaftliche Lage der Magdeburger Kirche interessierten sie weniger. Die Kanoniker der Bischofskirche dachten, ähnlich wie einst ihre Xantener Kollegen nicht daran, aus ihren Kurien in Gemeinschaftsräume zu ziehen und ein Leben in Armut zu führen. Einige Pfarrer teilten auch nicht Norberts Ansicht, dass die Ehe ihrem Amt schaden würde. Die Ablehnung des neuen Erzbischofs ging sogar so weit, dass man ihm zwei Mal mit Anschlägen nach dem Leben trachtete. Daraufhin wehrte sich Norbertus – allerdings nachdem er nach Halle geflüchtet war – mit einem Interdikt. Damit hatte er auf eine sehr beliebte Waffe der Kirche im Mittelalter zurückgegriffen, indem er den Magdeburgern verbot, Kirchen zu betreten. Mit dieser Aussperrung konnte man nichts mehr für sein Seelenheil tun, man sah sich am Jüngsten Tag auf dem Weg in die Hölle zu fürchterlichen Qualen. Das zog; die Untertanen fügten sich in ihr irdisches Schicksal unter einem „radikalen" Erzbischof. Doch auch Norbert suchte Distanz, und in den ihm bleibenden fünf Jahren als Erzbischof hielt er sich nur noch selten in Magdeburg auf. Er zog es vor, am Hofe des Königs Lothar III. zu leben und in der großen Politik mitzumischen.

Im Sommer des Jahres 1128 hatten das Schicksal und die Pflichten Norbert von Magdeburg jedoch noch einmal nach Xanten geführt. Am 22. Juli 1128 weihte er den spätromanischen Neubau des Viktordomes. Von dieser Bauphase steht heute noch die Westchorhalle.

Die Karriere Norberts erreichte jedoch erst im Jahre 1582 ihren Höhepunkt, als er – im Gegensatz zu Kollegen unter den Ordensgründern, wie Bernhard von Clairvaux, Franziskus von Assisi oder Dominikus – erst Jahrhunderte nach seinem Tode im Jahre 1134 heilig gesprochen wurde. Sein Eifer als Reformer hatte ihm schließlich nicht nur Freunde gebracht, darüber musste wohl erst noch etwas mehr Gras wachsen.

Nicht allein das Jahr 1582 sollte lange nach dem Tod Norbert zu einem weiteren Karrieresprung verhelfen. 1626 wurde dem heiligen Mann noch eine neue Aufgabe zuteil: Nachdem man seine Gebeine in das Prager Kloster Strahov überführt hatte, wurde er zum Schutzpatron Böhmens ernannt.

Der hl. Norbert erhält aus den Händen des hl. Augustinus die Ordensregel für seinen Prämonstratenserorden, Zeichnung auf Pergament, um 1140

Die hohe und teure Kunst des Bauens

„Wo finde ich den Baumeister?"

„Meister Konrad ist dort hinten bei den Steinmetzen. Der dort mit der blauen Kappe!"

Johann sucht sich seinen Weg durch die Baustelle. Fast wäre er über einen Stapel Steine gestolpert, denn das Knarren und Quietschen eines Baukranes hat ihn abgelenkt. Hoch oben am Chor der Kirche ist eine Gruppe von Maurern beschäftigt. Auf einem schwebenden Gerüst, das mit Balken im bereits fertigen Mauerwerk verankert ist, haben die Handwerker einen Kran mit Laufrad aufgestellt. Darinnen tritt ein Mann mit schweren Schritten in die Bretter des großen Radkranzes und bringt es auf diese Weise zum Drehen. Gleichzeitig wird damit das Seil des Krans aufgewickelt und ein schwerer Steinquader nach oben gezogen. Solch einen Materialtransport kennt der junge Steinmetzgeselle Johann zwar schon längst, schließlich arbeitete man in Köln nicht anders, doch es fasziniert ihn immer wieder, in welche schwindelerregenden Höhen auf diese Weise das Baumaterial gezogen werden kann. Aber wie sollte es denn auch sonst gehen? Hoffentlich gibt es aber für mich Arbeit am Boden, denkt Johann. Ich weiß, dass man gerade immer die jungen Männer zuerst nach oben schickt. Aber es wird mir auf solchen Gerüsten immer so merkwürdig. Meine Knie werden weich, ich schwanke, ich will mich festhalten und das sogar in der Luft. Nein, ich habe Angst dort oben. Da will ich nicht arbeiten! Von da will ich nicht in den Tod stürzen!

„Seid gegrüßt, Meister Konrad," spricht er den einzigen mit einer blauen Kappe an.

„Ja? Sei auch Du gegrüßt," antwortet ihm der Baumeister.

„Habt Ihr Arbeit für einen wandernden Steinmetzgesellen hier? Ich komme aus Köln und möchte gerne an dieser Kirche mitschaffen!" sagt Johann, nimmt seinen Reisesack von der Schulter und stellt ihn

neben sich auf den Boden. Der Baumeister mustert den Neuankömmling von oben bis unten und schaut sich genau dessen Hände und Arme an.

„Kräftig genug siehst Du ja aus. Deine Hände tragen deutliche Spuren der Arbeit. Ich glaube, wir können Dich brauchen. Was hast Du zuletzt gearbeitet? Kannst Du Maßwerk hauen? Oder Fialen? Dafür können wir gar nicht genug Steinmetze haben. Warte, nachher beim Mittagsmahl werden wir weiter reden! Dann wird auch der Meister der Steinmetze dabei sein. Ich habe jetzt noch etwas Wichtiges zu tun. Schau Dich solange hier um!"

„Das ist Balduin, der Meister und Vorsteher der Steinmetze!"

„Seid gegrüßt, Meister Balduin!"

„Tach! Johann ist Dein Name, habe ich gehört. Wo hast Du gelernt, was hast Du bisher gehauen?"

„Ich habe in Köln, bei der Dombauhütte gelernt, und der Meister Rudolf hat dort meine feinen Fialen gelobt. Ich bin da weggegangen, weil ich ja mal meine Wanderschaft absolvieren muss."

„Gut, gut! Du kannst hier anfangen. Hast Du Hammer und Meißel dabei?"

„Ja, Meister, in meinem Sack hier. Wollt Ihr mein Werkzeug sehn?"

„Lass mal, ich seh' Dich dann morgen kurz nach Sonnenaufgang. Der Baumeister erklärt Dir noch, wie es hier so läuft mit der Arbeitszeit und dem Lohn – ach, die ‚zwen pfennig badgeltz' lass Dir auch geben! Ich mag nicht, wenn meine Gesellen wie die Eber stinken!" sagt der Steinmetzmeister mit einem Lachen und entfernt sich.

„Bei uns läuft die Arbeit wie in Köln wohl auch. Jetzt im Sommer fangen wir um fünf Uhr in der Frühe an und arbeiten bis abends zum Sieben-Uhr-Schlag. Darinnen ist eine Pause von einer Stunde für die Morgensuppe, eine weitere Stunde für das Mittagsmahl und abends noch einmal eine halbe für eine Vesper. Am Samstag arbeiten wir nur bis um 5 Uhr und jede zweite Woche sogar nur bis um drei. Und dann trägt man seinen Dreck in die Badstube! Zwei Pfennige Badegeld gibt es dafür. Willst Du Deinen ganzen Lohn ausgezahlt haben oder willst Du mit Beköstigung bei uns arbeiten?"

„Ich möchte lieber mit den Handwerkern speisen, denn ich habe ja keine Familie hier in Xanten."

„Das habe ich mir schon gedacht. Wir essen nicht schlecht hier auf der Baustelle, das hast Du ja schon probiert!"

„Ja, ja, das stimmt. … ähm, … ähm, und welchen Lohn zahlt ihr?"

„Wie in Köln! Wir sind schließlich ein Bistum. Auch hier erhält ein Steinmetz für den Tag 8 Schilling oder 4 Schilling und die Kost. Und dazu natürlich auch eine ausreichende Menge Wein: dreimal am Tag eine halbe Quart, also einen mittelgroßen Krug. Für Dich dürfte das wohl genug sein! Der Lohn wird jeden Samstag am Ende der Arbeit gezahlt."

„Das ist recht so! Ich suche mir nun eine Herberge in Xanten und morgen früh bin ich zur Stelle! Ich danke Euch, Meister!"

Am folgenden Morgen erschien Johann kurz nach Sonnenaufgang an der Baustelle. Doch schon am dritten Tag ließ er sich seinen Lohn

Der Dom in Xanten, Holzstich, 1857,
hier während der Restaurierungsarbeiten in der Mitte des 19. Jh.

auszahlen und drehte Xanten wieder den Rücken zu, so steht es im Rechnungsbuch des Jahres 1378. Wahrscheinlich wollte ihn der Meister Konrad von Kleve doch hinauf ins Strebewerk schicken, um dort in luftiger Höhe den gemeißelten Steinen den letzten Schliff zu geben.

Viele Handwerker kamen und gingen – kein Wunder bei einer Bauzeit von 256 Jahren für die gotische Stiftskirche! In den Rechnungsbüchern der Jahre 1356 bis 1437 ist nachzulesen, dass es den Steinmetzgesellen Johann aus Köln tatsächlich nur für drei Tage auf der Xantener Baustelle hielt. Zur geregelten Arbeitszeit gehörte in der zweiten Hälfte des 14. Jahrhunderts die 67,5 Stunden-Woche in der Sommerzeit, d. h. von Mitte Oktober bis Ende Februar. 11,5 Stunden plus 2,5 Stunden Essenspausen waren die Regel. Im Winter wurde wegen des fehlenden Lichts kürzer – ca. 10 Stunden – gearbeitet. Das spürte der Handwerker naturlich auch am Samstag in seinem Geldbeutel. Ganz so ausbeuterisch war das Arbeitsverhältnis jedoch nicht, denn im Rheinland konnte sich der arbeitende Mensch über 37 Feiertage freuen. Und die einzuhalten, war strenge Pflicht des Gläubigen. Da wurden u. a. gefeiert: die hl. Agnes, der hl. Paulus, Mariä Lichtmess, Petri Stuhlfeier, die Kreuzauffindung, St. Pantaleon, Petri Kettenfeier, Enthauptung des Johannes, Kreuzerhöhung oder die 11000 Jungfrauen, die als Begleiterinnen der hl. Ursula in Köln ihr trauriges Ende fanden. Mit diesen vielen Fest- und Ruhetagen kam man statistisch gesehen doch noch ungefähr auf eine 5-Tage-Woche.

Unermüdlich wurde auf der Baustelle der Viktorkirche gearbeitet, denn man hatte eine wichtige Vorgabe einzuhalten: Es durfte während der Bauarbeiten nicht einen Tag geben, an dem man nicht die üblichen Gottesdienste hätte abhalten können. Schließlich wollten weder das Viktorstift, noch die Bürger der Stadt auf ihre Messen verzichten. Dass die Arbeiten sich so lange – stolze 256 Jahre – hinziehen würden, konnte man am Anfang schließlich nicht wissen. Bei den Kosten der Aktion verwundert es jedoch nicht. Da gab es das sogenannte Fabrikgut, dessen Erträge zur Finanzierung des Baus eingesetzt wurden; ebenso war man kreativ im Erfinden von Ablassbriefen, im Aufrufen von Spenden. Aber man ging auch ans „Eingemachte" und trennte sich von dem einen oder anderen Gegenstand. Im Juni 1423 schickte der Fabrikmeister Luvo ingen Have seinen Diener Tilmann nach Köln, um beim Erzbischof die Genehmigung für den Verkauf eines goldenen Schreins einzuholen. Das kostbare, alte Stück brauchte man nicht mehr für den Gottesdienst; es nur zum Schmuck herumstehen zu lassen, konnte und wollte man sich nicht leisten, da dringend Geld gebraucht wurde. Baumaterial für den Chor musste gekauft werden. Die Genehmigung wurde erteilt und die Xantener Stiftsherren durften den Schrein auseinandernehmen lassen und en detail verkaufen. 578$^{1}/_{2}$ Mark gab es für die Fabrikkasse – wesentlich mehr als die Einnahmen eines Jahres aus dem Fabrikgut. Man ahnt, welch wertvoller Schrein hier „versilbert" wurde. Selbst ein finanzstarkes Viktorstift mit Ländereien und Gütern von Holland bis Westfalen hatte seine Probleme mit der Baufinanzierung.

Am 11. August 1263 legte der Xantener Propst Friedrich von Hochstaden, der Bruder des Kölner Erzbischofs Konrad, den Grundstein für den gotischen Neubau. Das bedeutet nun nicht, dass dies auf einem planierten Zentrum des Immunitätsbezirks stattgefunden hätte. Die romanische Kirche stand noch und wurde schließlich gebraucht. Man konnte also nur Stück um Stück den romanischen Altbau abreißen und durch den gotischen Neubau ersetzen. Damit das Allerheiligste möglichst schnell in der neuen Gestalt nutzbar war, vollzog sich das Auswechseln der Architektur von Ost nach West – vom Chor zur westlichen Eingangshalle, die dann bis auf den heutigen Tag erhalten bleiben sollte. 1311 war der östliche Teil soweit fertig, dass der Hauptchor mit dem Hochaltar geweiht werden konnte. 1437 war der Kanonikerchor bis zum Lettner abgeschlossen. Rund ein halbes Jahrhundert Baupause folgte, in der man den gotischen Chor und das romanische Langhaus nutzte. Dann erst wurden die gotischen Kirchenschiffe errichtet, eingewölbt und 1517 das große Westfenster in den romanischen Westbau gebrochen. Man war im Stift wohl ernüchtert, dass es für einen vollständig gotischen

Bau nicht mehr reichen würde. In der ersten Hälfte des 16. Jahrhunderts erhielten die Türme ihr heutiges Aussehen.

Ein Teil der Kosten für die Ausstattung der gotischen Viktorkirche
war Sache der Bürger. Da die Stiftskirche gleichzeitig auch Pfarrkirche für die städtische Gemeinde war, durften die Zünfte und
Gilden Altäre und Skulpturen für ihre Schutzpatrone aufstellen. Insgesamt zwölf Altäre gab es von den Berufsgruppen, so zum Beispiel
einen Nikolaus-Altar der Schiffer, einen Anna-Altar der Fleischer
oder einen Mauritius-Altar der Leineweber; diese drei Altäre stehen
heute nicht mehr im Dom. Doch andere sind noch erhalten, wie der
Martinus-Altar der Schreiner oder der Antonius-Altar der Bäcker
und Brauer. Nicht nur die Messen zu den Festtagen der Gilde wurden
vor dem jeweiligen Altar oder der Statue des Zuntheiligen gefeiert,
man traf sich dort auch, um wichtige Rechtsfragen der Gemeinschaft
hier zu regeln und zu beurkunden.

Zelebrantensitz,
um 1280,
in St. Viktor mit
einem Wandteppich
aus dem 16. Jh.

Baulärm tönte im Stiftsbezirk von allen Ecken, denn nicht allein an der Kirche wurde eifrig gearbeitet. Zur gleichen Zeit entstand im Westen des Immunitätsbezirks eine gotische Bischofsburg. Nicht dass der Kölner Erzbischof einen Feriensitz auf dem Lande gebraucht hätte! In erster Linie wurde sie als Amtssitz für einen Stellvertreter, für den kölnischen Schultheißen, gebaut. Doch damit sind noch längst nicht alle Bauherren hinter der Immunitätsmauer genannt. Auch der eine oder andere Stiftsherr ließ sich eine neue Bleibe, eine Kurie, errichten, dafür dürften die persönlichen Pfründe und andere Reserven immer noch gereicht haben. Und das Stift gönnte sich in der ersten Hälfte des 16. Jahrhunderts noch ein Karree neuer Gemeinschaftseinrichtungen. Ein „moderner" Kreuzgang entstand und daran angeschlossen auf drei Seiten die Folge von Stiftsbibliothek im westlichen Flügel über Wirtschaftsräume im Nordtrakt bis hin zum Ostflügel mit der Stiftsschule und dem Kapitelsaal. Danach konnte der Fabrikmeister Everhard Maeß, der 23 Jahre lang die Baukasse geführt hatte, im Jahre 1558 die Akten schließen. Er und seine Vorgänger haben in der Zeit von 1175 bis 1560 ca. drei Millionen „heutigen Geldes" – nach Beissels Hochrechnungen aus dem Jahre 1889 – verbaut.

Blick in den südlichen und östlichen Flügel des Kreuzgangs

Eine Mauerkrone für die Stadt

„Dieser Geiz muss ein Ende haben!" schimpft Ratsherr Giesbert: „Wir halten den Kopf hin für den knauserigen Erzbischof! Unsere Häuser, unsere Familien, unsere Läden und Werkstätten sind in Gefahr. Was *juckt es den Kölner, wenn uns hier die verkohlten Balken erschlagen. Dann hat er eben einen Grenzposten und eine Kirche verloren, was macht das bei dem Reichtum, den er angehäuft hat? Aber wir, wir haben nichts anderes!"*

„Er hat vollkommen recht! Es muss etwas geschehen, was uns mehr nützt," stimmt ihm Ratsherr Wilhelm aus der Brückstraße zu.

„Dass dieser Palisadenschutz wirkungslos und sogar noch höchst gefährlich für die Stadt sein kann, hat die Vergangenheit bewiesen."

Den Herren ist allen noch in Erinnerung, dass sie in Kindertagen die grausige Geschichte erzählt bekamen, wie am 25. Mai 1362 Herzog Eduard von Geldern die Stadt anzünden ließ. Die hölzerne Wand hatte das Feuer nach den trockenen und warmen Frühlingstagen in Windeseile um die Stadt geleitet. Vermutlich hatten die Leute des Grafen auch noch an mehreren Stellen den Stakenwall angezündet. Ihre Vorfahren wussten nicht, wo sie anfangen sollten zu löschen. So schnell ließen sich die Eimerketten zu den Pumpen gar nicht aufstellen, wie sich das Feuer durch die Straßen und Gassen mit ihren zahllosen Holzhäusern fraß.

„Und dann im Frühjahr 1389, erinnert Ihr Euch noch an diese fragwürdige, fast peinliche Aktion des Bischofs? Als sich die Beziehungen zwischen dem Kölner Erzbischof Friedrich von Saarwerden und dem Grafen Adolf I. von Kleve wieder einmal verschlechtert hatten?"

„Ja, genau! Man musste wieder feindliche Übergriffe fürchten und das, wo die Stadt gerade wieder aufgebaut war. Da schickte uns der Erzbischof einen Bautrupp, um die Befestigung zu verbessern …"

„Doch es sollte wieder nur eine halbe Sache sein: Am Stadtgraben haben sie herumgebuddelt, ein paar Bollwerke aus Holz errichtet und dann wieder so eine Palisade gesetzt, diesen erbärmlichen Staken- wall! Was nützt es da, wenn er einen steinernen Turm hat, diesen Meerturm, und nebenan die Palisaden stehen?" fällt ihm Giesbert ins Wort.

„Alle großen und selbst viele unbedeutendere Städte haben eine ordentliche Steinmauer, hinter der sie sich weit sicherer fühlen können als wir hinter diesem jämmerlichen Holzhaufen!"

„Ja, und was ist eigentlich mit diesem steinernen Wehrgang von der Bischofsburg zum Meerturm? Dem Hinterausgang des feinen Herrn aus seiner Burg? Dafür hat der auch keine Baumstämme genommen, nein, dieser Fluchtweg soll möglichst lange halten und deswegen hat er ihn aus Stein mauern lassen!"

„Ruhe, Ihr habt ja alle recht! Doch wir sollten jetzt einmal beraten, wie wir diesen Missstand beseitigen können. Womit können wir unsere Stadt wirkungsvoll schützen, und, geschätzte Ratsherren, wie können wir das bezahlen? Der Erzbischof hat uns zwar schon einige Male seine Einkünfte aus dem Wegezoll für die Verstärkung unserer Palisaden überlassen, doch das war nicht viel."

„Aber die Reeser und Rheinberger, die durften den bischöflichen Wegezoll in eine wehrhafte Stadtmauer stecken! Und wir mit den Pfennigen aus dem Wegezoll?"

„Damit können wir nichts planen. Darauf können wir auch nicht bauen!"

„Woher wollen wir all die Steine nehmen, die wir für eine hohe Mauer brauchen? Soviel ist in der Colonia auch nicht mehr zu holen. Da hat sich jeder doch schon reichlich bedient! Wo kriegen wir am Niederrhein günstig ausreichend Baumaterial her?"

Für dieses Kernproblem am Niederrhein hatten schon die Römer zwei gute Lösungen gefunden. Zum einen transportierten sie über- wiegend auf dem Wasserweg das Baumaterial aus den Steinbrüchen des Siebengebirges oder der Eifel heran. Die zweite Möglichkeit war, das Baumaterial vor Ort selber herzustellen, indem man Ziegel brannte. Geistliche und weltliche Bauherren des Mittelalters taten es nicht anders, wenn Holzbauweisen für sie nicht in Frage kamen. Die Xantener Bürger durften jedoch im späten 14. Jahrhundert noch nicht ihre Stadt wirkungsvoller befestigen. Der Erzbischof hatte Xanten im Norden seines Territoriums bereits so weit abgeschrieben, dass sich für ihn die Investitionen in eine Stadt, die er sich mit den Klever Grafen schon teilen musste, nicht mehr lohnten. Die Stadttore wurden mit seinem Segen zwar schon begonnen, doch der Bau einer Mauer fand erst unter der Herrschaft der Klever nach 1444 statt. Diese Herren hatten dagegen größeres Interesse, ihren neuen Grenzort zu befestigen.

In der Mitte des 15. Jahrhunderts kaufte die Stadt Xanten Land am Rhein und legte dort Tongruben an. Ebenso wurden Ziegelöfen errichtet, um den künstlichen Stein zu brennen. Auch für die Finanzierung der soliden Stadtmauer fand man eine Lösung. Zur Zeit der Palisadenwand waren die Familien mit Grundbesitz in der Stadt verpflichtet, sich am Unterhalt zu beteiligen, indem sie ein Stakengeld zahlten. Mit dem Plan, eine Mauer zu bauen, wurden diese Gelder „umgeleitet", aus dem Stakengeld wurde eine „Ziegelabgabe", denn nun stellte man dafür die notwendigen Backsteine her. Nach dem Stakengeldregister aus den Jahren 1444 bis 1505 trugen 183 Grundstücksbesitzer wesentlich zum Bau der Stadtmauer bei.

Besonders viel Sorgfalt und Aufwand galt dabei den vier großen Stadteingängen, die mit Doppeltoranlagen gesichert wurden. Als Vorbild diente vielleicht das Webertor – alias Klever Tor. Wie eine kleine Burg sollte das Tor konstruiert sein und so die Stadt vor unerwünschten Besuchern schützen. Ein Vortor versperrte zunächst den Zugang. War dieses dennoch durchschritten, sah sich der Ankommende in einem sogenannten Zwinger, d. h. in einem hoch ummauerten Bereich, der sich zudem noch auf einer Brücke über dem Stadtgraben befand. Von hier konnte er nur schlecht und ungeschützt angreifen, weil die Verteidiger ihn jetzt auch von höheren Positionen in den beiden Türmen beschossen. Hinter den Schießscharten auf den verschiedenen Turmebenen oder im Schutz der Zinnen am Dachrand arbeiteten die Verteidiger. Wenn die Stadt-

Das Rheintor, Jan de Beijer, Federzeichnung 1746

wache jedoch schlief, hatte man eine Chance, die Türflügel des Haupttores zu attackieren, sie zu rammen oder mit Äxten zu behauen, um sie vielleicht so zu öffnen. In dieser vertrauenserweckenden Bauweise errichteten sie ebenfalls das Rheintor, das Marstor und das Scharntor, auch Gereonstor genannt. Aber feine Unterschiede machten die Xantener trotzdem; vielleicht reichte das Geld nicht, alle vier Doppeltoranlagen gleich eindrucksvoll zu bauen. Auf alle Fälle wurden die beiden Tore an de Hauptstraße für den Landverkehr, die die Stadt durchzog, also der Marsstraße (Marstrasse) und der Klever Straße (Weberstraße) als besonders stattliche und wehrhafte Bauen errichtet. Die zweite wichtige Verbindung nach außen führte über die Scharn- und Orkstraße Richtung Beek zum mittelalterlichen Rheinhafen.

Mit diesem Stadtmauerverlauf, der auf den Palisadenschutz des Jahres 1389 zurückgeht, erhielt Xanten seine neue Ausdehnung. Der nördliche Teil der Stadt wurde nun auf die heutigen Ausmaße reduziert, d. h. Straßen, wie die Brück- und Bemmelstraße, wurden durch den neuen Verlauf der Backsteinmauer abgeschnitten. Sicherheitshalber setzte man an die Enden der verkürzten Straßen noch Türme. Schließlich bestanden ja auf der Feldseite noch die Wege, auf denen sich Angreifer relativ mühelos der Stadtmauer nähern konnten. Und dem galt es vorzubeugen!

Neben allen Diskussionen und Streitereien um eine effektive Stadtbefestigung bauten die Xantener auch in ihrer Stadt eifrig. Hämmern, Sägen, Steineklopfen hörte man nicht nur von der Stadtmauer, aus dem Stiftsbezirk mit der Kirchenbaustelle, sondern auch aus den Straßen und Gassen der Bürgerstadt. Bei dem Aufwand, der für das Beschaffen von Steinen nötig war, ließ man natürlich keine Gelegenheit ungenutzt, römisches Baumaterial wieder zu verwenden, zu recyclen. Als die „erste" Adresse der Stadt mauserte sich – wie in anderen Städten auch zu beobachten – der Marktplatz, denn hier bildete sich der Mittelpunkt der Bürgerschaft. Denkmal des neuen Selbstbewusstseins und der neuen Verantwortung wurde das Rathaus am Großen Markt. Zum Ende des 13. Jahrhunderts hatte der Kölner Erzbischof in einem wesentlichen Punkt die Stadtverfassung aktualisiert und ein bisschen mehr Demokratie gestattet. Sieben Stadträte, die anfangs von den Schöffen gewählt wurden, sollten die Interessen der Handwerker und Bauern in der Stadt vertreten. Da die Schöffen aus den vornehmsten Kaufmannsfamilien, dem neuen Stadtadel stammten, hatten die sich wohl etwas mehr um die Belange ihresgleichen gekümmert.

In der Stadt kann sich nun im Gegensatz zum Dorf eine erstaunlich spezialisierte Handwerkerschaft entwickeln. Da ist in den Dokumenten des 14. Jahrhunderts zu lesen von Wollschlägern, Flickschneidern, Messerschmieden, Goldschmieden, Radmachern, Pantoffelmachern, Schieferdeckern, Fassbindern, Sparrenmachern oder Sargmachern. Mancher Beruf kann sich schon im Mittelalter in einem Straßennamen sein kleines Denkmal setzen. Von der Weberstraße, später Klever Straße, war schon die Rede, sie taucht 1290 in der Xantener Geschichtsschreibung auf. 1284 wird schon die Scharnstraße erwähnt. Dieser Name erinnert an die „Scharnen", die Fleischbänke der Metzger. Aber man hat nicht nur gemeinsam gearbeitet in der jeweiligen Gilde – die Bezeichnung „Zunft" war in

Xanten während des Mittelalters unüblich, sondern sich auch in Bruderschaften zusammengeschlossen. Das gemeinschaftliche Gebet, die Messen vor dem Altar des Schutzpatrons der Gilde und gesellige Leben waren ein Teil des Gemeinschaftslebens in der Berufsgruppe. Eine nicht zu unterschätzende Pflicht war die Verteidigung der Stadt. Das Training der Schützen organisierten ebenfalls die Bruderschaften. Auf eine solide Stadtmauer aus Stein mit gut geschützten Toren allein konnte und wollte man sich eben nicht verlassen!

Das Scharntor, Kupferstich von 1746
Dieser östliche Stadteingang war einstmals durch eine
Doppeltoranlage, so wie sie heute noch am Beispiel des Klever Tors
zu sehen ist, bestens gesichert.

Spendabel mit Hintergedanken

Endlich mal wieder ein Festum baculi! Das Abschiedsfest für Sibert von Riswick beschäftigt die Herren Kanoniker schon seit einigen Tagen. Alle Stiftsherren, die in Xanten weilen oder keine allzu lange Rückreise haben, sind zu diesem Anlass gekommen. Zum einen ist es die Vorfreude auf ein üppiges Bankett im Kapitelsaal und zum anderen die Neugierde, was es sich denn Kanonikus Sibert hat kosten lassen, seine Aus-Zeit – ein Bastinum – zu nehmen. Im Jahre 1458 hatte das Kapitel nämlich beschlossen, dass der „Aussteiger auf Zeit", der Bastunarius, mindestens 30 rheinische Gulden in sein Abschiedsgeschenk investieren musste. Zuvor war man noch mit einer Stiftung von mindestens 50 Mark Gold davon gekommen. Unter den Herren des Viktorstifts ist man sich einig, dass sich Sibert von Riswick nicht lumpen lassen wird. Außerdem munkelt man, dass sich die beiden Brüder Wolter und Arnold an der Stiftung beteiligt hätten, obwohl sie gar nicht zum Viktorstift gehören. Auf diesen Auftritt der wohlhabenden Familie ist man sehr gespannt und die Abwechslung in den ruhigen Januartagen kommt sehr gelegen. Vorbei ist die schöne Weihnachtszeit mit den besonders feierlichen Messen und den verschiedenen Festessen. Zwischen dem Dreikönigstag und dem Namenstag der hl. Agnes am 21. ist doch eine so lange und trübe Zeit, da nimmt man dankbar ein solches Ereignis an! Schließlich wird nicht alle Tage ein Bastunarius verabschiedet.

Die Kanoniker versammeln sich im Kreuzgang, um in einer feierlichen Prozession in die Kirche einzuziehen. Wie gewöhnlich nimmt jeder seinen Platz im Chorgestühl ein und die Messe kann beginnen. Etwas Unruhe kommt auf, als die Stiftsherren und der Chor den Lobgesang „magnificat anima mea dominum" anstimmen, denn nun zeigt sich, dass man einen besonderen Gottesdienst feiert. Während des Gesangs werden auch die noch nicht angezündeten Kerzen an-

gesteckt. Langsame Schritte hallen durch die Kirche. Kanonikus Clemens erhebt sich mit einiger Mühe. Als Ältestem ist es ihm lästig, dass nun gerade er seinen Auftritt hat. Lieber hätte er in aller Ruhe das Ende der Messe an seinem Platz abgewartet. Aber so ist das eben mit den Ehrenpflichten des ältesten Subdiakons. Er sortiert die Falten seines weißen Chorherrengewands, zieht sich dann die Pelzstola auf seinem linken Unterarm zurecht und blickt erwartungsvoll auf den Durchgang, dem sich von der anderen Seite die Schritte nähern. Nun

betritt einer der Vikare, der bisher nicht an der Messe teilgenommen hat, den Chor. In seiner Rechten trägt eine goldene Stange mit einem großen Stern, in seiner Linken eine Krone. Mit schlurfendem Schritt nähert sich Clemens dem Sternträger und nach einem leichten begrüßendem Kopfnicken nimmt er die Krone aus dessen Hand und stellt sich hinter ihn. Nun ziehen beide vor den Stiftsherren im Chorgestühl auf und ab, begleitet von Gesang und Orgelspiel.

Als sie das dritte Mal zu Sibert von Riswick kommen, bleibt der Sternträger stehen und wendet sich dem Bastunarius zu. Dieser kniet nieder und erwartet, dass ihm die Krone auf den Kopf gesetzt wird. Dann kommen zwei Chordiener und legen ihm einen Mantel um. Sibert erhebt sich wieder, wobei ihm fast die Krone vom Kopf rutscht. Er weiß, dass er nun von den beiden auf einen Ehrenplatz geleitet wird. Es ist der Platz des Propstes, den er heute im Viktorstift für kurze Zeit einnehmen darf. Schön, dass Propst Johann Ingenwinkel wie so oft nicht in Xanten ist, denkt er sich. Mal Probesitzen auf dem Propststuhl eines großen Stifts, das passt mir schon in den Kram, denn schließlich werde ich vorübergehend Xanten verlassen, um das Amt des Propstes bei St. Mariä Himmelfahrt in Kleve zu übernehmen. Der gleiche Posten in Köln an St. Kunibert wird mir ab diesem Jahr auch nützliche Pfründe einbringen – aber nahe am herzoglichen Hof in Kleve zu sein, das ist es, wonach mir der Sinn steht.

Verhandlungen zu führen, so wie im letzten Jahr mit Kaiser Karl V., als er Herzog Johann II. und seinen Sohn Johann III. an den kaiserlichen Hof begleitete, das will der Stiftsherr mit seinem Drang zu Höherem. Schon als junger Mann war er dem Klever Herzog aufgefallen, der ihn 1498 als Sekretär auf die Schwanenburg holte, und nun war er seit sechszehn Jahren schon Rat am Hofe Johanns II. zu Kleve. Gar nicht mitzuzählen die Stiftspfründe in Wissel, Oldenzal und seine Arbeit als Archidiakon im Bistum Utrecht. Ob sich die Karriere eines Norbert von Xanten wiederholen lässt? Ob es ihm gelingen würde?

Vor lauter Gedanken verpasst er das Ende der Messe und seinen Einsatz, denn inzwischen haben sich alle Stiftsherren erhoben und wollen mit der Prozession in den Kapitelsaal beginnen. Erst das Räuspern seiner Nachbarn holt ihn aus seinen Träumen. Er steht *so schnell auf, dass er sich beinahe in seinem langen Chorgewand verfängt und stolpert. Gerade noch kann er den Fluch herunterschlucken; nein, heute sollte ihm das nicht passieren! Er fängt sich schnell wieder und wartet, dass er sich in den feierlichen Zug einreihen kann.*

Man zieht durch die Viktorkirche, die sich mittlerweile in der ganzen Pracht des ausgehenden Mittelalters zeigt, in den Kreuzgang. Dazu singen die Chorjungen und der Vorsänger ein Weihnachtslied von den heiligen drei Königen im Wechselgesang. Auch sie zogen durch das Land, um Geschenke zu bringen. Daran knüpft das Zeremoniell dieses Abschiedsfestes an; heute ist es Sibert, der die Rolle des Geschenke bringenden Königs spielt. Mancher Stiftsherr hat sich schon den Kopf zerbrochen, was das Abschiedsgeschenk sein wird. Man hat versucht, es den Dienern zu entlocken. Doch kein Krug Bier noch Becher Wein haben das Geheimnis vorzeitig ans Tageslicht gebracht. Es muss schon etwas Besonderes sein, wenn so geschwiegen wird und niemand eine Andeutung gemacht hat. Sollte tatsächlich niemand gesehen haben, was in der Dunkelheit Rätselhaftes in das Stift getragen wurde? Ist das Geschenk für das Stift so klein, dass man es unbemerkt unter dem Hemd hereinschmuggeln konnte? Vielleicht ein mit Edelsteinen besetzter Kelch? Vor dem Eingang des Kapitelsaales hält die Prozession an. Die Herren treten zur Seite und bilden eine Gasse, denn der König dieses Tages hat das Vorrecht, den Saal als Erster zu betreten. Eigentlich ist Sibert nun auch Gastgeber. Aber er braucht keine Sorge zu haben, dass nicht alles bestens vorbereitet ist für das Bankett, sein Abschiedsessen. Aber das ist noch nicht einmal seine größte Überraschung für den heutigen Abend. Auf der Schwelle des Kapitelsaals hält er für einen kurzen Augenblick inne und sieht sich schnell einmal in den festlich geschmückten Saal um. Er ist selbst beeindruckt von dem Anblick. Schon schieben die Kanoniker ihn in den Raum; ein vielstimmiges Staunen, Ausrufe der Bewunderung und des Lobes heben an. Sie sind überwältigt vom Schmuck des Kapitelsaals. Kostbare Wandteppiche haben die Diener vor die Wände und sogar die Fenster gehängt, weil es so viele sind. Sechs große Mille-Fleurs-Teppiche, edelste Textilkunst aus Brüsseler Werkstätten, wetteifern mit ihrer gestickten Blütenpracht mit dem Licht zahlloser Kerzen und dem blank polierten Tafelgeschirr. Diese Inszenierung ist Sibert und seinen Brüdern gelungen und sie können sicher sein, dass man noch lange über diese großzügige Stiftung reden wird. Hoffentlich vergisst man auch dort oben nicht, was ich der Kirche gestiftet habe, geht es Sibert kurz durch den Kopf, doch dann wendet er sich wieder seinem Weinglas zu. Es sollte noch ein langer Abend im Kapitelsaal werden.

In einem Punkt ist Siberts Rechnung ganz bestimmt aufgegangen: Er hat sich ein langlebiges Denkmal gesetzt, denn nach wie vor schmücken die Teppiche, die inzwischen seinen Familiennamen tragen, als künstlerisch wertvolle Kälteisolierung den Hochchor. Vielleicht wurde er zu dieser Spende durch die Leih-Teppiche aus dem herzoglichen Hof in Kleve für die große Viktortracht im Jahre 1464 angeregt? Wandteppiche als Chance, kalte Räume wärmer erscheinen zu lassen und frühe Form der Wärmedämmung, war im Mittelalter schließlich keine ungewöhnliche Maßnahme, wenn man über die nötigen Finanzen verfügte.

Doch was hatte es mit dem feierlichen Anlass, dem Festum baculi, auf sich? Wozu das Spiel der Herren als Heilige Drei Könige? Weshalb konnte sich ein Stiftsherr ein sogenanntes Bastinum als Sabbatjahr vom Stiftsalltag gönnen? Nicht nur karrierebewusste Kanoniker durften sich für eine längere Zeit, ein oder zwei Jahre, vielleicht auch noch länger, vom Stift entfernen, um anderen Aufgaben nachzugehen. Bedeutend war dabei, dass man, wenn alles nach Vorschrift

Die Riswick-Teppiche erhielten ihren Namen von den drei Riswickbrüdern Sibert, Wolter und Arnold, die diese Blütenteppiche 1520 dem Viktorstift schenkten.

Inmitten des Blütenmeers: der hl. Petrus mit dem Himmelsschlüssel

lief, noch nicht einmal seine Einkünfte aus den Pfründen verlor. Es gab weitere genehmigte Gründe, dazu gehörte ein Studium an einer der altehrwürdigen europäischen Universitäten, eine Wallfahrt nach Rom, ein Verwandtenbesuch oder einfach nur das Interesse, andere Länder und Sitten kennen zu lernen.

Mit dem Wanderstab, dem „bâton", machte man sich gewöhnlich auf die beschwerliche Reise. Aus dieser Bezeichnung entwickelte sich das Bastunium, die Befreiung vom Stiftsalltag. „Bastunarius" wurde der Stiftsherr genannt, der diese Erlaubnis eingeholt hatte und sich auf Wanderschaft begeben durfte. Auf hochrangige Schutzpatrone konnte sich der Pilger und Reisende verlassen: auf die Heiligen Drei Könige. Sie waren dem Bastunarius auch Vorbild darin, Geschenke zu überbringen.

Aber auch ohne die Absicht, sich für eine Weile aus Xanten zu entfernen, spendeten die Stiftsherren hin und wieder wertvolle liturgische Gewänder. Dabei zeigte man sich großzügig und ließ kostbare Stoffe aus Italien und dem Orient verarbeiten, veredelte sie noch mit Gold-, Silber- und Seidenstickereien. Landesherren vom Herzog bis zum Kaiser betätigten sich ebenfalls als Auftraggeber. Kaiser Maximilian I. spendierte 1507 auf der Durchreise von Duisburg nach Brabant dem Viktorstift ein Messgewand. In bescheidenerem Ausmaß stifteten auch Bürger Kirchengerät oder liturgische Gewänder für ihr Seelenheil und das Umgehen des Fegefeuers.

Ein beachtlicher Teil derart motivierter Großzügigkeit kam jedoch nicht der Kirche, sondern bedürftigen Mitmenschen zu gute. Dabei konnte sich auch schon einmal, wie es eine Almosentasche aus der Mitte des 14. Jahrhunderts zeigt, Mildtätigkeit mit Pariser Schick verbinden. Schon damals galt Paris als ein Trend setzendes Modezentrum und das sogar für die Almosentaschen, die „aumonières". In der klassischen Art waren dies Gürteltaschen in Trapezform mit abgerundeten Ecken und einer Klappe auf der Vorderseite. Männer wie Frauen trugen sie, um daraus vor allem beim Gang in die Messe den Bettlern an den Kirchentüren Münzen zu geben. Soziales Engagement legten die Bürger der Stadt ebenfalls in weniger persönlicher Weise an den Tag. Die Xantener hatten zu diesem Zweck eine städ-

Diese kostbare Almosentasche aus Frankreich (um 1340/50)
diente sogar auch als Reliquienbehälter.

tische Armenstiftung, die Almisse, ins Leben gerufen, die von zwei
gewählten Bürgern als sogenannte Provisoren verwaltet wurden.
Christliche Nächstenliebe – mit der Hoffnung, dass dies am Jüngsten
Tag als gute Tat verbucht würde, brachte verschiedene Armenhäuser
hervor. Um 1300 errichtete man an einer Seitenstraße der Marsstraße ein Hospital, das auch Gasthaus genannt wurde. Es stand jedoch nicht den Reisenden offen, sondern war ein Heim für Arme,
Kranke und andere Hilfsbedürftige, denen die eigentlich zuständigen Familien fehlten oder deren Angehörige mit der Pflege überfordert waren. Ein Krankensaal, ein Gebäude mit Wohnkammern

für Arme und eine Kapelle bildeten die Anlage an der Gasthausstege. Finanziert wurde diese Einrichtung aus verschiedenen Töpfen. Zum einen war es Ehrensache der Bürger, alljährlich einen Betrag zu spenden oder im besonderen Fall Gegenstände oder gar Grundstücke der Stiftung zu vermachen. Mit der jährlichen Zahlung verpflichteten sich die Familien, dies auch durchzuhalten. War man in finanziellen Engpässen, dann konnten die Provisoren die Verpflichtungen auch durch Pfändung oder Verkauf des Hauses des säumigen Zahlers eintreiben.

Neben diesem städtischen Hospital gab es noch andere Stiftungen in Xanten mit dazu gehörenden Armenhäusern, wie zum Beispiel dem Neun-Häuser-Armenhof an der Ecke Brückstraße/Kirchstraße, das heute noch stehende Gebäude des Arme-Mägde-Armenhauses in der Brückstraße oder die Arme-Waisen-Stiftung mit einem Haus an der Scharnstraße. Um Aussätzige kümmerte man sich ebenfalls; doch aus Sicherheitsgründen hatte man das Leprosenhaus – Lazarushüsgen – außerhalb der Stadt am Fürstenberg errichtet. Die Xantener kümmerten sich auch um Notleidende, die nicht in einer Gemeinschaftsunterkunft, sondern noch als „Hausarme" in eigenen Hütten lebten. Ihnen gaben die wohltätigen Bürger am Sonntag an der Viktorkirche oder bei schlechtem Wetter in der Turmhalle Geld und Lebensmittel, so dass sie damit durch die Woche kommen konnten. Von einer anderen Möglichkeit, indirekt Geld für soziales Engagement auszugeben, nämlich der Unterstützung von Bettelorden und ihrer Arbeit, hat man in Xanten wohl keinen Gebrauch gemacht. Aber Männer- und Frauenklöster gab es eine Reihe in der Stadt und der Umgebung; für das Seelenheil, das dem Menschen des Mittelalters sehr am Herzen lag, wurde auch im Schatten der Viktorkirche viel getan.

Pilgerfahrt zum Trappenboom

Eine warme und stille Sommernacht hat sich über dem Wald bei Broechem ausgebreitet. Die Schafherde ist ruhig; einige Tiere haben sich zum Wiederkäuen oder Schlafen hingelegt, andere zupfen im hellen Mondlicht an den Gräsern und Kräutern der Waldlichtung. Hier und da hört man das Knacken eines trockenen Ästchens, ruft ein Käuzchen in der Ferne. Die beiden Hütehunde ziehen langsam um die Herde, stets die Tiere, aber auch den dunklen Waldrand im Blick. Obwohl sie mit ihren gemächlichen Bewegungen selber Ruhe ausstrahlen, so sind sie doch besonders aufmerksam, denn sie wissen, dass der Hirte schläft. Auf einem Moospolster hat er sich nahe bei den Schafen niedergelassen. Unruhig wälzt er sich im Schlaf hin und her und murmelt Unverständliches. Die Hunde ahnen, dass mit ihrem Herrchen etwas nicht stimmt. Da legt sich einer neben ihn und lässt ihn nicht mehr aus den Augen. Der Hirte beginnt mit seinem linken Arm, in der Luft herum zu fuchteln, sein rechter zuckt jedoch nur, denn dieser ist gelähmt so wie das rechte Bein. Nur auf einen langen kräftigen Stock gestützt, kann er tagsüber seine Arbeit verrichten und mit seiner Herde wandern. Aber darüber hört man ihn selten klagen, denn er meidet die Nähe der Menschen, vor allem der Kinder, die sich oft über ihn lustig machen und ihm manchmal Böses nachrufen. Da ist er lieber allein mit seinen Tieren, die ihm die Zuneigung und Wärme geben, die ihm wegen seines Gebrechens von den meisten Menschen versagt werden.

Jetzt werden die Bewegungen des Schlafenden noch heftiger. Der Hund ist aufgesprungen und schaut ihn gebannt an.

„Trappenboom! Mutter Gottes … Trappenboom!"

Klare Worte hallen durch die Nacht. Der Hirte wälzt sich, er öffnet seine Augen und blickt erstaunt in das Dunkel. Allmählich haben sich seine Augen angepasst und er sieht die friedlichen Tiere vor sich. Was war passiert? Wo ist das helle Licht, das er eben noch gesehen hat? War es nur ein schlechter Traum? Nein, das hat er anders in Erinnerung: ein helles warmes Licht, eine Statue der Muttergottes mit einem lieblichen Lächeln inmitten einer Baumkrone. Nur der Baumstamm war so merkwürdig, den er im Traum gesehen hat. Wie eine lange Treppe, so etwas kann es doch eigentlich gar nicht geben. Wie viele Bäume hat er schon bei seinen Weidegängen gesehen, aber so einen? Doch es gibt ihn;

eine Stimme hat ihm sogar mitgeteilt, dass diese seltsame Eiche nicht

weit weg von hier steht. Er muss dorthin. Wenn die heilige Jungfrau mir sagt, ich solle zu ihr kommen, dann will ich das tun. Und ich werde es natürlich schaffen – auch mit meinen Tieren, denn die kann ich nicht alleine lassen, aber das weiß die Mutter Gottes doch!

In der Morgendämmerung macht sich der Hirte mit seiner Herde auf den Weg. Nur einen halben Tag entfernt stößt er auf den ver- heißenen Baum. Es ist tatsächlich die Eiche mit dem mächtigen, treppenartigen Stamm, die er im Traum gesehen hat. Obwohl ihn die lange Strecke ermüdet hat, er schon Schmerzen in der Schulter spürt und sich kaum mehr auf seinen Wanderstab stützen kann, will er so kurz vor dem Ziel nicht aufgeben. Eine ihm unbekannte Kraft treibt ihn weiter, lässt ihn auch nicht vor dem Baum halt machen. Er stellt den Stab auf die unterste Stufe der Treppe, setzt seinen linken Fuß da- neben und zieht sich an dem Stock hoch. Noch kann er nicht die ver- sprochene Muttergottes-Figur sehen, aber er müht sich weiter Stufe um Stufe. Da sieht er die angekündigte, kleine Statue in einer Astgabel stehen. Er kniet nieder, so schwer es ihm auch fällt, und beginnt, Maria zu preisen und richtet Gebete an sie. Mit ganzem Herzen ist er dabei, er betet und singt ohne Unterlass.

Kaum nimmt er wahr, dass sich mittlerweile das warme Abendlicht über den Trappenboom legt. Aber dann denkt er doch an seine Tiere, die um die Eiche herum Futter und Wasser gefunden haben, so dass es ihnen an nichts fehlt. Ob das hier auch ein guter Platz für die Nacht ist, habe ich noch gar nicht geschaut, denkt der Hirte und macht sich daran, den Stamm wieder hinunterzuklettern. Voller Gedanken an seine Gebete, die Marienstatue auf diesem ungewöhnlichen Platz und der nun auch aufkommenden Sorge um seine Herde bemerkt er

gar nicht, dass ihm dieser Abstieg leichter fällt, als es nach den An-
strengungen des Tages zu erwarten gewesen wäre. Das wird ihm erst
bewusst, nachdem er in der Nähe für die Herde einen Ruheplatz ge-
funden und sie dorthin gebracht hat. Er lässt sich ins Gras fallen, greift
in seinen Beutel, um ein Stück Brot heraus zu holen. Ausgehungert
beisst er ein großes Stück ab und dann noch eines. Plötzlich stockt er,
schaut das Brot an und legt es ganz langsam ins Gras. Ich habe dies
alles mit meiner rechten Hand getan! Und – er hält den Atem an – die
Zehen an seinem rechten Fuß lassen sich bewegen. Maria hat ein
Wunder vollbracht.

Trotz des abgeschiedenen Lebens, das der Schafhirte mit seinen
Tieren führte, wurde die wundersame Heilung bekannt. Auch andere
Kranke pilgerten zum Trappenboom und viele wurden von ihren
Leiden geheilt.

Damit ist die Legende, die sich um die wunderbare Heilung aus
der Zeit um 1430 rankt, keinesfalls vollständig. Die Marienstatue aus
der Eiche, die in die Hände des Vynener Pfarrers Jakobus van der
Craenleyde (auch de Craenleyen genannt) geraten war, machte diesem einige Probleme. Jedes Mal, wenn er die Statue in seiner Pfarrkirche aufgestellt hatte, verschwand sie und er konnte sie am nächsten Tag wieder aus dem Trappenboom holen. Schließlich hatte er
ein Einsehen, akzeptierte den Willen des Himmels und ließ – nach
der Überlieferung an der Stelle des Trappenbooms – eine Kapelle
bauen. Viel Sinn für die Natur hat der Pfarrer damit nicht bewiesen,
sollte er die Eiche gefällt haben bzw. fällen lassen. Die Kosten für
den kleinen Kirchenbau konnte er schon bald mit den Spenden der
Pilger decken. 1436 übernahm sein Neffe Diderik Gensken das Pfarr-
amt in Vynen und damit auch die Zuständigkeit für den Trappenboom. 1438 genehmigte der Klever Herzog Adolf I. das Bauvor-
haben; drei Jahre später wurde die Kapelle zu Ehren der Jungfrau
Maria und des Evangelisten Johannes geweiht. Damit besaß der
Niederrhein nach Ginderich bei Wesel (Wallfahrt 1190 erstmals
dokumentiert), Kranenburg (1308), Aengenesch bei Geldern (Anfang
des 14. Jahrhunderts) und Kleve (1360) ein weiteres Ziel für Pilger.

Das Marienbaumer Andachtsbild vor dem Trappenboom,
Jacobus de Man, Radierung, 1711

Immer mehr Wallfahrer fanden den Weg zur wundertätigen
Marienfigur, so dass der Pfarrer von Vynen damit überfordert war. Im
August 1446 wurde die Kapelle zum Marienbaum von der Mutter-
kirche in Vynen losgelöst. Als „unabhängige" Wallfahrtskirche erhielt

das gotische Gotteshaus noch mehr Spenden und Stiftungen als zuvor, scheint es. Auch die Herzogin von Kleve, Maria von Burgund, die sich nach dem Tode des Gemahls auf ihren Witwensitz nach Monterberg bei Kalkar zurückgezogen hatte, förderte die Kapelle „an gen Trappenboom". Nach einer „Eingebung des heiligen Geistes" und mit dem Segen des neuen Klever Landesherrn sowie des Papstes Pius II. gründete sie zum Andenken und Heil ihrer Familie ein Doppelkloster nach den Ordenstatuten der hl. Birgitta von Schweden. Eine umfassende Betreuung der Pilger kann die Klosterstifterin damit nicht geplant haben, denn die Ordensregeln verlangen unter anderem eine strikte Abgeschiedenheit. Der Seelsorgedienst war selbstverständlich den Fratres, den Brüdern, vorbehalten. Doch schon im Juli 1477 wurden auch die Mönche der seelsorgerischen Arbeit bei den Pilgern enthoben und in strenge Klausur hinter ihre Klostermauern geschickt. Neben dem Gebet, den Gottesdiensten und den Arbeiten für die notwendigste materielle Versorgung lasen die Ordensschwestern und -brüder ungewöhnlich eifrig, denn im Kloster wurde bald eine große Bibliothek zusammengetragen.

Im näheren Umkreis der Stadt Xanten hatten sich bereits seit dem 12. Jahrhundert fromme Frauen in klösterlichen Gemeinschaften niedergelassen. Im sumpfigen Gelände westlich der Stadt – vor dem späteren Meertor – gründete vermutlich ein Abt der Reichsabtei von Werden im Ruhrtal vor 1144 ein Benediktinerinnenkloster. 1156 bestätigte es der Kölner Erzbischof Arnold und unterstellte es seinem Schutz. Nicht viel mehr als eine Handvoll adliger Nonnen lebte in diesem kleinen Kloster. Im Laufe der Zeit mochten die Frauen nicht mehr den strengen Vorgaben der Benediktus-Regeln folgen. Nur Beten und Arbeiten, bei Vergehen schmerzhaften Klosterstrafen ausgesetzt sein, wie dem Ausschließen von Mahlzeiten bis hin zur körperlichen Züchtigung, das passte zunehmend weniger in das Weltbild dieser Töchter aus vornehmen Familien. Ihre adlige Herkunft und die dazu gehörenden Ansprüche schlugen immer wieder durch – vielleicht waren ihnen die Herren vom Viktorstift ein Vorbild, was den Lebenswandel in der Verbindung von Frömmigkeit und Wohlergehen betraf. So überliefert eine Urkunde aus dem Jahre

1451, dass die Klosterdamen knapp bei Kasse waren und eines ihrer Häuser in der Scharnstraße an einen Xantener Bürger vermieteten. 1465 sah sich der Klever Herzog gezwungen, mit diesen unklösterlichen Verhältnissen aufzuräumen und initiierte eine Klosterreform bei den Benediktinerinnen im Hagenbusch. Die meisten Damen gingen wohl mit ihren Besitzurkunden und Rentenbriefen. Neue Nonnen kamen nach, doch wesentlich besser sollte es um das Kloster trotzdem nicht mehr bestellt sein. Unruhige Zeiten brachen an, in denen die Klosterfrauen den Schutz von Stadtmauern suchen mussten.

Nicht anders erging es im späten 16. Jahrhundert unter den Angriffen spanischer Truppen den Zisterzienserinnen vom Fürstenberg. Gemeinsam fanden sie im 1402 gegründeten Agnetenkloster in der Niederstraße Zuflucht. Die Anfänge des Klosterlebens auf dem Hügel südlich der Stadt reichen zurück bis in die Zeit des „Aussteigers" Norbert von Gennep. Er gründete dort 1116 ein Benediktinerkloster, das 1144 zu einem Doppelkloster erweitert wurde. Selbstverständlich lebten Mönche und Nonnen räumlich getrennt, auch bei der Sitzordnung in der Kirche gab es keine Annäherungsmöglichkeiten. Die Männer hatten immer ihre Plätze im Chorgestühl, während für die Frauen die hinteren Ränge, sei es im Kirchenschiff oder auf einer Empore abgeschirmt, vorgesehen waren.

Schlecht erging es den Klosterbewohnern auf dem Fürstenberg im Jahre 1259. Über ihre Köpfe hinweg verkauften in trauter Einigkeit der Siegburger Abt Gottfried – durch Norbert war es in den Besitz der Siegburger gelangt – und der Kölner Erzbischof Konrad von Hochstaden das Benediktiner-Doppelkloster an obdachlos gewordene Zisterzienserinnen. Diese hatten die Kirchenmänner darum gebeten, weil ein Feuer ihr Kloster Horst bei Deventer im Bistum Utrecht zerstört hatte. Die Benediktiner und Benediktinerinnen vom Fürstenberg waren über diesen Handel wenig erfreut, doch ihr Gelübde verlangte Gehorsam. Zumindest wurden sie nicht alle vor die Türe gesetzt: Die Nonnen und die Laienbrüder durften bleiben, während die Mönche abberufen wurden. Für Xanten folgte daraufhin eine lange Zeit ohne Männerklöster. Erst im 17. Jahrhundert wurden neue innerhalb der Stadtmauern gegründet! Hatte man vorher mit den Stiftsherren vielleicht schon genügend fromme Männer in der Stadt?

Kloster und Klostergarten in Marienbaum, Grafik 19. Jh.

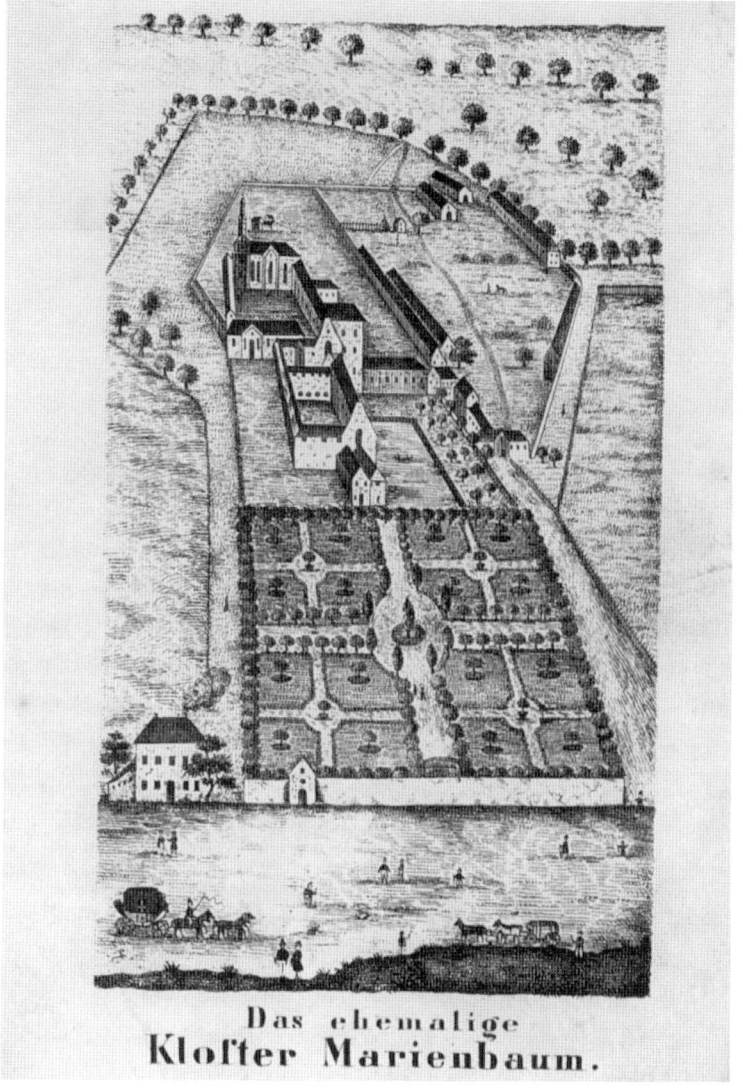

Das ehemalige
Kloster Marienbaum.

Heiratspolitik unter den Herzögen von Kleve

„Maria, erzählt mir doch von Eurer Reise nach Konstanz! Wie war es unter all den mächtigen Leuten? Habt Ihr auch den Papst gesehen?"

„Welchen von den dreien meint Ihr denn?"

„Oh! Ich vergaß, dass es gleich drei gab mit dem Anspruch auf den Stuhl Petri!"

„Ja, ja! Kommt, wir setzen uns dort ans Fenster. Ich lasse uns etwas Warmes zu trinken bringen. Anna! Bring uns einen süßen Kräutertee und getrocknete Früchte!"

Mit einer einladenden Handbewegung weist Herzogin Maria ihrer Hofdame und engsten Vertrauten Agnes den Weg zur Fensternische. Die Nische, die eine Ahnung vom mächtigen Mauerwerk des Palas gibt, ist mit burgundischen Wandteppichen ausgekleidet. Die wollenen Behänge mit ihrer gewebten Blütenpracht schmücken nicht nur den winzigen Raum in der Mauer, sondern sie geben auch ein bisschen Wärme, wenn man sich an die Wand lehnt. Mit einigen weichen Kissen auf den Wandbänken ist dieser Platz bestens für ein Plauderstündchen der Damen geeignet, zumal gerade auch Sonnenstrahlen auf die Bänke fallen – so viele warme Ecken hat die Schwanenburg nicht in diesen Herbsttagen zu bieten.

„Von der feierlichen Erhebung in den Herzogstand erzählt man sich viel hier auf der Burg. Das Gesinde in der Küche kennt seit Wochen kein anderes Thema. Wie Ihr beide vor König Sigismund gekniet habt, wie er Eurem Gemahl die Insignien seiner Herzogswürde gereicht hat oder Ihr die kostbare Pergamentrolle erhalten habt, davon spricht schon jede Magd und jeder Hütejunge. Aber was habt Ihr am Rande der königlichen Audienz erlebt? Wie ist die Stadt Konstanz? Was gibt es dort, was man hier in Kleve nicht kennt?"

„Meine liebe Agnes, wo soll ich da nur anfangen bei all Euren Fragen? Die Stadt liegt an einem See, der so groß ist wie ein Meer. Und

nicht viel weiter als eine Tagesreise nach Süden versperren Berge den Weg, die bis in den Himmel reichen!"

„Ach, das will ich doch nicht hören! Erzählt mir doch von den Leuten, die zum Konzil gereist waren – Kardinäle, Bischöfe, Gelehrte, Herzöge, Grafen. Welche hohen Herrn, welch vornehme Frauen habt Ihr gesehen? Welche Gewänder haben sie getragen?"

„Das Vornehmste, was man zur Zeit trägt, ist die Mode vom burgundischen Hof, meine Liebe!"

„Maria, dann wart Ihr mit bei den vornehm gekleideten Frauen!"

„Oh ja, es war endlich einmal so, wie ich es vom Hof in Dijon kenne. Ich habe mich in der Fremde mehr zu Hause gefühlt als hier am Niederrhein – in dieser Provinz!"

„Aber nun als Herzog wird euer Gemahl sicherlich mehr hohe Gäste auf der Schwanenburg empfangen und auch selber mehr reisen. Und dann werdet Ihr auch häufiger in fremden höfischen Gesellschaften weilen."

„Das wird schon so kommen! Ich bin froh, dass Adolf nun als Herzog endlich für mich standesgemäß ist, und mein Mann nicht mehr hinter meinen Brüdern zurückstehen muss."

„Und was plant er jetzt mit seinem Ältesten?"

„Johann soll von seinem Onkel Philipp erzogen werden. Er wird die Lateinschule in Gent besuchen, er wird dort auch Französisch lernen, und Philipp soll ihn auch in das Kriegshandwerk einführen."

„Und welche Braut habt Ihr für ihn schon ausgewählt? Welche Verbindung würde Euch zu den Mächtigen des Heiligen Römischen Reiches passen? Habt Ihr gar schon in Konstanz mit einem Herzogshof oder gar Königshof verhandelt?"

„Agnes, diese Eile ist nicht nötig! Als künftiger Herzog wird Johann ohne jahrelanges Warten oder Verlobung in Kindertagen eine gute Partie bekommen. Dafür werden wir Burgunder schon sorgen."

Ein Händchen für die richtige Partnerwahl konnte man den Klevern wie den Burgundern nachsagen. Eingefädelt durch die Hochzeit des Noch-Grafens Adolf II. mit Maria von Burgund im Jahre 1406 konnte die Klever Herzogsfamilie dank einer geschickten

*Egregij facies istac in imagine fulget)
Wilhelmi Ducis:Hunc Iulia terra tulit.
Clarus erat quondam gestis, animosus & heros.
Nunc post fata suis cum requiescit auis.*

Herzog Wilhelm der Reiche (1516–1592)

Heiratspolitik in den folgenden knapp 200 Jahren auf der europäischen Bühne eine nicht unwichtige Rolle spielen. Man bekam im
Laufe der Zeit Verwandtschaft an den Höfen in Frankreich, Spanien,
dem Süden Italiens, Portugals, Englands sowie im Osten im Herzogtum Preußen und später dem Kurfürstentum Brandenburg.

In Kleve tat sich während des 15./16. Jahrhunderts viel. Auf der
Schwanenburg beobachtet man ein Kommen und Gehen, Reiter,
Kutschen, Gesandtschaften. Auch wenn man selber viel unterwegs
war und den Nachwuchs gleich an auswärtigen Höfen erziehen ließ,

so entwickelten sich Burg und Stadt zum Mittelpunkt eines expandierenden Herzogtums. Schon die kleinsten Kinder spielten auf herzöglichen Heiratsmarkt wichtige Rollen. Als Sechsjähriger wurde Johann – später Herzog Johann III. – im Jahre 1496 mit der fünfjährigen Maria aus dem Hause Jülich-Berg verlobt. 1510 heirateten die beiden, und im folgenden Jahr konnte das junge Paar nach dem Tod des Herzogs Wilhelms IV. von Jülich-Berg auf ein neues Territorium blicken, das ungefähr dreimal so groß war wie das alte Herzogtum Kleve. Die Landesgrenzen sicherte man durch Landwehren, baute Burgen aus und verbesserte den Schutz des Landes vor Hochwasser durch Deiche. Die Hauptstadt-Pflichten wurden allmählich auf Kleve und Düsseldorf verteilt.

In Xanten war es zu Beginn des 16. Jahrhunderts ruhiger. Letzte Arbeiten und Feinheiten an der Viktorkirche standen noch an, vor allem die Verbindung des romanischen Westbaus mit dem gotischen Langhaus – vom Traum eines rundherum gotischen Gotteshauses hatte man sich mangels Finanzen verabschieden müssen. Um 1550 wurden die Bauarbeiten an der gotischen Viktorkirche und dem Stift nun endgültig abgeschlossen. 1516 wurde am Xantener Hospital, besser bekannt als Gasthaus, eine Kapelle dem hl. Bartholomäus geweiht.

Über unbeschwerte Freizeit und sportliches Vergnügen mit üppigem Schmausen berichten die Geschichtsschreiber in jener Zeit, wenn von der Kegelgilde die Rede ist. Einmal im Jahr wird das Turnier unter den Bäumen im Kapitel ausgetragen.

Das 16. Jahrhundert brachte jedoch auch viel Elend und Leid über die Stadt und das Klever Land. 1522 stand der Geldener Herzog Karl mit bösen Absichten vor den Toren der Stadt. Als seine Leute wieder abzogen, waren Häuser in der Stadt abgebrannt und die Burg Beek zerstört.

In jener Zeit fing es in deutschen Landen an zu brodeln, denn Protestanten brachten die Reformation ins Rollen. Jedoch im Herzogtum Kleve war eine Reform der katholischen Kirche außer in Wesel vorläufig noch kein Thema, denn Herzog Wilhelm, der zwar mit dem Protestantismus etwas sympathisierte, blieb dem Kaiser

Die Schwanenburg nach dem Umbau der 1660er Jahre,
Cornelis Elandts, Radierung, 1670

und dem Papst treu. Dies jedoch nicht freiwillig! Nach seiner Niederlage im Geldrischen Krieg (1538–43), mit dem er sich Teile der spanischen und damit katholischen Niederlande einverleiben wollte,
musste er die Bedingungen des Siegers – Karl V. – akzeptieren. Dazu
gehörte u. a. die Garantie, alles für den katholischen Glauben im
Klever Land zu tun. Um Wilhelm noch besser unter Kontrolle zu bekommen, musste er eine Nichte des Kaisers, Maria von Habsburg,
heiraten. Trotzdem gelang es Wilhelm sogar in seinem Familien-
leben, einen Mittelweg zwischen seinem privaten Glauben und den
vom Kaiser verordneten zu finden: Seine beiden Söhne ließ er katholisch erziehen – für potentielle Nachfolger schien das opportun, aber
seine vier Töchter wuchsen im neuen lutherischen Glauben auf.

In seinem Herzogtum konnte er jedoch vorsichtige Reformen in
Sachen Religion und Bildung durchsetzen. Wesel sollte dabei eine
Vorreiter-Rolle einnehmen. Dort nahm man zwischen 1544 und
1583 rund 8000 Glaubensflüchtlinge auf, und die Stadt entwickelte
sich zur führenden am Niederrhein, was die neue Auffassung u. a.
von Abendmahl, Ablass und Sprache im Gottesdienst anging. Seit

Herzog Johann Wilhelm (1562–1609), ein vielseitiger Mann: Propst zu Xanten, Kölner Domherr, Fürstbischof von Münster, Herzog von Jülich-Kleve-Berg – viele Ämter trotz geistiger Umnachtung

1564 gab es zwar auch eine evangelische Gemeinde in Xanten, doch die trat noch kaum in Erscheinung. Zu ihren Versammlungen und Gottesdiensten trafen sie sich in einem Haus an der Bemelstraße. Auf eine eigene Kirche musste man noch viele Jahrzehnte warten, bis 1649 ein offiziell protestantischer Landesherr dem Unternehmen wohlwollend gegenüber stand. Noch war von den Markgrafen von Brandenburg und dem Großen Kurfürsten nicht die Rede.

Der Unabhängigkeitsdrang der weitgehend calvinistisch-reformierten Niederlande von der Herrschaft der katholischen Spanier führte 1568 zum Beginn des 80jährigen Kriegs, der sich über die

alten Landesgrenzen hinweg zog und den Niederrhein in Mitleiden-
schaft zog. Zu allem Überfluss wütete 1581 noch die Pest im Klever
Land, 1587 kam die nächste Epidemie. Das 1591 vor dem Meertor errichtete Pesthäuschen erinnert daran, dass man ansteckend Kranke
vor die Tore der Stadt in vermeindliche Quarantäne steckte.

Im späten 16. Jahrhundert brachen zusätzlich noch schlechte
Zeiten für das Klever Herzogshaus an. Der Fall war tief von einem
Landesherrn wie Herzog Wilhelm dem Reichen, der 1592 starb, zu
seinem zweitältesten Sohn Johann Wilhelm. Diesen Untergang
dürfte Wilhelm ohne hellseherische Fähigkeiten vorausgesehen
haben, denn sein Erstgeborener, Karl Friedrich, war bereits 1575 als
junger Mann auf einer Romreise gestorben und Johann Wilhelm war
schon zwei Jahre vor dem Tod des Vaters in geistige Umnachtung ab-
gedriftet. Dabei war Johann Wilhelm eingeplant worden, die Ausdehnung des Machtbereichs ins Westfälische zu erlangen. Schon das
körperlich und geistig zurück gebliebene Kind wurde an die unter-
sten Sprossen der kirchlichen Karriereleiter gestellt. Als Zwölfjähri-
gen wählte ihn das Domkapitel von Münster zum Fürstbischof. In
den Jahren 1574 bis 1585 erschien er ebenfalls als Domherr in Köln
und als Propst des Viktorstifts. Im Jahre 1590 verschlimmerte sich
sein Krankheitszustand. Seine Ämter ließen sich auf Stellvertreter
verteilen, auch für die Regierungsgeschäfte, die ihm nach dem Tod
des Vaters zufielen, gab es Ersatzleute. Die herzöglichen Räte führten
für den an Verfolgungswahn, Tobsuchtsanfällen und Depressionen
leidenden Landesherrn in den Jahren 1592 bis 1609 die Geschäfte in
Kleve. In Düsseldorf übernahm seine Gattin Jacobe, eine geborene
Markgräfin von Baden, die Herrschaft. Wegen unhaltbarer Zustände
am dortigen Hofe wurde die Dame 1597 gefangen genommen und
noch im selben Jahr in der Haft ermordet. Da die Ehe zwischen
Johann Wilhelm und Jacobe kinderlos geblieben war, wurde zwei
Jahre später Antoinette von Lothringen mit dem wahnsinnigen
Herzog verheiratet – schließlich brauchte man dringend einen
Thronfolger. Doch die Rechnung ging nicht auf. Mit dem Tode
Johann Wilhelms hatte das Herzogtum Kleve 1609 dann das größte
Problem: Es gab eben keinen männlichen Nachfolger, und der Streit

Principibus celſis Badenſis orta JACOBE,
Cliuenſis quondam prima maritäDucis.
Si formam ſpectes,ſi cetera:Femina,dicas ,
Digna hac fortuna pol meliorefuit .

Herzogin Jacobe von Jülich-Kleve-Berg (1558–1597),
Kupferstich von Crispin de Passe, vor 1596

um das Land am unteren Niederrhein entbrannte. Zehn Parteien,
Fürsten aus deutschen und französischen Landen, meldeten ihr
Interesse am klevischen Erbe an – Folge der Heirats- und Familien-
politik aus besseren Tagen. Der Klevische Erbfolgestreit nahm
seinen Lauf.

Erbstreitigkeiten mit weitreichenden Folgen

„Ich will, dass mein Sohn das Erbe meines Vaters bekommt! Er allein ist der rechtmäßige Nachfolger in Kleve! Das Land meiner Vorfahren gehört allein uns!" schreit Anna ihren Gemahl, den Pfalzgrafen Philipp Ludwig, an.

„Maria Eleonore hatte schließlich keinen Sohn. Da nützt es der Schlange, dieser Hexe, auch nichts mehr, dass sie sich nach dem Tod von Karl Friedrich bei unserem Vater immer eingeschleimt hat, um die Erbfolge auf die Töchter zu kriegen. Das mit Johann Wilhelm und seiner Geisteskrankheit war wirklich kein Ruhmesblatt für die Familie. Aber dann ist die Hexe schon zwei Jahre vor meinem Bruder, vor Johann Wilhelm gestorben. Damit sind die Königsberger aus dem Rennen! Ich will, dass du alle diplomatischen Wege beschreitest, damit Dein Sohn sein rechtmäßiges Erbe erhält! Ich will …"

„Hör auf zu keifen, Weib! Mir brauchst Du nicht zu erzählen, dass die Herzogtümer Kleve, Jülich und Berg mit Pfalz-Neuburg vereinigt werden sollten. Das Land dort oben am Rhein hätte ich auch gerne. Aus dem Handelsverkehr auf dem Rhein möchte ich auch Gewinne ziehen. Das ist schon etwas anderes als die Donau hier zu Füßen des Schlosses," entgegnet Philipp Ludwig und blickt aus dem Fenster hinunter auf den kleinen Fluss, der ruhig an dem Stadtberg vorbeiplätschert. „Auch die Nähe zu den Niederlanden könnte profitabel sein. Trotz deren Streit mit den Spaniern schaffen die es, ein sagenhaftes Wirtschaftsleben auf die Beine zu stellen. Das muss wirklich etwas Besonderes mit der Lehre des Calvins sein. Wenn man diese Erfolge sieht, sollte man sich mal überlegen, ob man nicht vom lutherischen zum calvinistischen Glauben wechseln sollte. Dann sind die Untertanen fleißiger und unsere Schatulle wird schneller wieder gefüllt!"

„Ja, wir müssen endlich mal den Ostflügel des Schlosses erneuern. Seit Ottheinrich ist da nichts mehr gemacht worden. Dieses alte Gemäuer! Wir brauchen Geld, also führe hier den Calvinismus ein!"

„Das kannst Du doch auch einfacher haben, wenn uns das Land dort unten am Rhein gehört. Von dort wird das Geld kommen und wir lassen hier alles beim Alten und haben unsere Ruhe. Ich will vor dem Schloss und innerhalb der Mauern von Neuburg keinen Ärger, denn dann haben wir erst recht die Leute des Kaisers hier. Erinnere Dich, welchen Ärger dein Vater hatte, als er zum lutherischen Glauben konvertierte, wie er klein beigeben musste! Er, der mächtige Mann am Niederrhein!"

„Vergiss nicht, dass er auch der Reiche genannt wurde! Davon bist Du ja wohl weit entfernt, Du bayerischer Provinzfürst! … Ach, wie konnte ich nur in diese Provinz einheiraten? Nutze die Chance, wenigstens deinem Sohn eine bessere Zukunft zu geben! Tu' etwas für das Ansehen des Hauses Pfalz-Neuburg!"

Ähnliche Gespräche werden bei der Verwandtschaft in Cölln an der Spree geführt: „Das Land im fernen Westen steht uns zu!" Auch Johann Sigismund, der Schwiegersohn von Maria Eleonore, meldet Ansprüche an das Land der Vorfahren seiner Frau an. Die Markgrafen von Brandenburg haben die gleichen Interessen an den herrenlosen Territorien am Rhein wie die Verwandten von der Donau.

Die beiden jüngsten Töchter Wilhelms dachten auch nicht daran, kampflos den älteren und in der Erbfolge nun einmal günstiger dastehenden Schwestern das Feld allein zu überlassen. Magdalena tröstete sich mit einer Geldsumme als Abfindung. Ihr Sohn, der Pfalzgraf von Zweibrücken, hätte lieber die Aufteilung des Territoriums – und auf diese Weise auch ein Stück vom Kuchen – gehabt. Sybilla, die Jüngste, bevorzugte ebenfalls eine Teilung der Herzogtümer, jedoch nicht unter all denen, die sich als Erbe sahen, sondern nur unter den drei noch lebenden Schwestern. Damit hätte man die Brandenburger ausgetrickst. Aber es kam anders und gerade die Verwandtschaft aus dem Osten sollte den endgültigen Zuschlag erhalten. Doch davon war man im Jahre 1609 noch weit entfernt.

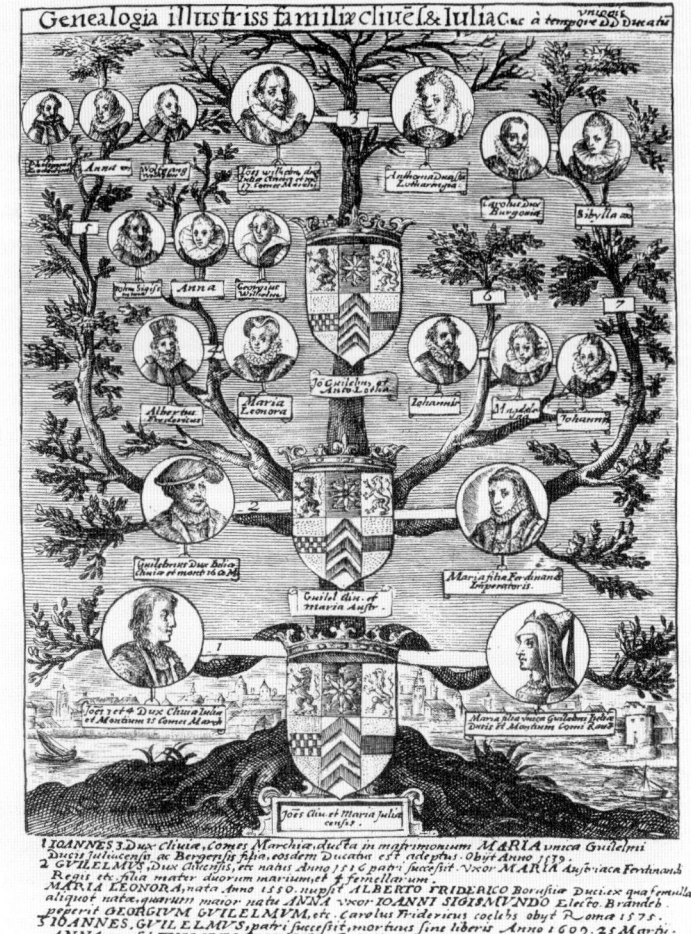

Stammbaum der Herzöge von Jülich-Kleve

Zunächst fanden die beiden Haupt-Erben mit dem Dortmunder Vertrag eine Lösung auf dem Verhandlungsweg. Wolfgang Wilhelm von Pfalz-Neuburg (1578–1653) und Johann Sigismund von Brandenburg (1572–1619) beschlossen mit einem Waffenstillstand, das

Erbe gemeinsam anzutreten. Zum anderen erlaubten sie ihren neuen Untertanen, frei über ihre Religionszugehörigkeit zu entscheiden. Der allgemein übliche Satz „Cuius regio, eius religio" („Wessen Region, dessen Religion"), dass der Landesherr die Religion in seiner Herrschaft bestimmen konnte, war hiermit erstmals offiziell außer Kraft gesetzt. Die Toleranz Andersgläubigen gegenüber erlebte hier erstmals eine Sternstunde. Dem katholischen, in Spanien von Jesuiten erzogenen Kaiser Rudolf II. passte es nicht, dass sich neue protestantische Landesherren in der Nachbarschaft zu den um Unabhängigkeit von Spanien kämpfenden Niederlanden gefunden hatten. Doch mit seinem Einspruch hatte er keinen Erfolg.

Die Weichen für einen größeren Konflikt wurden im Jahre 1613 gestellt, als sich die beiden Herren an Rhein, Rur, Wupper und Ruhr ihren lutherischen Glauben für einen neuen aufgaben: Wolfgang Wilhelm trat zur katholischen Kirche über und Johann Sigismund entdeckte seine Neigungen für den Calvinismus. Doch zunächst sah es noch immer danach aus, dass sich die Erbstreitigkeiten auch weiterhin auf dem diplomatischen Wege aus der Welt schaffen ließen.

Am 12. November 1614 unterzeichnete man im alten Rathaus den sogenannten Xantener Vertrag, den holländische, englische, französische, kurpfälzische und württembergische Diplomaten ausgehandelt hatten. Die Erbmasse wurde in zwei Teile geteilt: Das ehemalige Herzogtum Kleve mit Xanten erhielt der Brandenburger Johann Sigismund, als „Zugabe" noch die Grafschaften Mark und Ravensberg, während die einstigen Herzogtümer Jülich und Berg in den Besitz des Pfalz-Neuburger Wolfgang Wilhelm gelangten.

Ruhe und Frieden kehrten damit leider nicht ein. War der Jülich-Klevische Erbstreit bislang ohne Kampfhandlungen ausgekommen, standen die Zeichen bald auf Kanonendonner. Einen Vorgeschmack hatten die Xantener schon bekommen, als am 13. September 1614 spanische Soldaten vor den Toren der Stadt standen. Der erfolgreiche Feldherr der Spanier, Ambrogio Spinola, hatte bereits Aachen, Mülheim sowie Wesel besetzt und nun stand Xanten auf dem Plan. Im Vorfeld der Verhandlungen konnte sich die spanische Seite dann doch zurückhalten und von einer verlustreichen Eroberung absehen. 200 Soldaten der Spanier wurden für einige Wochen in Xanten einquartiert, solange bis die Diplomaten im November des selben Jahres anreisten.

Aus dem Familienstreit war mittlerweile eine internationale Auseinandersetzung geworden, in der es neben der Landverteilung auch um Glaubenskämpfe ging, die Europa bereits in zahlreichen Regionen erschütterten. Zwei feindliche Lager standen sich jetzt auch am Niederrhein gegenüber. Der katholisch gewordene Neuburger erhielt Unterstützung durch den Kaiser und die Spanier; der calvinistisch gewordene Brandenburger konnte auf die Glaubensbrüder in den Niederlanden zählen. Die nun auch militärisch ausgetragenen Meinungsverschiedenheiten gelten als „Vorspiel" des Dreißigjährigen Kriegs. Zusätzlich sind sie Teil des Achtzigjährigen Kriegs (1568–1648), dem Unabhängigkeitskampf der calvinistischen Niederlande vom katholischen Spanien. So brachten die Erbstreitigkeiten unter den Nachfahren des Herzogs von Kleve ein internationales Kampfgetümmel an den Niederrhein und nach Xanten. Friede sollte erst 1666 in diese Auseinandersetzungen einkehren. Der Große Kurfürst, Friedrich Wilhelm von Brandenburg, sprach ein Machtwort, nachdem er aber 1651 im „Kuhkrieg von Düsseldorf" noch einmal versucht hatte, dem Pfalz-Neuburger Jülich und Berg wegzunehmen. 1666 wurde die provisorische Teilung der Länder aus dem Xantener Vertrag endgültig besiegelt. Xanten stand nun unter der Herrschaft von Friedrich Wilhelm „von Gottes Gnaden des Heiligen Römischen Reiches Kurfürst und Erzkämmerer, Markgraf von Brandenburg, von Preußen, Magdeburg, Kleve, Pommern".

Wardt – Spanier und Holländer bekriegen sich

„Gott sei Dank, dass es trotz dieser schönen Spätherbsttage schon zu spät im Jahr ist, noch eine Schlacht zu schlagen! Bald erwarten uns ein paar ruhige Wochen, in denen sich unsere Soldaten und Pferde erholen können."

Darauf freuen sich die niederländischen Offiziere an diesem ungewöhnlich milden Nachmittag des 18. November im Jahre 1608. Eine gemütliche Herrenrunde hat sich im Zelt des Kommandanten Graf Adolf von Nassau zusammengefunden. Man trinkt ein Bier und schmiedet Pläne für die kommenden Monate.

„Wo werden wir denn unser Winterquartier aufschlagen? Doch nicht hier in Wardt und Vynen! Hier sieht man zwar schnell, wenn sich ein Feind nähert, aber dafür können wir uns hier überhaupt nicht verschanzen. Die Verteidigung in solchen Dörfern hat uns die Kriegskunst nicht gelehrt, kann sie auch nicht!"

„Nein, hier werden wir nicht lange bleiben. Auch die Stadt Xanten dort bei den Türmen, bietet keinen ernsten Schutz. Es gibt zwar Festungsstädte hier am unteren Rhein, die auf dem neusten Stand der Technik sind, so da drüben auf der anderen Seite Wesel oder weiter im Süden Rheinberg, ... auch Geldern soll neue Festungsanlagen haben ...," berichtet der junge Graf Adolf von Nassau. „Wir werden weiter südlich ins Winterquartier gehen. Bevor der Schnee kommt, will ich in der Eifel einen sicheren Platz haben und von dort im Frühjahr dann weiter nach Luxemburg. So lautet der Befehl vom Generalstatthalter Moritz von Oranien."

„Die Spanier! Die Katholischen! Die Spanier!"

Mitten in der Nacht stürzt der Wachposten in das Zelt des Kommandanten.

„Sie kommen! Sie schießen! Sie greifen uns an! Die Spanier! Wardt brennt!"

Kaum findet der Wachmann Zeit für das korrekte Zeremoniell, aber darüber kann der Regimentschef in diesem Fall hinwegsehen.

„Vielleicht war es Eure Güte oder Eure Sparsamkeit, auf alle Fälle Eure Unüberlegtheit, die uns das eingebrockt hat. Ihr habt die spanischen Gefangenen freigelassen. Das war der Fehler!"

„Ja, warum sollten wir die auch noch mit durchfüttern?"

„Damit sie uns nicht verraten, und wir jetzt gegen sie kämpfen müssen, Ihr…!"

Das Schimpfwort hört der junge Graf nicht mehr, denn ihre Wege haben sich nur für einen Augenblick gekreuzt. Jetzt ist wahrlich nicht der Moment für eine Nachhilfestunde des jungen Feldherrn. Schüsse und Schreie hallen durch die Nacht. Sie kommen langsam näher. Die ersten Feuer lodern im nahen Wardt. Im Dunkeln ist es kaum möglich, Freund und Feind auseinander zu halten. Für die spanischen Söldner scheint ihre Taktik des Überrumpelns aufzugehen.

Im Morgengrauen wendet sich jedoch das Blatt, denn die niederländischen Soldaten können ihre etwas bessere Ortskenntnis ausnützen und Graf Adolf kommt nun dazu, von der Verteidigung zum Gegenangriff zu blasen. Mit der Verstärkung durch die Truppenteile, die schon nach Vynen weitergezogen waren und nun den Angegriffenen zu Hilfe geeilt sind, lässt sich ein effektiver Gegenschlag organisieren – und das Kriegsglück wechselt auf die Seite der calvinistischen Holländer. Ihre Reiter haben sich formiert und preschen mit den Musketen vor. Dem haben die Spanier, die in einem Graben Schutz gesucht haben, nur kurz etwas entgegenzusetzen. Noch feuern sie auf die heranstürmenden Niederländer und können sich aus der Deckung wehren. Aber dann springen die Pferde nicht nur von vorne in breiter Front heran, sondern plötzlich haben sie die Reiter auch hinter sich. Derart in die Zange genommen suchen die ersten Spanier ihr Heil in der Flucht, aber es gelingt nur den wenigen am äußeren Ende des Grabens. Auf dem größten Abschnitt werden die in Bedrängnis geratenen spanischen Angreifer von der holländischen Kavallerie überrannt. Ihnen hilft es nicht mehr, dass sich aus dem brennenden Wardt Unterstützung für sie nähert. Das blutige Scharmützel auf dem „Sander veldt" – dem Xantener Feld – wird schlecht für die spanischen

Söldner ausgehen. Denn auch an den anderen Schauplätzen des Gefechts gewinnen die Reformierten allmählich die Oberhand.

Als sich das Abendlicht auf dem Schlachtfeld ausbreitet, ist es wieder stiller geworden. Der böse Spuk hat ein Ende. Kein Musketenknall ist mehr zu hören, keine Schlachtrufe der Söldner, kein Hufgetrappel – geblieben ist nur das Schreien, Jammern und Wimmern der Schwerverletzten, um die sich ihre Waffenbrüder und die Frauen aus dem Tross kümmern. Mehr als vierhundert Mann haben an diesem Novembertag ihr Leben gelassen, darunter auch ihr Anführer, der junge Graf Adolf von Nassau. Auf dem Transport in die Stadt Xanten erliegt er am Hagelkreuz seinen neun Schusswunden.

Die Lehren Martin Luthers hatten im frühen 16. Jahrhundert begonnen, Europa in zwei große Lager zu spalten. Da gab es die Herrscher und zwangsläufig auch ihre Untertanen, die der römisch-katholischen Kirche treu bleiben wollten bzw. mussten. Hier gab es die Wankelmütigen, die je nach der politischen Wetterlage ihr Bekenntnis wechselten – siehe die Streitigkeiten, die im Jülich-Klevischen Erbfolgekrieg ausgetragen wurden. Und als drittes Lager gab es diejenigen, die den neuen reformierten Bekenntnissen mehr abgewinnen konnten, sich ihnen auch zuwandten und damit eine Menge Ärger einhandelten: Paradebeispiel die Niederlande.

1566 wurde auf der Synode von Antwerpen der Calvinismus zur Staatsreligion in den nördlichen spanischen Niederlanden erhoben, was für den obersten Landesherrn, den katholischen König Philipp II., eine Kriegserklärung bedeutete. Die Auseinandersetzungen hatten nicht nur religiöse Motive: Es ging ebenfalls um sehr viel Geld, das wiederum der Macht nicht schadete! In der Weltanschauung der calvinistisch Reformierten – Anhänger der Lehren Johann Calvins (1509–1564) – wurde wirtschaftlicher Erfolg im Diesseits als Zeichen eines Auserwählt-Seins verstanden. Dem fleißigen und erfolgreichen Menschen war demnach auch eine gute Position im Jenseits gewiss. Dank dieser Arbeitsmoral und des dazu gehörenden Geschäftseifers hatten sich die Niederlande am Ende des 16./Anfang des 17. Jahrhunderts zu einer außerordentlich reichen, wenn nicht

Die Schlacht bei Wardt im Jahre 1608, Franz Hogenberg, Radierung, um 1630

sogar der reichsten Region Europas entwickelt. Um die lohnte es sich zu streiten, bzw. wenn man sie besaß, dachte man nicht im Entferntesten daran, sie wieder herzugeben. Das Land soll der habsburgischen Kasse an Steuern das Siebenfache von dem eingebracht haben, was man an Gewinnen aus dem Silberbergbau Südamerikas holen konnte.

Während des 80jährigen Kriegs zwischen 1568 und 1648, dann weiter bis zum Frieden von Hubertusburg 1763 mit anderen internationalen Auseinandersetzungen erlebte der Niederrhein fast zweihundert Jahre lang Kriegszüge. Weniger die großen Schlachten, sondern das Hin- und Herziehen der Heere, versetzte das Land in Angst und Schrecken, egal ob die Feldherrn als „Beschützer" oder Eroberer kamen. Die Bevölkerung in den Dörfern und Städten war mehrfach von diesen Heimsuchungen betroffen. Zum einen erlebten sie Angriffe, Zerstörungen und Plünderungen, die Tote und Ruinen hinterließen. Zum anderen mussten sie Einquartierungen hinnehmen, ohne Rücksicht darauf, ob es ihnen wirklich möglich war – in einem Jahrzehnte dauernden Krieg war das ohnehin kaum mehr der Fall.

Das bedeutete, man hatte die Soldaten und ihre Pferde durchzu-
füttern und in den Häusern, Hütten und Ställen unterzubringen, vor
allem im Winter, wenn im Allgemeinen nicht gekämpft wurde.
Schließlich konnten Abstandszahlungen zu allen Belastungen noch
hinzu kommen. Diese wurden entweder erpresst oder man bot
sie gleich „freiwillig" an, um andere Schäden oder Nachteile abzuwenden oder sich freizukaufen. So boten die Xantener im Jahre 1641
zum Beispiel dem Feldherrn Carl Rabenhaupt, dem Kommandanten
hessischer Truppen, die mit den Niederländern verbündet waren,
200 Reichstaler an, um nicht ihre Stadtmauer abreißen zu müssen.
Doch die Abfindung wirkte nur kurz; als die hessischen Soldaten im
Dezember 1641 aus Xanten abzogen, hinterließen sie eine schwer
beschädigte Stadtmauer.

Manchmal konnte es die Bevölkerung selbst in den ohnehin
schon schweren Zeiten noch besonders hart treffen, wie in den Jahren 1635/36. Ersteres ging als das „Kroatenjahr" in die Geschichts-
bücher einging. Ein Kroatenregiment unter dem Befehl des Grafen
Johann Ludwig von Isolano zog plündernd am Niederrhein herum.
1635 hatte der Reitergeneral Xanten auf seinem Terminkalender.
Doch nicht als hochrangiger Räuber, sondern als großherziger Beschützer trat er offiziell auf bzw. verewigte es auf – damals schon ge-
duldigem – Papier. Die Stadt Xanten, das Viktorstift und die beiden
Frauenklöster auf dem Fürstenberg und im Hagenbusch, alle
anderen Kirchen und Mühlen „samt Zubehör" nahm er mit einer
Urkunde, die am 6. August in seinem Hauptquartier, dem Kloster
Gräfenthal bei Goch, ausgestellt wurde, unter seinen „Schutz,
Schirm und Protection". Die weiteren Ausführungen in der Urkunde
geben eine Ahnung davon, wovor dieser Schutzbrief die Xantener
bewahren sollte, bzw. welche Aktivitäten des Militärs damals an der
Tagesordnung waren – gleichgültig ob man zur Verteidigung und
Verbreitung des katholischen Glaubens wie Graf von Isolano oder
des protestantischen wie der Feldherr Carl Rabenhaupt unterwegs
war. Der Reitergeneral von Isolano verbot seinen Kriegsoffizieren
und allen Soldaten in Xanten jegliche „Einquartirung, Plünderungen, Geldexactionen (Geldeintreibungen), gewaltsamb abnehmen

Einnahme der Stadt Xanten im Jahre 1672 durch Truppen Ludwigs XIV.,
Kupferstich, 1838

klein und grosses Viehs oder anderer mobilien, feindseligen Zu-
nötigungen, Trangsaal und pressuren". Ernst war es dem General
mit diesen Zugeständnissen nicht, denn seine Soldaten wüteten
fürchterlich. Zu dieser Plage kam 1636 ein Pestjahr, in dem ungefähr

jeder dritte Bewohner Xantens an der Seuche starb. Beide Jahre zusammen hatten für die Stadt Xanten solch katastrophale Auswirkungen, die nur noch mit den Angriffen und Zerstörungen des Jahres 1945 verglichen werden können.

1648 kam es zu großen Friedensschlüssen, die offiziell zwei langjährige Kriege beendeten. Im Haager Frieden musste Spanien die neue Republik der nördlichen Niederlande anerkennen. Im selben Jahr bedeutete der in Münster geschlossene Westfälische Frieden das Ende des 30 jährigen Kriegs. 1666 war die Erbfrage unter den Nachkommen des letzten Herzogs von Kleve endgültig geklärt: Die Brandenburger Markgrafen wurden nun auch von der Gegenseite als die rechtmäßigen Landesherrn am unteren Niederrhein anerkannt. Der Große Kurfürst, Friedrich Wilhelm von Brandenburg, zeigte sich großzügig und erneuerte die Rechte, die der letzte Herzog von Kleve, Johann Wilhelm, 1598 Xanten verliehen hatte.

Doch eine besonders lange Zeit der Ruhe und des Wiederaufbaus wurde mit diesen Friedenserklärungen der Jahre 1648 bzw. 1666 jedoch nicht eingeleitet, denn die Kriegszüge Ludwigs XIV., der vermeindliche Erbansprüche gegenüber den Niederlanden eintreiben wollte, betrafen auch den Niederrhein. Französische Truppen unter dem Befehl des Marschalls Turenne zogen von 1672 bis 1679 das Land mit in den Krieg und die Brandenburger mussten sich zum Schutz des Klever Lands auf die Seite der Holländer stellen. Am 8. Juni 1672 eroberten die Franzosen das kaum befestigte Xanten. Dieses Ereignis sollte sogar noch als Gemälde Eingang in die Gemäldegalerie des Versailler Schlosses finden. Aus der Sicht des französischen Auftraggebers und Malers war die „ruhmreiche" Eroberung einer von Kriegszügen und Pestepidemien geplagten Stadt eher ein Jagsausflug der feinen Herren im Dreispitz und Spitzenkragen.

1692 schlug die letzte Stunde der Bischofsburg in der Nachbarschaft der Viktorkirche. Man riss sie ab und verkaufte die Steine als Baumaterial für die Festungsanlagen nach Wesel. Damit war nun unübersehbar, dass sich die Kölner Erzbischöfe für Xanten nicht mehr interessierten und das Feld auch weiterhin protestantischen Landesherrn überließen.

Pater Amatus nimmt das weiße Leinentuch, das ihm ein vor Kälte zitternder Messdiener reicht. Zwar scheint die Wintersonne durch die Chorfenster, doch ihre Strahlen schaffen es nicht, den eiskalten Kirchenraum zu erwärmen. Nur wenn man mitten in einem Strahl steht, merkt man im Gesicht und an den Händen ein wenig von der Wärme. Ein aufmunterndes Lächeln und Nicken des Kapuziner- mönchs lässt den Jungen für einen Augenblick sein Frieren vergessen. Mit einer leichten Verbeugung tritt er wieder zurück an seinen Platz, der im schattigen Teil des Chores liegt. Im Halbdunkel fällt es nicht so sehr auf, dass er sich die Hände versteckt in den langen Ärmeln des Messdienergewands reibt. Vorsichtig, um nicht damit aufzufallen, tritt er auch von einem Fuß auf den anderen, aber es scheint alles nichts zu nützen. Er denkt nur noch daran, dass die Messe bald zu Ende ist und er endlich nach Hause in eine warme Stube laufen kann. Für Spiele im Schnee hat er an diesem Januartag des Jahres 1707 nichts übrig, denn nach dem langen Stillsitzen und Stehen ist er durchgefroren und spürt schon kaum mehr seine Zehen und Finger. Nicht viel besser ergeht es den meisten Gemeindemitgliedern im Kirchenschiff, die gerade nach dem Abendmahl in leise Gebete ver- sunken sind. Als winzige Wölkchen steigt ihr Atem in den kalten Raum, in dem selbst das Weihwasser gefriert.

In dieser frostigen Stille wird plötzlich die Türe zum Marktplatz aufgerissen und ein Soldat rennt in den Mittelgang. Sein schweres Atmen und eine Dunstwolke um ihn herum zeigen den überraschten Betenden, dass dieser Mann schon länger gelaufen ist. Doch bevor man sich weitere Gedanken machen kann, was wohl passiert sei und nun zu tun wäre, wird die Kirchentüre erneut weit aufgeschlagen.

„Stehen bleiben! Halt! Verdammter Kerl! Bleib stehen – im Namen des Königs!" schreit ein Soldat in preußischer Uniform dem Flüchten-

den nach. Doch er läuft nicht hinter ihm her, sondern bleibt an der Türe stehen und hält sie offen. Zwei Reiter auf schnaubenden Pferden kommen herein. Dann lässt er die Türe ins Schloss knallen und erschreckt damit die Tiere. Das schwarze Pferd stellt sich auf die Hinterbeine und beginnt auf dem glatten Kirchenboden zu rutschen, so dass sein Reiter Mühe hat, sich oben zu halten und einen Sturz des Pferdes zu verhindern. Das braune trabt erst einmal einige Schritte weiter, tänzelt dann auf der Stelle und will rückwärts wieder zur Tür. Der Reiter schlägt es unter Fluchen und Schimpfen und rammt ihm die Sporen in den Bauch, so dass es die Flucht nach vorne zum Altar antritt. Der Rappe hat sich wieder gefangen und folgt dem Braunen mit aufgeregten Wiehern. Der mit seinem Degen in der Luft herum fuchtelnde Soldat, der den beiden Reitern die Türe geöffnet hatte, schreit in den Kirchenraum: „Ihm nach! Er ist durch die Sakristei entwischt!" und stürmt ebenfalls zum Chor.

Die Gemeinde und der Pater sind fassungslos und trauen kaum ihren Augen, welche Ungeheuerlichkeit sich hier in einem Gotteshaus abspielt. Die Pferde haben die Stufen zum Chor erklettert und stehen nun vor der Sakristeitür. Der erste Reiter duckt sich, gibt seinem Ross die Sporen und reitet hindurch. Der zweite folgt ohne Zögern.

„In den Klostergarten! Dort muss er sein!" brüllt der Soldat ohne Pferd, „dort kriegen wir ihn!" und verschwindet ebenfalls in der Sakristei.

Für die Gemeinde ist der Spuk vorbei und man hört nur noch ein entfernteres Wiehern und Brüllen. Pater Amatus findet seine Worte wieder: „Liebe Gemeinde, lasst uns beten für den Frieden Gottes, für die Verfolger und die Verfolgten. Dass sie wiederzurück finden in den Schoß der Kirche – und dass sie wieder die Gesetze respektieren. Beten wir!"

Kaum ist das Amen gesprochen, beginnt ein erregtes Diskutieren in der Kirche. Doch Pater Amatus kümmert sich nicht darum, denn dies kann er getrost seinen Mitbrüdern überlassen. Ihm ist es wichtiger zu sehen, ob man dem Flüchtenden helfen und ihm das ihm zustehende Asyl auch gewähren kann.

„Diese Verletzung der Immunität ist ein solcher Frevel; ich werde es dem König vortragen, denn schließlich stehen wir unter seinem

Schutz," murmelt der Kapuziner, als er durch die Sakristei geht und von dort ebenfalls den Klostergarten betritt.

Da eilt ihm der Klosterwächter entgegen: „Sie sind wieder weg! Der Flüchtende ist ihnen entkommen! Die Reiter habe ich durch die hintere Pforte rausgelassen! Ich glaube, der Flüchtling ist über die Mauer in den Nachbargarten gesprungen."

„Gut so!"

„Oh, Bruder! Seht!"

Aber Pater Amatus hat schon längst die schweren und lauten Schritte von Soldatenstiefeln gehört. Der Kommandant Nongarede und drei weitere Uniformierte nähern sich ihnen.

„Wo ist unser Gefangener? Ihr habt ihm bei der Flucht geholfen. Das werdet Ihr noch büßen, dafür sorge ich bei Seiner Majestät, König Friedrich!"

Doch ehe der Mönch eine Antwort geben kann, hat sich der Kommandant schon wieder umgedreht. Dass sich der Ausreißer jetzt nicht mehr im Kloster aufhält, ist ihm und seinen Untergebenen auch klar.

Beim Mittagessen geht es heute im Refektorium, dem Speisesaal der Mönche, ungewöhnlich laut und erregt zu. Die Ereignisse während der Messe lassen auch die Mönche ihre sonstige Ruhe und Zurückhaltung vergessen. Dass Reiter durch die Kirche geritten sind und Waffen die Ehre des Gotteshauses verletzt haben, ist schon schlimm genug, aber dass die Soldaten des Königs die Immunität missachtet haben, wiegt weit schwerer. Sollte es etwa wieder zu Machtkämpfen zwischen der Kirche und weltlichen Herrschern und ihren Soldaten kommen? Waren das vielleicht Vorboten neuer Streitigkeiten um alte Privilegien?

Am Nachmittag macht sich Pater Amatus mit Bruder Franziskus auf den Weg zu einem Kranken in der Marsstraße. Doch die beiden kommen nicht weit. Auf dem Marktplatz werden sie von Soldaten gefangen genommen und auf die Wache gebracht. Den Mönchen ist klar, dass es sich um eine Rache für die gescheiterte Verfolgung handelt. Doch sie können noch nicht ahnen, dass sie elf Tage in Gefangenschaft verbringen werden, bis es dem Klosterwächter gelingt, bei König Friedrich I. in Preußen ihre Freilassung zu erwirken.

Diese zweite Niederlage wollen die Soldaten ebenso wenig hinnehmen wie die erste und sie beschuldigen nun die Mönche, dass sie den Gefangenen aus ihren Händen befreit hätten. Dann hätten sie mit der Begründung, dass die Immunität verletzt worden sei, ihnen die Waffen abgenommen und sie so wieder weggeschickt. Daraufhin schlägt sich der König auf die Seite seines Militärs und verlangt, dass die Mönche den Flüchtling herausgeben oder einen Ersatzmann für sein Heer stellen sollen. Vor dem königlichen Notar Wilhelm von Acken lässt sich dieser Streit beilegen. Die wahren Ereignisse werden zu Protokoll genommen; die Unschuld der Mönche ist damit aktenkundig geworden und der König lässt die Sache auf sich beruhen.

Die Kapuziner erfreuten sich bei der Bevölkerung, aber sogar auch beim protestantischen Landesherrn – wenn es passte – großer Beliebtheit. Durch ihren armen Lebensstil, die seelsorgerische Arbeit und ihre Krankenhilfe bei Katastrophen und Epidemien wurde dieser Orden besonders geschätzt. So war es denn auch im frühen 17. Jahrhundert ein Wunsch der Xantener gewesen, eine Niederlassung der Kapuziner in der Stadt zu bekommen. 1629 erlaubte Pfalzgraf Wolfgang, Herzog von Jülich-Berg, der auch Ansprüche auf das Klever Land erhob, die Ansiedlung. Es passte ihm in seine Politik, den Einfluss der katholischen Kirche durch die Mönche zu stärken, denn das Herzogtum Kleve unterstand einem protestantischen Verwandten. In einem Haus an der Orkstraße begann der Orden mit seiner Arbeit. Doch die Stadtoberen von Xanten standen dem Neuanfang misstrauisch und ablehnend gegenüber. Sie verlangten gleich erst einmal Steuern und verboten den Handwerkern, am neuen Kloster zu arbeiten. Die Protestanten in der Stadt hatten sich damit durchgesetzt, denn sie hatten etwas gegen die Mönchsgemeinschaft in ihrer Mitte.

Aber schon bald hatten die Xantener andere Sorgen und konnten sich glücklich schätzen, die Kapuziner als Krankenpfleger in der Stadt zu haben, denn im Jahre 1636 brach wieder eine Pestepidemie aus. Rund ein Drittel der Xantener Einwohner wurde dahingerafft,

FRATER LVCAS NARINVS FRATRVM
· CAPVCINORVM GVARDIANVS ·

Der Kapuziner Frater Lucas Narinus, der als Klosterwächter diente,
Kupferstich, 1640/42

Die Stadt Xanten und der Fürstenberg, Rokoko-Wandmalerei (1754)
im Gartensaal des ehemaligen Kanonikerhauses Kapitel 13

und auch fünf Patres sowie der Guardian, der Klosterwächter, starben an der Seuche.

Selbst in solch schweren Zeiten blieb die Bevölkerung nicht von Einquartierungen fremder Heere verschont. Da setzten sich sogar die Kapuziner 1638 beim kaiserlichen General Ottavio Piccolomini dafür ein, die Bürger vor diesen Belastungen zu verschonen. Und sie hatten auch Erfolg damit! Seine Hoheit Georg Wilhelm Markgraf von Brandenburg bedankte sich für diesen Einsatz im folgenden Jahr mit einem Grundstück am unteren Ende des Marktplatzes. Hier bauten die Mönche ihr Kloster samt Kirche.

Nach dem Jahre 1517 war in Italien der Orden der Kapuziner entstanden. Äußerste Armut, strenges Eremitenleben, Handarbeit, Krankenpflege und kein Zeitvertreib mit wissenschaftlicher Tätigkeit und Studien gehörten zu den Idealen der neuen Gemeinschaft: Es waren also Männer mehr fürs Praktische. 1535/ 36 formulierte man das Ordensziel neu und legte nun mehr Wert auf Predigt und Seelsorge, doch im Alltag sollte später die Krankenpflege weiter – wie in Xanten – ein wichtiger Teil ihrer Arbeit bleiben. Die Kapuze an ihrem Ordensgewand trug den Mönchen um 1535 in den päpstlichen Urkunden den Namen „Capucini" ein. Zum kastanienbraunen Habit mit Kapuze, der mit einem weißen Strick mit Rosenkranz gegürtet wurde, trug der bärtige Mönch je nach Jahreszeit noch einen kurzen Mantel bzw. Umhang. Korrektes Schuhwerk waren sommers wie winters Sandalen.

Die Bescheidenheit der Kapuziner zeigte sich auch im Kirchenbau, den man durchaus als „gebaute Armut" bezeichnen kann. Die Mönche beschränkten sich auf das Wesentliche und so besaß ihre schlichte Kirche an der Ostseite des Marktes auch keinen Turm sondern nur einen kleinen Dachreiter für die Kirchenglocke. Man lebte in kargen Räumen und unterschied sich darin deutlich von den Kanonikern des Viktorstifts. Welten lagen da zwischen dem Selbstverständnis der beiden kirchlichen Gemeinschaften. Kein Wunder, dass die Kapuziner, die kein Eigentum, sondern nur den Gebrauch kennen, mit ihrem ärmlichen Leben gerade bei den armen Bevölkerungsschichten auf viel Sympathie stießen. Aber auch zu den Landesherren waren die Kontakte manchmal hervorragend, wie es sich dann in geschenkten Häusern niederschlagen konnte.

Engere Beziehungen gab es dagegen zwischen den Xantener Stiftsherren und den Jesuiten. 1608 wurde in einem Vertrag festgelegt, mit einer Kanonikerpfründe einen Jesuiten aus Emmerich, nämlich Pater Ryswick, für seine Tätigkeit in Xanten zu bezahlen. Dieser entschloss sich jedoch bald, in Xanten eine Niederlassung der Jesuiten zu gründen. Schon im folgenden Jahr zogen einige Mönche in ein Kanonikerhaus – eine Kurie – in der Stiftsimmunität. Gegenüber der Heilig-Geist-Kapelle, der heutigen Sakramentskapelle, existierte von 1609 bis zur Auflösung des Ordens im Jahre 1773, das kleine Kloster der Gesellschaft Jesu. Die Jesuiten widmeten sich der Seelsorgearbeit, für die ihnen die Heilig-Geist-Kapelle zur Verfügung gestellt wurde. In diesem Zusammenhang wurde vermutlich auch das Tor in den nördlichen Kreuzgang gebrochen, damit die Gläubigen in die Kapelle gelangen konnten, ohne erst den Dom zu durchqueren und Chorgebete der Stiftsherren zu stören.

Ein anderer Schwerpunkt der Jesuiten war das Unterrichten; für diese Aufgabe neben der Seelsorge hatte sie Dechant Lubbert von Hatzfelt auch nach Xanten geholt. Unter öffentlicher Schule verstand man in jener Zeit jedoch nur eine Ausbildung der Jungen. Ihnen stand als Lateinschule die Stiftsschule offen, da bei nur drei, vier Kanonikern im Schulalter, sogenannten „canonici scolares", die Stiftsschule sonst nicht ausgelastet gewesen wäre.

Aber gerade mit dem Jesuitenorden sympathisierende Frauen sollten im frühen 18. Jahrhundert dafür sorgen, dass erstmalig auch Xantener Mädchen die Chance bekamen, Schreiben und Lesen zu lernen. Bei den Jesuiten gab es zwar keinen weiblichen Zweig, keine Nonnenklöster, doch lebten eine Reihe frommer Frauen zu Hause nach den Regeln des hl. Ignatius, geistlich betreut von einem Beichtvater. Da ihnen die meisten Aufgaben eines Jesuiten aufgrund ihres Geschlechts versagt blieben, stellten sich eben die Aufgabe, die Mädchen zu unterrichten. Eine der ersten und wenigen, die auch namentlich bekannt wurden, war Helena van de Sandt. Diese Jesuitessen brauchten keine Ordensgewänder zu tragen, aber gewisse Vorschriften machten ihnen die Herren schon. Sie sollten sich „befleißigen zu einer Bescheidenheit und sittsamen Ehrbarkeit in der Kleidung; sie sind jedoch zu keiner bestimmten Ordenstracht verpflichtet, und können auch von keinem Beichtvater dazu gezwungen werden."

Mit ihrer Bildungsarbeit trugen die frommen Jungfern ebenfalls dazu bei, den katholischen Glauben in Xanten gegen alle Versuchungen des Protestantismus zu verteidigen und stärken. Damit haben gerade die Jesuiten wesentlich dafür gesorgt, dass selbst unter protestantischen Landesherren Xanten und die umliegenden Gemeinden katholisch blieben. Diesem Ziel nützte gerade die Arbeit mit dem Nachwuchs, den Kindern. Ein anderes Arbeitsgebiet der Jesuiten war die Militärseelsorge, die in den unruhigen und kriegerischen Zeiten am Niederrhein auch oft gebraucht wurde.

Unter einer schlechten Position im protestantischen Umfeld hatten dagegen die Kartäusermönche in Wesel zu leiden. 1628 wurden sie dort von den reformierten Bürgern vertrieben und flüchteten nach Xanten, wo sie freundlicher aufgenommen wurden. Es war ihnen möglich, an der Rheinstraße mehrere Grundstücke zu kaufen, auf denen sie dann ein kleines Kloster, ihre Kartause, bauen konnten. Im Gegensatz zu ihren späteren Nachbarn, den Kapuzinern, und den Jesuiten traten die Kartäuser kaum öffentlich in Erscheinung. Nach ihren Ordensidealen war das beschauliche, abgeschiedene – kontemplative – Leben angesagt. Jeder Kartäuser lebte für sich in einem winzigen Häuschen mit kleinem Garten, den er bestellte. Acht solcher Wohneinheiten sind noch auf einem Stadtplan des Jahres 1804 zu erkennen. In einer solchen Zelle speiste der Kapuziner allein, nur an den Sonntagen und besonderen Festtagen aß man so wie in vielen anderen Orden in einem gemeinschaftlichen Speisesaal, dem Refektorium. Acht Stunden während des Tages und der Nacht verbrachten die Mönche mit Andachten und Gebeten in der Kapelle, die dem hl. Andreas geweiht war. Außerhalb dieser Zeiten waren sie dem Schweigen verpflichtet. Sie arbeiteten in ihrem Garten oder einer Holzwerkstatt und widmeten sich in den Zellen auch dem Schreiben religiöser Texte.

In der Mitte des 17. Jahrhunderts trat nun auch in Xanten an zentraler Stelle der protestantische Glaube mit dem Bau einer Kirche in Erscheinung. Hier sollte es jedoch zu einem friedlichen Zusammenleben beider Konfessionen kommen. Man half sich später sogar einmal mit Kirchenraum aus. Als im Sommer 1785 umfangreiche Reparaturarbeiten an der 1649 geweihten evangelischen Kirche nötig wurden, stellte das Viktorstift den Protestanten als Übergangslösung ihre Michaelskapelle zur Verfügung – allerdings nachdem man beim Kölner Erzbischof sicherheitshalber noch einmal um Erlaubnis für diese ungewöhnliche Aktion gefragt hatte. Doch auch der Erzbischof Max Franz hatte keine Bedenken und bestätigte die Stiftsherren darin, „nach den wahren Grundsätzen der christlichen Duldung" und in „wechselseitiger Liebe und Verträglichkeit" den Protestanten mit einem katholischen Gotteshaus auszuhelfen.

Was tat sich in der Stadt außerhalb des kirchlichen Lebens, das jedoch einen breiten Raum auch im Alltag der Bürger einnahm? Immer wieder hatte die Bevölkerung unter den durchziehenden Heeren zu leiden und Einquartierungen hinzunehmen. 1672 und 1688 wurde ihnen befohlen, die Stadtmauer mit Palisaden zu verstärken.

Aus der Frühzeit der Kriemhildmühle, historische Postkarte, Ende 19. Jh.

1710 funktionierte man einen Stadtmauerturm zur Windmühle um und errichtete damit zunächst als Ölmühle die Kriemhildmühle. Die Verbindungen zur Außenwelt wurden im späten 17. Jahrhundert verbessert, denn ab dem Jahre 1686 verkehrte einmal in der Woche die Postkutsche von Kleve über Xanten nach Wesel und retour.

129

Obermörmter – verraten und verkauft?

„Rees schützen? Auf unsere Kosten? Nein, nie und nimmer!"

„Richtig! Die Reeser Schanz hat uns schon so viel Ärger eingebracht."

„Wir haben schon genug unter dieser Stadt leiden müssen! Erinnert Euch an die Einquartierungen der niederländischen und spanischen Truppen. Erinnert Euch, wie uns 1638 die Kroaten die ganze Ernte gestohlen haben. Ohne die Schanz wären wir sicher von vielem verschont geblieben! Sollen sie doch sehen, wie sie zurecht kommen! Und wenn das Eis sie wegschiebt, … soll es doch endlich … was kümmert es uns? Wir haben genügend eigne Sorgen."

Als die Bauern von Obermörmter nach der Messe noch zusammenstehen, sind die Worte des Pastors Hermann Marß schnell vergessen. Von christlicher Nächstenliebe, von Gottes Schöpfung und Gehorsam hat er gepredigt und damit versucht, die aufgebrachte Stimmung im Dorf etwas zu besänftigen. Doch ohne Erfolg, im Sommer des Jahres 1652 erhitzt nun einmal das neue geplante Flussbett des Rheines die Gemüter sehr.

„Ja, sollen sie sich doch bei den Klevern und dem Kurfürsten beklagen! Ließen die ihre Finger von Gottes Schöpfung, hätten wir wahrscheinlich auch keinen Grund haben zu klagen, … würde uns auch nicht das Wasser so bedrohen."

„Seit mehr als hundert Jahren verschlingt der Rhein unser Land. Wir kommen nicht mehr nach, den Deich zwischen Vynen und Obermörmter zu halten. So oft war er schon gebrochen, sind unsere Felder und Weiden überschwemmt worden."

„Es fing an mit Haus Hübsch auf der anderen Rheinseite, da bei Mehr. Das war auch sehr vom Rheinstrom bedroht und hatte schon einiges an Land verloren. Dann haben die was gemacht."

„Mit deren Landgewinnung hat man uns geschadet, damit fing alles an!"

„Das verstehe ich nicht!"

„Die haben zum Schutz ihres Landes Kribben angelegt. Und durch diese geflochtenen Dämme ist dann neues Grind entstanden. Da hat sich Sand abgelagert und allmählich ist dort Land gewachsen. Und das hat uns dann geschadet, denn dadurch hat auch der Rhein langsam seinen Lauf verändert. Danach hat er nämlich angefangen, mit viel mehr Kraft auf unser Ufer zu prallen."

„Und unser Land wegzuspülen!"

„Um das Jahr 1630 ist sogar unsere Burg Rönne vom Hochwasser weggerissen worden."

„Werden die nun verkaufen? Was meint Ihr?"

„Was interessiert die Herrschaften auf Anholt noch, wie es uns hier geht? Die sitzen fein im Trockenen weit genug weg vom Rhein. Die wissen doch gar nicht mehr, dass sie von hier stammen."

„Ich glaube aber schon, dass die Gräfin Maria Anna nicht so herzlos ist, das Land ihrer Vorfahren zu verkaufen."

„Natürlich wird sie es verschachern! Was soll sie noch mit dem Land, das ihr kaum mehr etwas einbringt? Da wird ihr Leopold Philipp schon für sorgen, dass die Wiesen und der Sand am Rhein noch eine hübsche Summe einbringen. Da bin ich mir ziemlich sicher!"

„Wenn ich so ein gutes Geschäft machen könnte, tät' ich's!" wirft Bauer Bebber in die Runde, dreht sich um und geht. Die Beschimpfungen der anderen will er sich nicht anhören, denn er weiß, dass sie seine Meinung nicht gelten lassen. Schließlich befindet sich sein Hof befindet weit genug vom Rhein entfernt und das Rinnsal der Vynensche Ley kann ihm nicht viel anhaben – das neidet man ihm und seiner Familie schon seit Ewigkeiten. Er würde wirklich die Reste der Herrlichkeit Rönne an den Großen Kurfürsten verkaufen.

Seine Durchlaucht Fürst Leopold Philipp Carl von Salm ließ sich das Geschäft, das zur Grundlage des Kanalbaus werden sollte, nicht entgehen. Am 26. September 1652 verkaufte er die Ländereien, die seine Gemahlin Maria Anna Gräfin von Bronckhorst-Batenburg mit in die Ehe gebracht hatte. 167 Morgen und 41 Ruten an gutem bis schlechten Bauland, Baumgärten und gutem Weideland wechselten

Carte du Duché de Cleves et Geldres, (Ausschnitt), Paris, 1757
(Karte des Herzogtums Kleve und Geldern)

den Besitzer. Im Kaufvertrag mit Friedrich Wilhelm Kurfürst von
Brandenburg und Herzog von Kleve hatte er eine Summe von 95.000
Klevischen Talern (47.500 Reichsthalern) in drei Ratenzahlungen
festlegen lassen. Die erste Rate sollte im folgenden Jahr an Mariä
Lichtmess, die zweite am Johannitag und die dritte an Michaelis fäl-
lig sein. Doch die Zahlungsmoral des Landesherrn ließ zu wünschen
übrig, als es an die letzten ausstehenden 20.000 Taler ging. Leopold
zögerte nicht lange und holte sich von den vertraglich festgelegten
Pfändern, was ihm passte. Er besetzte Schloss und Amtshaus von
Isselburg mit Waffengewalt. Das Geschäft wurde dann unter den
Nachfahren der beiden im Jahre 1697 korrekt beendet: Friedrich III.
Kurfürst von Brandenburg zahlte Otto Carl Fürst zu Salm die aus-
stehende letzte Rate von 20.000 Talern und dieser verabschiedete
sich daraufhin aus Isselburg.

Auch der Kanalbau verlief nicht so reibungslos, wie es vielleicht geplant war, denn der Rhein ließ sich nicht ohne weiteres in sein neues Bett umleiten. Immer wieder suchte und fand er den Weg zurück in sein altes Bett. So dauerten denn auch die Arbeiten an dem Durchstich ein Viertel Jahrhundert – von 1652 bis 1677. Danach prallte die Strömung nicht mehr mit voller Wucht aus Osten auf die Reeser Stadtbefestigung, sondern konnte aus südöstlicher Richtung in einem vertieften Kanalbett mehr daran vorbeigleiten. Der oftmals gefährliche alte Rheinarm verlandete und den Reesern war mit der großen Aktion geholfen.

Nicht so den Einwohnern von Obermörmter! Zwischen dem Dorf und Vynen entstand vor dem Appeldorner Deich ein neues Prallufer. Immer wieder musste dieser Deich nach hinten ins Land verlegt werden; die Sanierungen und Neubauten kosteten die Angehörigen der dortigen Deichschau viel Geld. Nicht immer konnte das Notwendigste auch finanziert werden, auch als sich Allerhöchstderselbe Friedrich II. König von Preußen mit seinem 1764 gegründeten Staatlichen Wasserbauamt um eine Verbesserung der Verhältnisse bemühte. Doch die Natur war schneller und stärker. Der Winter 1783/4 sollte für Obermörmter bereits eine Katastrophe ungeahnten Ausmaßes bringen. Im Dezember 1783 setzten starker Schnee und Frost ein, so dass Ende Januar der Rhein zufror. Einen Monat später setzte Tauwetter ein, das die Eisdecke brechen ließ. Die Schollen wurden durch die Strömung zu hohen Barrieren aufgetürmt, an denen sich das Wasser staute. Eis und Rheinwasser drückten gemeinsam gegen die Deiche, die diesem Druck nicht standhalten konnten und brachen. Von Bislich bis Zevenaar und auf dem linken Ufer von Xanten bis Hönnepel und Schmitthausen ergossen sich die eisigen Fluten bis weit ins Hinterland. Es sollten noch eine Reihe weiterer Winterhochwässer mit gefährlichem Eisgang Obermörmter und Umgebung treffen. Den letzten Eisgang – zum Glück ohne die katastrophalen Auswirkungen vergangener Zeiten – erlebte man im Februar 1963.

Flucht vor dem Rheinwasser – Birten muss wandern

„Der Hühnerstall des Nachbarn ist weggeschwommen! Nun ertrinken auch die Kaninchen!"

Völlig durchnässt und schluchzend kommt das Mädchen in die Küche gerannt. Die nassen Kleider kleben ihm am Körper, und es zittert nicht nur vor Kälte. **Aber niemand kann sich um Katharina kümmern, denn die Familie hat ebenfalls große Sorgen, dass das Rheinwasser bald auch ihren Hof erreicht.**

„Das ist traurig! Aber hilf Deiner Schwester, unsere Hühner und Enten zu retten! Steckt die Tiere in Körbe und Säcke und bringt sie weg! Bringt sie zum Hof von Onkel Franz. Der liegt höher, da sind sie in Sicherheit!" sagt ihr die Mutter in ruhigem Ton, während sie kleine Säckchen mit Lebensmittelvorräten füllt und in einer Kiepe verstaut. Eine Magd faltet Küchentücher und legt sie in die Wäschetruhe.

„Weg da, blödes Katzentier!" schnauzt Margareta die junge Katze an, über die sie mit einem Stapel von Tellern fast gefallen wäre. Aber auch das Tier spürt die Unruhe des Aufbruchs und sucht die Nähe des Mädchens.

„Geh' nicht so mit meiner kleinen Katze um! Mach' die Augen auf und tritt sie nicht!" faucht Katharina und bückt sich schnell, um das verängstigte Tier aufzuheben. Sie streichelt sie und steckt sie hinter den Latz ihrer Schürze.

„Streitet Euch nicht! Geht lieber an eure Arbeit! Sonst sehen wir morgen unser Hab und Gut und die Tiere auch im Wasser wegschwimmen!" ruft die Mutter die Streitenden zur Vernunft.

„Ich geh schon in den Stall. Aber wo sind denn Josef und Thomas? Was machen die?"

„Josef treibt gerade mit Hein die Kühe zusammen und bringt sie dann zum Steveshof. Und Thomas kümmert sich um die Schweine,

die natürlich auch ins Trockene kommen sollen! Aber nun verschwinde endlich in den Hühnerstall!"

Vor der Haustür belädt der Vater im strömenden Regen mit dem zweiten Knecht das Pferdefuhrwerk. So viel wie möglich will er von den Lebensmitteln, dem Bettzeug und Hausrat mitnehmen. Zwar gehört sein Bruder Franz, bei dem sie Zuflucht finden werden, nicht gerade zu den armen Bauern, aber es ist ihm schon lieber, dass er nicht ganz auf dessen christliche Nächstenliebe angewiesen sein muss. Schließlich haben er und seine Frau es auch zu einigem Wohlstand gebracht, und den will er nicht kampflos den steigenden Fluten überlassen. Vielleicht gelingt es ihnen sogar, noch einmal zurückzukommen und zweites Mal mit dem Fuhrwerk Gegenstände in Sicherheit zu bringen. Das Werkzeug in seiner Schnitzwerkstatt würde er gerne noch mitnehmen. Wenn uns der Allmächtige vor Schlimmerem verschont, werde ich auch nur noch Heiligenfiguren schnitzen, gelobt der fromme Mann.

„Hilfe! Zu Hilfe! Ich ertrinke!"

Ein Kopf taucht unter und kommt einige Meter weiter wieder an die Oberfläche. Wild schlägt die Person mit den Armen, doch die Spritzer nimmt niemand, genauso wenig wie die verzweifelten Schreie, wahr.

„Hilfe! Hilfe!"

Es ist nicht einmal zu erkennen, ob da eine Frau oder ein Mann in der Strömung treibt und um das Überleben kämpft. Die Person gleitet an einigen Bäumen vorbei. Sie greift in die Äste und kann einen fassen. Doch nur wenige Augenblicke später schnellt der Ast leer wieder zurück. Die Kraft des Wassers ist zu stark für den erschöpften Menschen, der jetzt nicht mehr um Hilfe ruft. Der aufgedunsene Kadaver einer Kuh schwimmt vorbei. Noch einmal versucht das ertrinkende Wesen, nach einem Ast zu greifen. Es gelingt ihm. Mit letzter Kraft klammert sich eine Hand um das Holz. Die Strömung drängt den Körper weiter und dreht ihn einmal um das scheinbar rettende Hindernis. Nun drücken den Fluten den Menschen gegen das Gestrüpp. Er verfängt sich darinnen und wird dadurch unter der Wasseroberfläche festgehalten. Als bald danach die Hand langsam vom Ast rutscht, hat die Gewalt der Natur gesiegt.

Am Birtener Deich herrscht ein Treiben wie vor einem Ameisenbau. Hier gelangen mit Menschenketten Steine und Sandsäcke auf die Deichkrone, dort wird der auf Fuhrwerken herangekarrte Sand in Hanfsäcke abgefüllt. Andere versuchen, Bretter in den Deich zu rammen und so eine breite Palisade gegen das steigende Wasser zu errichten. Die Männer sind nass bis auf die Haut, doch die anstrengende Arbeit lässt sie nicht frieren. Junge und Alte, Männer, die nicht benötigt werden, um das eigene Hab und Gut in Sicherheit

zu bringen, versuchen, den Deich zu verstärken. Auch aus den Nachbardörfern, die nicht von den Fluten bedroht sind, aus Sonsbeck und Alpen hat man sich auf den Weg gemacht, hier zu helfen. In den Kirchen und Kapellen der umliegenden Dörfer und Bauerschaften wird gebetet, stellt man Kerzen auf. Auch in der Birtener Kirche, der das Hochwasser gefährlich nah kommen kann, versuchen vor allem die alten Leute und diejenigen, die wegen ihrer Gebrechen nicht mit anpacken können, mit ihren Gebeten, die Katastrophe abzuwenden.

„Lauft nicht unnötig auf dem aufgeweichten Deich! Trampelt doch keine Löcher in den Hang!" brüllt ein Mann zwei Jungen an, die den Damm hoch stapfen. Sie haben bemerkt, dass an der Spitze der Menschenkette ein Erschöpfter sich kaum mehr auf den Beinen halten kann und kurz vor dem Zusammenbruch steht.

„Wir müssen aber da vorne helfen!"

„Schon gut! Das sehe ich jetzt auch! Aber noch mehr Flurschaden brauchen wir auch nicht!"

Unermüdlich wird auf dem Deich gearbeitet. Ohne Unterbrechung steigt der Pegel des Rheins. Stunde um Stunde vergeht, nichts ändert sich. Mancher ahnt, dass es wohl ein Fehler von ihren Vorfahren war, Birten nach den schweren Hochwassern des späten Mittelalters an den Fuß des Fürstenbergs und nicht weiter westlich auf den schützenden Hang zu setzen. Aber diese Erkenntnis nützt ihnen in diesen schweren Tagen des Jahres 1764 wenig.

Zwei Frauen schleppen einen schweren und dampfenden Kessel heran, hinter ihnen laufen kleine Kinder mit Suppentellern und Löffeln.

„Ihr müsst euch stärken, sonst verlieren wir den Kampf erst recht! Wir haben euch eine kräftige Suppe mit viel Wurst und Speck gekocht!"

„Und ich hole einige Brote!" ruft eine andere Frau, rafft die Röcke hoch und läuft davon. Das sollte ihr Glück sein.

„Das Wasser kommt! Das Wasser kommt!"

„Weg von hier! Der Rhein kommt von hinten!"

Rufe des Schreckens tönen aus vielen Ecken. Eben haben die Männer noch versucht, dem Rheinwasser vor ihnen den Weg zu versperren, da wälzen sich jetzt die braunen Fluten hinter dem Deich heran.

„Der Deich bei Ginderich muss gebrochen sein. Wo soll sonst das Wasser herkommen?"

Die Männer lassen die Sandsäcke fallen und springen den Damm hinunter. Mit den Furchen, die ihre Tritte hinterlassen, machen sie es dem drückenden Wasser leicht, auch hier den weichen Deich aufzubrechen. An mehreren Stellen schiebt das Wasser für einige Sekunden den Boden vor sich her; dann ergießen sich die Massen ungehemmt ins Hinterland und vereinigen sich mit denen, die von Ginderich heranströmen. Die Reste des Deiches lösen sich in den Fluten bald in ein Nichts auf.

„Hilfe! Hilfe!" Vielstimmig gellen dieses Mal die Schreie über das Wasser. Die Strömung ist so stark, dass sie bis auf die kräftigsten Männer fast alle sofort von den Füßen reißt. Selbst diejenigen, die schwimmen können, haben große Mühe, das Trockene zu erreichen. Mitgerissene Stämme und Äste, herumtreibende Bretter und Balken oder auch schon Teile von Schilfdächern erschweren den Schwimmenden den rettenden Weg an Land. Manchem gelingt es, sich an ein Brett, einen Balken zu klammern. Ein Junge nutzt eine Tür als Floß. Doch die Sicherheit auf dem schwimmenden Holz ist trügerisch, denn es lässt sich kaum steuern. Wo wird es sich an einem neuen Ufer verfangen, dass man es verlassen könnte? Zwischen all dem Treibgut, das das Hochwasser von Birten mitgerissen hat, schwimmt ein großer schwarzer Suppenkessel.

Von den beiden Frauen ist nichts mehr zu sehen. Mit ihren schweren nassen Röcken hatten sie kaum eine Chance, den Fluten zu *entkommen. Vielleicht gelang es wenigstens, das eine oder andere Kind zu retten. Das Notläuten der Birtener Kirchenglocken wurde für viele zum Totengeläut.*

Im Jahre 1764 spülte der Rhein fast das ganze Dorf weg. Die Kirche wurde so schwer beschädigt, dass man die Überreste noch im selben Jahr abriss. Es war damit das vierte Mal, dass Birten im Laufe seiner Geschichte zerstört und das sogar dritte Mal, dass es ein Raub des Wassers wurde. Folglich befindet sich Birten heutzutage an seinem fünften Standort!

Für die erste Zerstörung der Siedlung war noch der Mensch verantwortlich. Dabei handelte es sich jedoch noch nicht um ein Bauern- und Fischerdorf wie beim Birten des 18. Jahrhunderts sondern um das römische Militärlager Vetera – genauer Vetera I. Mit diesem militärischen Stützpunkt auf der hochwassersicheren Höhe des Fürstenbergs war wie allgemein üblich auch eine kleine zivile Siedlung verbunden, eine Niederlassung von Handwerkern und Händlern. Der römische Geschichtsschreiber Tacitus erwähnt eine solche Siedlung, ein Municipium. Beides zusammen könnte man auch als das erste Birten bezeichnen. Die erhöhte Lage auf dem Südhang des Fürstenbergs versprach nicht nur einen guten Überblick über den Rhein und die einstmals hier einmündende Lippe, auf deren Wellen die Römer noch Großes Richtung Osten vorhatten. Auch die Gefahr von Überschwemmungen konnten die Legionäre ausschließen. Der Abstand zum „fluvius Rhenus" war groß, da dieser mit seinem Hauptbett ungefähr auf der Linie des heutigen Flussverlaufes am Fürstenberg vorbei strömte. Und so wurden unliebsame Zeitgenossen zum größten Feind des Lagers: Im Bataveraufstand 69 nach Christus zerstörten sie Vetera I.

Mit Vetera II wagten sich die Römer dann vom Hügel hinunter und rückten ihr neues Lager in die Nähe des Rheins. Sicherlich wird man genau beobachtet haben, welche Abschnitte der Flussaue auch bei Hochwasser gewöhnlich trocken blieben. Oder hatte es schon lange keine Überschwemmungen mehr gegeben, so dass man sich sicher fühlte? Ende des 4./Anfang des 5. Jahrhunderts kam das Ende von Vetera II, als die Franken nicht mehr den Rhein als Grenze des Römischen Reiches akzeptierten und sich auch auf dem linken Ufer niederzulassen begannen. Die römischen Soldaten zogen die Aufgabe ihres Militärstützpunkts und die Flucht in grenzfernere Gebiete vor. Zurück blieb ein aufgegebenes Castrum mit einer Lagervorstadt, in der sich ebenfalls wieder Zivilisten angesiedelt hatten. Letztere hatten weniger Grund, den Neuen das Feld allein zu überlassen.

Daraus entwickelte sich ein Ort, den der Geschichtsschreiber Gregor von Tour als „Bertunense oppidum" bezeichnet – Birten III trat nun ins Rampenlicht. Der Handelsort am Strom blieb nicht von den Normannen verschont, die im Jahre 880 auch das Rheintal unsicher machten. Plündernd und brandschatzend zogen diese durch die Lande, hinterließen Spuren der Verwüstung und einen Brandhorizont. Wer diese Attacken überlebt hatte, kam zurück und baute wieder auf. Birten III sollten noch fast 600 Jahre Existenz bevorstehen.

Anfang des 13. Jahrhunderts kam Bewegung in die Landschaft; diesmal war es der Rhein, der anfing, für Unruhe und Bedrohung zu sorgen. Große Hochwasser nahmen zu, für die vermutlich Klimaschwankungen verantwortlich waren. Auch an der Einmündung der Lippe in den Rhein – noch immer gegenüber dem Fürstenberg – hatten sich Veränderungen ergeben. Der Nebenfluss hatte sich einen neuen kürzeren Weg durch eine mächtige Kiesbank gesucht und ließ sein Wasser dadurch stärker auf die linke Rheinseite prallen. Auf diese Weise wurde das linke Rheinufer mehr der Abtragung ausgesetzt, wie es eben typisch für einen sogenannten Prallhang ist. Die Kraft des Wassers trifft mit voller Wucht gegen einen solchen Prallhang und trägt ihn im Laufe der Zeit ab. Der Fluss „frisst" sich weiter ins Land und verlagert allmählich sein Bett.

Solch eine Verlagerung sollte sich schließlich noch als große, aber schleichende Bedrohung von Birten entpuppen. Circa drei Meter pro Jahr schob sich das linke Rheinufer Richtung Fürstenberg. Birten III lag dazwischen. Und es kam, wie es kommen musste: Jahr für Jahr verlor der Ort an Boden, fraß sich der Rhein ihm entgegen. Zunächst

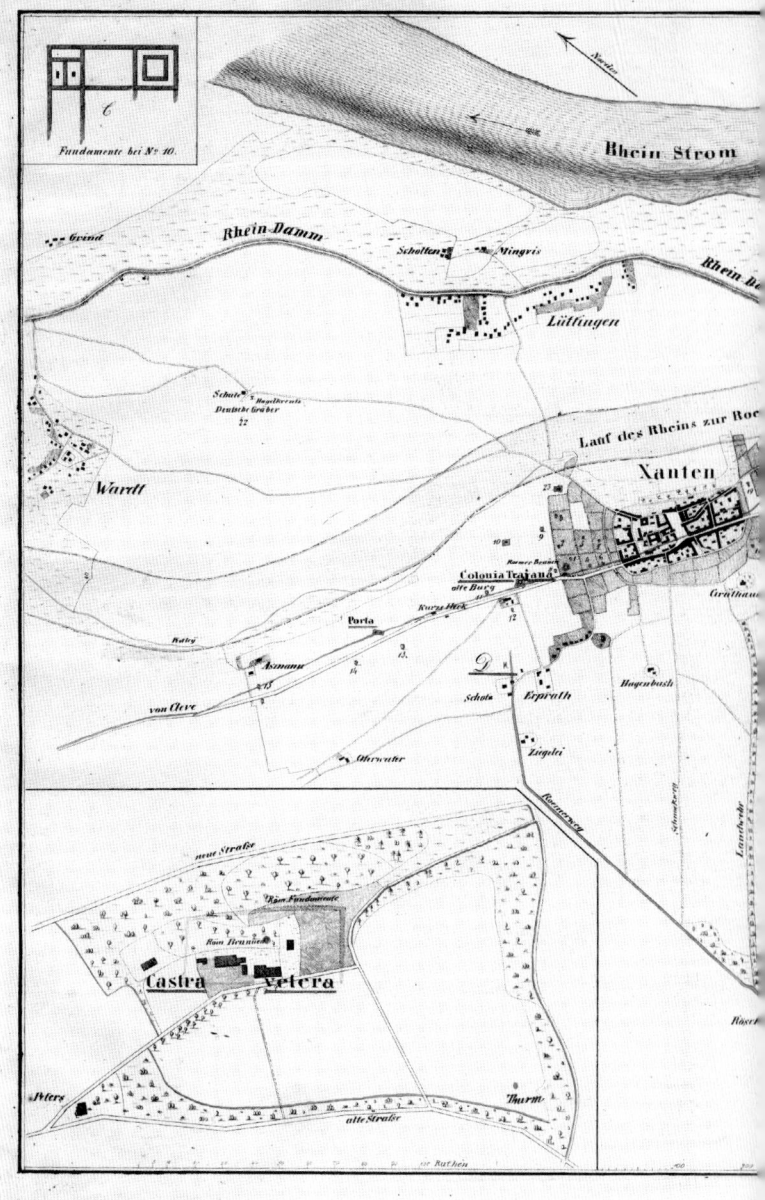

Rheinverläufe bei Xanten, aus: Ph. Houben's Römisches Antiquarium, 1839

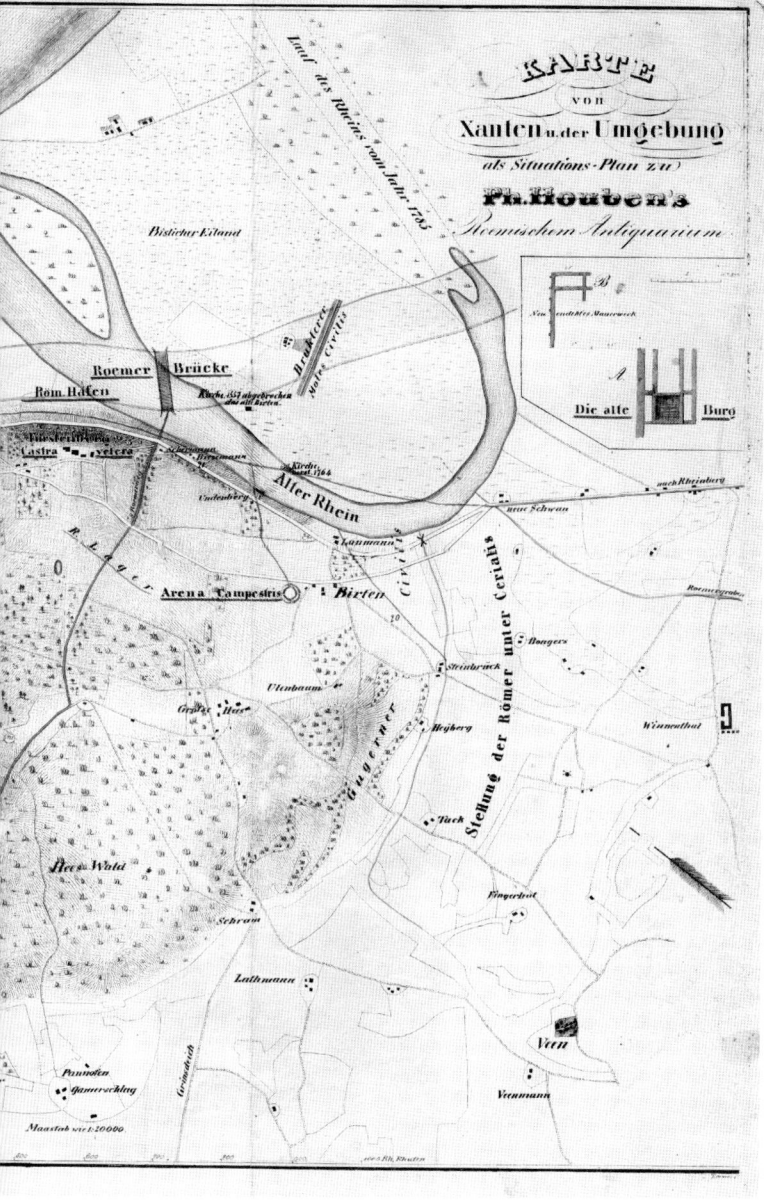

verschlang der Strom die Ruinen des Lagers Vetera II. Er unterspülte die Trümmer, transportierte die leichteren Teile fort, während die schweren Steine und Brocken liegen blieben bzw. in die Flusssohle eingespült wurden. Bis zu zehn Meter unter dem heutigen Flussniveau fand man Relikte des Lagers. Im Jahre 1557 hatte sich der Prallhang schon so nah an die Birtener Kirche geschoben, dass sie aufgegeben werden musste. Eine Skizze des Jahres 1566 zeigt, dass der Chor der Kirche bereits im Wasser steht. Um den neuen Bauplatz gab es einige Diskussionen, denn man konnte sich nicht entscheiden. So gab es 1566 einen Briefwechsel zwischen den Kirchspielleuten von Birten, den Klever Räten und dem Landdrosten Botzelaer; auch Ortsbegehungen der Herren fanden statt. Zur Diskussion standen das Kalenbergkempken am Fuße des Fürstenbergs und das Branthorstkamp in der Mitte zwischen dem Rhein und der Beek. Auf dem ersten Terrain lebte jedoch eine Frau mit neun oder zehn Kindern, die man nicht vertreiben wollte. Sie ihres Platzes zu berauben, wäre „unbillich und unchristlich", meinten die Birtener Herren und empfahlen den Klever Räten, den Bau der neuen Kirche auf dem Branthorstkamp „to tymmerenn bevelhenn" – zu zimmern zu befehlen. Diesem Antrag wurde statt gegeben, und die Birtener bauten ihre neue Kirche in nicht unproblematischem Gelände. Zwar blieb das Branthorstkamp selbst bei Hochwasser trocken, aber durch die umgebenden Wasserflächen bei Überschwemmungen war es dann doch nicht zu erreichen. Die Bewohner mussten zum Empfang der Sakramente nach Veen, Xanten oder ins Kloster auf den Fürstenberg gehen. Knapp hundert Jahre ging es – wenn auch eingeschränkt – weiterhin gut für Birten III.

Am Ende des Achtzigjährigen und des Dreißigjährigen Kriegs schlug auch noch die Natur in Birten grausam zu. Ein Hochwasser von ungeahntem Ausmaß liess eine neue Rheinschlinge entstehen, die Birten III weitgehend zerstörte. Was übrig geblieben war, fand sich plötzlich auf der rechten Rheinseite wieder! Der Fluss hatte sich nun noch weiter nach Westen geschoben und näher an den Fürstenberg „gedrängelt". Und er blieb dort, denn das Rheinwasser floss auch nach dem Hochwasser weiter in seinem neuen Bett.

Den Birtenern blieb nichts anderes übrig, als nach einem neuen hochwassersicheren Platz zu suchen und dort mit den Aufbauarbeiten zu beginnen. Man wählte natürlich einen höher gelegenen Standort, indem man nahe an den Fürstenberg heranrückte. Doch der Rhein folgte ihnen. Er verlagerte seine Schlinge weiter Richtung Fürstenberg und im Jahre 1764 kam die erneute Katastrophe. Birten IV versank in den Fluten und verschwand ebenfalls von der Landkarte.

Aus Schaden klug geworden, gingen die Birtener mit ihrer nächsten Ortsgründung fast wieder zurück zu den Anfängen der Besiedlung in dieser Gegend, nämlich auf den Südhang des Fürstenbergs. 1769 konnten sie ihre neue Kirche auf dem Gelände des heutigen Pastoratsgartens weihen lassen. Den Rhein versuchte man in der Folgezeit mit einem Kanalbau zu bändigen. 1788 erfolgte der Durchstich des Bislicher Kanals, der das Rheinwasser nun auf kürzestem Weg in sicherer Entfernung an Birten vorbei leitete. Damit war nebenbei die Bislicher Insel aus der Taufe gehoben worden. Dieser Baumaßnahme konnte auch Christian Friedrich Meyer, u. a. ein

Der Pastoratsgarten in Birten

„Mit-Director der ökonomischen Gesellschaft zur Verbesserung der Oekonomie, Künste und Gewerbe Westphalens", auf seiner „ökonomischen Bereisung der Rheingegenden von Wesel bis Coblenz" im Juni 1794 mehrere positive Aspekte abgewinnen, obwohl die Maßnahme noch nicht abgeschlossen war. Das Kanalbett war zwar angelegt, aber noch nicht ausreichend vertieft. Der Kanal versprach zum einen neues Weideland im Bereich der Bislicher Insel, zum anderen verhütete er den weiteren Abbruch und Verlust von Land an den Rheinufern. Und zu guter Letzt bemerkte der Königlich Preußische Wirtschaftsexperte noch die Vorteile für die Schiffahrt, dass „die Schiffe eine halbe Stunde kürzer fahren, und daher zu den Kosten sehr gern ein Gewisses beitragen würden."

Brandenburg – Preußische Provinz zum Ersten

„*Schau mal! Wenn uns die Xantener nicht beim Tor hinein lassen, dann promenieren wir dort gemütlich durch die Bresche in die Stadt hinein!*"

„*In der Tat, ihre Stadtbefestigung scheint so löchrig wie ein Käse.*"

„*Sprich nicht vom Essen, my dear Thomas! Nach der langen Reise bin ich so ausgehungert!*"

„*Mein lieber Timothy, wir sind doch gleich da. Schau, die Domtürme sind nicht weit! Bald sind wir in der Mitte des Städtchens, und dann kann es auch nicht mehr weit bis zur Poststation sein, wo wir unser Quartier haben werden.*"

Für einen Augenblick verdunkelt sich das Innere der Postkutsche, als sie durch den Bogen des Klever Tors rumpeln.

„*Oh, wie malerisch! Schau! Eine Ruine!*"

„*Nett! Dieser Turm scheint zur Burg der Bischöfe zu gehören, die einst über das Städtchen regierten.*"

„*Es waren die Bischöfe von Köln, nicht wahr?*"

„*Da gibt es gerade einen guten Blick auf den Dom! Romanische Türme … nur! Aber ist das Schiff nicht gotisch? Schade, dass dieser Dom keine so schöne Ruine ist wie der Kölner Dom! Der Besuch dieser Ruine wird sicherlich der Höhepunkt unserer Reise in den Rheingegenden sein. Erinnerst Du dich noch, wie unser Freund John neulich beim Dinner bei Lord Montegue davon schwärmte?*"

„*In der Tat! Unser guter alter Gardnor war schrecklich beeindruckt und die Reiseskizzen, die er uns zeigte, waren wirklich grandios.*"

„*Er hat sie noch nicht veröffentlicht?*"

„*Nein, ich glaube noch nicht. Das wird dann sicherlich viele Engländer in das Rheintal locken. Diese wilde und erhabene Landschaft! Diese vielen Burgen und Ruinen auf den Bergen. Schauerlich schön!*"

„Langsam, langsam! Das sind noch mehrere Tagesreisen bis dorthin. Jetzt bin ich erst einmal froh, dass unsere heutige Fahrt von Cleve nach Xanten so angenehm war. Kein Radbruch, keine durchgehenden Pferde, ein schöner Sommertag! ... Ich glaube, wir sind am Ziel angekommen. Steig aus!"

„Bon soir, messieurs! Guten Abend, die Herren! Seien Sie willkommen in Xanten. Ich hoffe, Sie hatten eine angenehme Reise. Ich werde mich um Ihr Gepäck kümmern. Gaston! Philippe! Treten Sie doch ein, es ist alles trefflich gerichtet. Die Küche wartet schon auf Sie. Ich kann Ihnen heute besonders das Menue empfehlen: Taubenlebersuppe mit Korinthen, Coutelletten fein mit klein gehackten Schalloten und Petersilie in Butter gebraten oder Kalbfleisch mit Heringsmilch ... Strompen Heins Milchkälber haben immer das zarteste und beste Fleisch, das hat auch mein Vorgänger im Posthof schon gesagt. Oder wünschen die Herren vielleicht Entenbrüste mit Johannisbeeren als Hauptgang? Das beste Geflügel bekommen wir vom Müllerhof. Rheinkrebse und Lachs kann ich auch sehr empfehlen, wenn die Herren etwas aus dem Rhein zu speisen wünschen. Und als Dessert lieber glasierte Apfelspalten auf Mandelbrei oder etwas frisches Obst? Wir haben da ... Ich lasse Ihnen sofort warmes Wasser auf Ihre Zimmer bringen. Treten Sie ein! Bienvenu! Haben die Herren einen Wunsch?"

Mit vielen Verbeugungen und Gesten, die dem Redeschwall noch eine theatralische Note geben, betritt der Gastwirt sein Reich.

„Haben die Herren die Güte, mir zu folgen? Bitte hier entlang!"

Im Vorbeigehen stößt er die Küchentüre auf und ruft hinein: „Heißes Wasser auf die Zimmer in der ersten Etage! Die mit dem Blick auf den Dom! Anna, putz das Gemüse, nimm das aus dem Korb bei der Tür! Ma chère, meine Liebste, hast Du schon die Bratensoße abgeschmeckt? Nimm dafür den Bordeaux! Der Bordeaux von 1785 ist ein ausgezeichneter Jahrgang. Dieses Bukett," und der schnauzbärtige Mann fächelt mit seiner Rechten den Duft eines imaginären Weines in seine Nase. „Meine Herren, bitte hier die Treppe hoch!"

Die beiden Reisenden aus London folgen ihm über die ausgetretenen Stufen.

„Guter Herr, schlagen Sie für uns doch nur ein paar Eier in die Pfanne! Bitte keinen großen Aufwand, denn wir sind ziemlich müde von der Reise und haben eigentlich keinen großen Hunger! Wir wollen bald zu Bett gehen." So kann Timothy eine winzige Pause im Redeschwall des Hausherrn nutzen, als dieser gerade einmal hüstelt. Sein Freund stimmt ihm mit einem deutlichen Kopfnicken zu, um dem Wunsch besonderen Nachdruck zu verleihen und in der Hoffnung, dass der Wirt den Wunsch beider auch respektiert. Sie ahnen schon, dass es schwierig werden würde, den Abend im Xantener Posthof nach eigenen Vorstellungen zu gestalten.

Nachdem das Gepäck verstaut ist und sie sich den Reisestaub von Gesicht und Händen gewaschen haben, gehen sie wieder hinunter und lassen sich in der Gaststube nieder.

„Aber ich kann sie doch nicht nur mit ein paar Eiern im Bauch wieder abreisen lassen," fängt sie der Wirt schon auf der Schwelle der Stube ab. „Wir in Xanten, alle guten Gastwirte am Niederrhein würden unter der Schmach leiden, wenn wir unsere weitgereisten hochverehrten Gäste … Oh, la cuisine francaise …"

„Schon gut," fällt ihm Thomas ins Wort, „dann kredenzen sie uns, was ihre wohl exzellente Küche zu bieten hat!" Die beiden haben eingesehen, dass sie ihrem französischen Gastgeber nicht entkommen und fügen sich in ihr Schicksal.

„Ma chère, die Vorspeise!" ruft der Wirt in die Küche, „schnell, schnell, die Herren sind hungrig! Die Eierspeise, s'il te plaît!" Dann springt er an den Tisch, um noch schnell ein Glas zurechtzurücken. „Rühreier waren auch mein erstes Essen in diesem Haus, damals als mich mein Offizier hier einquartierte. 1757 im Siebenjährigen Krieg. Was wäre wohl geworden, wenn ich nicht diese junge Witwe, ma chère, in diesem Haus getroffen hätte?"

„Eine Witwe? Ihre Frau?" Timothy zeigt seine Schwierigkeiten, der Lebensgeschichte des Franzosen zu folgen. „Eine Affaire, Monsieur, die Sie das Kriegshandwerk hat aufgeben lassen?"

„Ja, ja, mein Herr. Lieber einen Spatz in der Hand als die Taube auf dem Dach! Ob es für eine große Karriere beim Militär gereicht hätte? Da hatte ich meine Zweifel. Und als die Liebe ins Spiel kam, da wollte

*ich doch lieber Bier im Keller als auf dem Schlachtfeld Blut ab-
zapfen. Meine Marie war gerade einmal drei Monate verheiratet
gewesen, als ihr erster Gatte starb."*

„Welche Tragik, die Ärmste!"

*„Ach, über diesen Schmerz konnte ich sie leicht hinweg trösten.
Nehmen sie noch etwas von dem Lachs! Sie haben doch kaum
probiert! Mein Regiment ... Schmeckt es ihnen nicht? Fehlt vielleicht
eine Prise ... Als dann mein Regiment abzog, habe ich die Kameraden
schon mit schwerem Herzen verabschiedet. In Xanten, diesem netten
Flecken zu bleiben, mit meiner Marie ein Nest zu bauen, eine Familie
zu gründen, den Posthof zu übernehmen und zu einem guten Gasthof
zu machen, all das schien mir dann doch verlockender, als weiterzu-
ziehen, Schlachten zu schlagen und Ehrenkreuze zusammeln. Darf
ich noch etwas Wein nachschenken? Philippe, ein Krug Wasser!"*

*„Setzt Euch doch zu uns an den Tisch! Holt doch Eure Frau dazu!
Ihr habt so reichlich aufgetragen!"*

*„Nein, nein, non, messieurs! Meine Marie hat in der Küche zu tun,
und ich habe ja noch die Xantener, die ihr Bier wollen."* Aber die lässt
der Wirt gerne warten; viel zu wichtig ist es ihm, den weit gereisten
Gästen aus seinem Leben zu erzählen. *„Als ich 57 in den Posthof kam,
merkte ich sofort, dass hier ein Mann im Hause fehlte. Diese unruhigen Zeiten, diese Einquartierungen, die vielen Soldaten, da kann
man doch keine junge Frau alleine lassen. Da habe ich ohne langes
Überlegen, meine Herren, die Patronentasche mit der Gastwirts-
schürze vertauscht."*

„Wirklich eine große Entscheidung," gelingt es Thomas in den
Redefluss einzuwerfen. *„Man muss wissen, wohin man gehört, wo
man gebraucht wird."*

*„Oui, oui, exactement! Meine Herren, Sie verstehen mich. Nun
kommt die Welt zu mir nach Xanten in den Posthof und ich muss
nicht mehr hinaus in die Ferne, in die Fremde."*

Nur wenige Jahre später sollte sich Frankreich bis an den Niederrhein ausdehnen und dem Wirt vom Posthof noch mehr heimatliche
Gefühle ermöglichen – falls es diesem nach nahezu vierzig Jahren in

Xanten noch darauf angekommen wäre. Doch die französische Besetzung des Rheinlands ist ein anderes Kapitel.

Aber wie sah es in Xanten aus am Vorabend dieser einschneidenden Veränderungen? Zu Beginn der 1790er Jahre in der preußischen Provinz am Niederrhein? Während der englische Reisende Thomas Cogan in seinen Bemerkungen von einer Reise in die Rheingegenden alle Aufmerksamkeit bei seinem Xanten-Aufenthalt dem sehr gesprächigen französischen Wirt des Postgasthauses schenkt, überliefert Christian Friedrich Meyer, der zur gleichen Zeit unterwegs ist, ein aufschlussreiches Bild der Stadt. Der dienstlich reisende Herr war schließlich „Königlich Preußischer Kriegs Domainen und Forstrath, Mit-Director der Oekonomischen Gesellschaft zur Verbesserung der Oekonomie, Künste und Gewerbe Westphalens, ordentliches Mitglied der Churmainzer Akademie der Wissenschaften zu Erfurt, auch Mitglied der Märkischen ökonomischen Gesellschaft zu Potsdam und der Königlichen Großbrittannischen Churfürstlichen Braunschweigischen Lüneburgischen Landwirtschaftsgesellschaft zu Celle". Was fiel diesem hochkarätigen Wirtschaftsexperten bei seiner Reise durch das „Clevische und einen Theil des Holländischen über Crefeld, Düsseldorf und Elberfeld in Xanten" auf? Er lobt den „blühenden Zustand dieses angenehmen gefälligen Ortes". Die Stadt hat ungefähr 400 Häuser und zwischen 2000 und 3000 Einwohner. Sieben Baustellen vermerkt der Beobachter; einige davon werden im Kapitel gewesen sein, denn die meisten Kanonikerhäuser wurden im 18. Jahrhundert erneuert. In der Regel setzte man auf die spätmittelalterlichen Fundamente und Keller moderne barocke Gebäude, wie am Kapitel 1,3,10,11 oder den Neubauten Nr. 6,7,13. Der große Marktplatz ist mit wohlgebauten Häusern umgeben. An einer Seite steht das Rathaus, das nicht vom Platz, sondern von einer Seitenstraße betreten wird. Es ist ein geräumiges, gutes, helles Gebäude mit einer bequemen Treppe. Der Reisende erwähnt auch, dass vor dem Rathaus keine Soldaten wachen. Die Bedeutung der „geistlichen Stiftungen" im Stadtleben war für den Ökonom unschwer zu erkennen. Darin schien Xanten sich von anderen Orten zu unterscheiden und herauszuheben. Die Wirtschaftskraft des Stifts, das „mit einigen sechzig Geistlichen besetzt, welche sämmtlich vorzüglich bemittelt sind, schöne Häuser besitzen, und dem Orte viele Nahrung geben", erwähnt er besonders. Zahlreich waren auch die Honoratioren und Beamten, die den Bürgerstand – so Christian Friedrich Meyer – arm machten; andererseits konnte sich der Bürger damit zufrieden geben, „weil die Armen-Fonds hieselbst beträchtlich sind, und reichlich ausgetheilt werden, daher alle Industrie (meint: Fleiß) erstickt und die Faulheit privilegiert wird, weshalb auch öftere Diebstäle und Einbrüche erfolgen".

Die Honoratioren hatten kurz vor dem Besuch Meyers eine „Erholungs-Societät" gegründet. Darunter verstand man eine Gesellschaft, die Möglichkeiten zur Freizeitgestaltung anbot. In diesem Fall war es ein Leseraum mit verschiedenen Journalen und den „besten" Zeitungen. Auch die Gründung einer literarischen Gesellschaft wurde in jenen Tagen in Xanten diskutiert. Aber da empfahl der reisende Ökonom, auch gleich noch eine „Gesellschaft zur Beförderung der Landwirthschaft, Künste und Gewerbe" zu gründen. Der Segen würde diesen Stiftern für die Ewigkeit vorbehalten bleiben, meinte der Königliche Rat.

Die Landwirtschaft, dabei besonders die Viehhaltung und der Umgang mit dem Dünger, lobte der Wirtschaftsexperte sehr. „Man kann sicher annehmen, daß die hiesige Viehzucht sich ziemlich der Vollkommenheit nähert", lautete sein Urteil schon am zweiten Tag seines Aufenthalts, dem 24. Mai 1794. Von den Gasthäusern an der Landstraße zwischen Xanten und Cleve war er ebenfalls begeistert. Hier fand der Reisende nicht nur alle möglichen Bequemlichkeiten, sondern hier konnte er auch mit schneller Hilfe rechnen, wenn das Fuhrwerk eine Panne hatte. An diesem Service und Komfort hätte man sich in der Grafschaft Mark ein Beispiel nehmen können, meinte der weitgereiste Herr.

Über das Wirtschaftsleben in der Stadt Xanten im Jahre 1786 hat ein anderer Reisender, ein gewisser N. Hüthner, genaueste Angaben zusammengestellt. Da gab es eine Tuchfabrik mit 17 Beschäftigten, drei Hutmanufakturen mit insgesamt 10 Arbeitern, 42 Seidenweber, 29 professionelle Leinenweber, drei Lohgerbereien mit zusammen

Klever Straße mit Klever Tor, aquarellierte Bleistiftzeichnung, um 1825–1830

9 Angestellten und eine Ölmühle, die von zwei Müllern in Gang gehalten wurde. Über die Bevölkerung im Jahre 1784 hat der reisende Statistik-Freund folgende Fakten herausgefunden und in seiner „Topographischen, statischen historischen antiquarischen Beschreibung der Stadt Sancten" festgehalten. In jenem Jahr zählte Xanten 2019 Einwohner, darunter einen einzigen Franzosen, den wir vom Posthof schon kennen. Mitbürger jüdischen Glaubens erwähnt die Statistik 34.

Circa zwanzig Jahre zuvor, 1763, besaß Xanten dagegen so wenig Einwohner wie noch nie in seiner – statistisch erfassten – Geschichte. Gerade einmal 1587 Einwohner bevölkerten die Stadt. Zum Ende des Mittelalters um das Jahr 1500 waren ein noch circa 5.000 Einwohner gewesen.

Anfang der 20er Jahre des 18. Jahrhunderts sah es in Xanten nicht so rosig aus, wie es eine Untersuchung ans Tageslicht brachte, die zur Grundlage einer Neuordnung der preußischen Verwaltung wer-

Xantener Brauer 1908

den sollte. Die preußische Kriegs- und Domänekammer ließ nachfragen und zählen. Dabei fand man heraus, dass der Ackerbau nur das Nötigste hervorbrachte, um die Leute zu ernähren. Eine Viehzählung bei den Bürgern ergab einen Bestand von 56 Pferden, 186 Ochsen und Kühen, 76 Schweinen und Ziegen sowie anderem Jung- und Kleinvieh. Schafe und Lämmer gab es keine in der Stadt.

Ein Blick auf die Handwerke, die in Xanten zu Beginn des 18. Jahrhunderts ausgeübt wurden, zeigt erwartungsgemäß, dass der Textil-Sektor zu den bedeutendsten in der Stadt gehörte: 20 Leinenweber, 15 Schneider sowie einige Wollarbeiter und Strumpfwirker wurden genannt. Bemerkenswert stark ist die Branche der Getränkeproduzenten vertreten. 26 „Fuselbrenner" und 14 Brauer förderten das Wirtschaftsleben im wahrsten Sinne des Wortes! Das Korn in nicht flüssiger Form verarbeiteten in jener Zeit 18 Bäcker.

Auch wenn für die elementarsten Dinge wohl gesorgt war, stand es um die Stadt und ihre Finanzen sowie Aufgaben nicht ganz so gut.

Mit einer Einnahme von rund 1510 Reichstalern konnte die Stadt-kasse, die Cammerey, jährlich rechnen. Doch die reichten nicht für die Gehälter des Magistrats, Schreibmaterial, Brennholz und Licht im Rathaus, Reise- und Verpflegungskosten, Löhne, Almosen, Unter-halt von Gebäuden, Stadttoren und Mauer, Brücken und Repara-tionszahlungen. Ein Loch im Haushalt von ca. 270 Reichstalern musste durch einen Vorschuss aus der königlichen Kasse gefüllt wer-den. Stadt und Bürger – so der kritische Beobachter und Statistiker des Jahres 1721 – würden besonders unter den Einquartierungen, Erpressungen und Diebstählen, den „eigenthätigen wegnehmun-gen" vor allem einquartierter Soldaten leiden. Auch das gewaltsame Anwerben von Männern für den Kriegsdienst schädigte die Fami-lien, weil dabei oftmals der Ernährer zwangsrekrutiert wurde. Auch von dem nicht existierenden freien Handel versprach man sich, einige Mängel in der Stadt zu beseitigen und die „Nahrung" der Bürger, d. h. ihre Einnahmen zu vermehren.

An höheren Steuern dürften die Xantener bereits ab 1666 gemerkt haben, dass es neue Herren im Land gab, die Brandenburger Mark-grafen, die als die rechtmäßigen Nachfolger der ausgestorbenen Klever Herzöge anerkannt wurden. Friedrich III. bestätigte den Xantenern ihre Stadtrechte und im gleichen Atemzug erhöhte er 1689 kräftig die Steuern. Zusätzlich unterwarf er das Klever Land einer strengen Kontrolle durch seine Beamten und Soldaten. Auch für das Viktorstift stiegen die Lasten und Abgaben; bislang waren die Herren mehr gewöhnt, selber zu kassieren. Die neuen Landesherrn zogen die Zügel an und versuchten, „Zucht und Ordnung" bei den neuen – fernen – Untertanen durchzusetzen. König Friedrich in Preußen, Markgraf zu Brandenburg und Herzog von Kleve ordnete mit einem Edikt vom 15. Juni 1712 an, Feiertage von der Woche auf den nachfolgenden Sonntag zu verlegen, da diese gewöhnlich in „Sauf- und Faulenzertage ausarten". Die zahlreichen kirchlichen Festtage waren dem Potentaten und seinen meist protestantischen Räten ein Dorn im Auge. „Praktizierter Aberglaube", der nur die Leute von sinnvoller Arbeit abhielt, war die Meinung in Regierungs-kreisen. Andererseits erlebten die Xantener eine bis dahin unübliche

Friedrich Wilhelm, der Große Kurfürst von Brandenburg –
ab 1640 Landesherr in Kleve, Kupferstich, um 1650/60

religiöse Toleranz, denn der preußische Landesherr verzichtete auf
sein Recht, die Religion seiner Untertanen zu bestimmen und
gestattete den Katholiken die freie Ausübung ihrer Religion. Dazu
passt auch das Wohlwollen Seiner Kurfürstlichen Durchlaucht zur
Gründung von drei Männerklöstern in Xanten um die Mitte des

Evangelische Kirche Xanten

17. Jahrhunderts. Die protestantische Gemeinde förderte Friedrich Wilhelm, der Große Kurfürst, besonders, denn sie durften in den Jahren 1648–49 eine Kirche am Marktplatz bauen, nachdem sie sich seit 1614 mit einem Predigthaus in der Bemmelstraße begnügen mussten. Zur feierlichen Einweihung des neuen Gotteshauses am 15. August 1649 kamen der Große Kurfürst und seine Gemahlin Luise Henriette von Oranien höchstpersönlich nach Xanten. Dieser Besuch sollte sich in zweierlei Hinsicht im Stadtalltag noch niederschlagen: Zum einen erhielt die Weberstraße ihren neuen Namen „Kurfürstenstraße", und zum anderen hatte die evangelische Gemeinde einen besonderen Festtag, ihren „Kurfürstentag" am 15. August, mit dem sie bis zum Zweiten Weltkrieg ihre Verbundenheit mit dem Haus Hohenzollern zeigte. Um die Vollendung des barocken Glockenturms der reformierten Kirche im Jahre 1662 machte man keinen Wirbel.

Nicht sonderlich viel hielt rund hundert Jahre später Friedrich der Große von seinen Untertanen im Klever Land. „Die Klever sind Dummköpfe, wirr und im Rausch ihrer Väter gezeugt, die weder natürliche Talente noch erworbene Kenntnissen besitzen," meinte er im Jahre 1752. So überrascht es auch nicht mehr, dass Seine Majestät auf niederrheinische Bauernsöhne in den preußischen Regimentern lieber verzichtete: „... weil die Bevölkerung dieser Regionen nicht für den Kriegsdienst taugt; sie ist schlaff und weichlich, und wenn der Klever sich von seinem Zuhause entfernt, bekommt er Heimweh wie der Schweizer." (1768) Für das Land am Niederrhein bedeutete dies einen beachtlichen Vorteil, denn die Männer im wehrfähigen Alter wurden nicht eingezogen, sondern konnten zu Hause ihrer Arbeit nachgehen – was sich durchaus als Gewinn für das lokale Wirtschaftsleben verbuchen lässt!

Stiftsherr makelt Stiftsbesitz – die Säkularisation

«Calice consacré de Xanten, doré, atelier de Cologne vers 1500. Votre offre, messieurs!»

„Hä?"

„Abendmahlskelch aus Xanten, vergoldet, Kölner Werkstatt um 1500, Ihr Gebot, meine Herren!" flüstert ein junger Mann seinem Nachbarn zu, der wohl nichts verstanden hat.

„Verdamp! Worum müsse die he Französisch schwade?" raunzt dieser zurück. „Mer sin he in Aache un nit in Paris! Wat für en Jedöns met de Sproch! Un ich will uch kinne Franzuus sin, nä, im Leeve nit! Ich bin ene Kölsche un bliev et uch! Missjöhs!"

„Aber das Französische ist nun einmal unsere neue Amtssprache geworden, Monsieur. Und bei all den Beamten, die nun directement de la France… ähm, gleich aus Frankreich kommen, ist das …Und so eine Versteigerung, die ist eben etwas ganz Offizielles."

„Ruhe da! Silence!"

«75 Francs une fois … 80 Francs une fois …, deux fois … 85 Francs une fois, deux fois … Et trois fois! Adjugé!»

Ein Bediensteter nimmt den goldenen Kelch vom Pult des Auktionators und trägt ihn zu seinem neuen Besitzer. Der Kassierer folgt ihm mit wieselndem Schritt und einem dicken Buch unter dem einen Arm sowie einer Geldkassette unter dem anderen. Ein Strahlen huscht über das Gesicht des Herrn, der sich in der vorletzten Reihe erhoben hat und auf die beiden Beamten zugeht. Er scheint glücklich über seine Errungenschaft, für ihn hat sich der Besuch der Versteigerung im Saal des Aachener Präfektur wohl gelohnt. Trotz der Winterstürme des Jahres 1802 ist er aus Xanten in die Departementshauptstadt gereist, um etwas von dem zurückzuholen, was französische Soldaten aus seiner Stadt verschleppt hatten. Vielleicht möchten auch andere auf diese Weise wieder zurückholen, was ihren heimatlichen Kirchen ent-

*wendet wurde. Auch Personen, die inzwischen zu professionellen
Sammlern geworden sind, wie die Kölner Ferdinand Franz Wallraf
oder die ebenfalls aus der Domstadt stammenden Brüder Melchior
und Sulpiz Boisserée, sitzen vermutlich in den vorderen Reihen.*

*«Deux anges de Xanten, bois de chêne, atelier du Rhin inférieur,
16 ème siècle. Votre offre, messieurs!»*

*„Zwei Engel aus Xanten, Eichenholz, niederrheinische Werkstatt,
16. Jahrhundert. Ihr Gebot, Messieurs!“*

*„Noch etwas aus St. Viktor!“ murmelt der Xantener, der jetzt keine
Augen mehr für die sich nahenden Männer hat. Er erinnert sich, dass
ihn schon als kleiner Junge diese Engelfiguren fasziniert hatten, dass
er bei jedem Gang in den Dom eigentlich nur die beiden himmlischen
Wesen besucht hatten. Ihnen hatte er seine Sorgen und Nöte erzählt,
in ihre Ohren hatte er seine Wünsche geflüstert, zu ihnen hatte er mit
aller Inbrunst gebetet, als sein Vater verunglückt war und lange um
sein Überleben kämpfen musste. Die Engel schienen sein Flehen
erfolgreich weiter getragen zu haben, denn der Vater wurde wieder
gesund.*

*Als der Kassierer neben ihm steht, steigert der Xantener schon
wieder mit.*

*«25 Francs pour la première fois. 30 Francs pour la première fois.
60 Francs pour la première fois. 80 Francs pour la première fois. Pour
la seconde … 100 Francs pour la première fois. Pour la seconde
fois et … 110 Francs pour la première fois. Pour la seconde fois et …»*
*Der Auktionator schaut die beiden an, die sich um das Engelspaar
bemühen, und will noch ein höheres Angebot herauslocken, denn er
ist mit dem Ergebnis noch nicht so recht zufrieden. Aber der eine hat
aufgegeben, und so wird der Xantener weitere 110 Francs in die
Staatskasse zahlen.*

*Im Kapitelsaal in Xanten herrscht zur gleichen Zeit eine gedrückte
Stimmung. Die Herren denken daran, was gerade in Aachen geschieht.*

*„Da haben sie schon vor acht Jahren die wertvollsten Gegenstände
nach Paris in den Louvre abgeschleppt. Erinnert Euch an die Schilde-
rungen vom ersten Konvoi mit Beutekunst, der aus dem Rheinland
1794 dorthin fuhr!“*

„Ja, um die Sammlungen der Republik zu bereichern, war die offizielle Erklärung. Diebstahl war es, nichts anderes als Plünderung, Raub, Frevel an Kirchengut, an unseren alten Meistern! Wie sollen wir noch Messen feiern, wenn man fast alle liturgischen Geräte abgeschleppt hat," macht Kanonikus Arnold seinem Ärger Luft.

„Und dann haben die Franzosen noch vieles vom Kirchenschatz als Kontributionszahlung gefordert!"

„Auf die edlen Metalle hatten sie es gleich abgesehen. Abendmahlskelche, Kruzifixe, Reliquienbehälter, alles haben sie eingeschmolzen.

Erinnert euch an den Hohn, als sie uns per offiziellem Schriftstück mitteilten, dass im Jahre 1795 bei dem Raub, ähm – der Kontributionszahlung 170 Pfund Silber aus unserm Kirchenschatz eingeschmolzen und abgeliefert wurden."

„Abgeliefert? Geklaut haben sie unser Kirchengerät!" wirft der Schatzmeister des Viktorstifts, Thesaurar Ellinckhuysen ein, der den Vorsitz innehält über eine Gemeinschaft, deren Tage bereits gezählt sind.

„Obwohl sich unser Subdiakon Cornelius de Pauw so eingesetzt hatte und der hatte wahrlich einen guten Draht zu den Franzosen."

„Und zum preußischen König!"

„Und? Was hat es uns genützt? Ist das Viktorstift von irgend jemandem geschützt worden? Hat man uns verschont? Haben wir noch unsere Pfründe? Haben wir noch, was wir für die Messen brauchen?"

„Und fürs Überleben?"

„Ja, wovon sollen wir leben? Haben die Herren in der Departementshauptstadt, in Aachen, dafür Lösungen?"

„Die sind doch nur Handlanger für Paris und Napoleon seine Unverschämtheiten! Seine Kirchenfeindlichkeit! Säkularisation – wenn ich das schon höre!"

„Nicht nur Kirchenfeindlichkeit, mein geschätzter Bruder! Auch unschuldige Menschen wurden verfolgt, gefangen genommen, enthauptet."

„Oder in die Flucht getrieben! Und in den Tod in der Fremde gehetzt! Ich erinnere mich noch gut an den Grafen, den Comte de

Chauvigny de Bloot. Den hoffnungsvollen Spross einer alten Familie –
ein Mann in der Blüte seiner Jahre, den wir 1793 hier in Xanten zu
Grabe getragen haben."

„Ja, gerade 30 Jahre alt ist er geworden."

„Nein, nicht einmal 25 war er."

„Und dann dieser Aufruf von dem Lefe...fe!"

„Lefèbvre, General Lefèbvre!"

„Ja, genau der, der die Österreicher und Preußen da bei Jülich ge-
schlagen hat, und mit dem dann alles anfing. Ich erinnere mich noch
an diesen Aufruf, als hätte ich ihn erst gestern noch gehört. Behandelt
die Bewohner mit Rechtschaffenheit, macht sie zu Freunden und Brü-
dern!" Der Stiftsherr hat sich von seinem Platz erhoben, um mit aus-
ladenden, theatralischen Armbewegungen den General zu imitieren.
„Und lasst die Geistlichen ihre Pflichten erledigen! ... So was wurde
offiziell in unserer Kirche verkündet, und? Was ist dann alles
passiert?"

„Wir können ja schon von Glück reden, dass man St. Viktor nicht als
Pferdestall genutzt hat! Oder als Kornspeicher! Oder sogar Kanonen-
lager! Wie gut, dass unser Gotteshaus immer schon Pfarrkirche war,
stellt euch vor, vielleicht hätten sie sonst unsere Kirche sogar abreißen
lassen. Oder würden es planen. Von solch grausigen, unvorstellbaren
Dingen habe ich schon gehört!"

Der 9. Juni 1802 wurde ein historischer Tag: Mit einem Beschluss
legten Napoleon Bonaparte und die französischen Konsuln fest,
dass in den neuen Departements Donnersberg, Saar, Rhein-Mosel
und Rur sämtliche geistliche Institutionen aufgehoben wurden. Die
Bistümer wurden neu geordnet – das Bistum Köln wurde zu Gunsten
eines Aachener Bistums aufgelöst, auch Priesterseminare und Pfar-
reien ordnete man neu. Verschont blieben von dem Verbot klöster-
licher Gemeinschaften solche Orden, die sich ausschließlich der
Krankenpflege oder der öffentlichen Bildung verschrieben hatten.
Die Stiftsschule der Xantener Kanoniker zählte da nicht und so bedeutete der Beschluss der Franzosen das Ende eines rund tausend
Jahre alten Stifts.

Das militärische Vorspiel der Säkularisation 1802 begann schon acht Jahre zuvor, als Marschall Francois Joseph Lefèbvre die Österreicher und die mit ihnen verbündeten Preußen in einer Schlacht am 3. November 1794 bei Jülich schlug. Danach konnte Frankreich seine Grenze bis an den Rhein vorschieben. Am 21. Oktober 1794 waren bereits die ersten französischen Soldaten in Xanten einmarschiert. Mit dem Frieden von Basel 1795 wurde das linksrheinische Gebiet vorläufig Frankreich zugeschlagen. Im Frieden von Lunéville wurde es dann 1801 endgültig an Frankreich abgetreten. Ein alter französischer Traum war damit in Erfüllung gegangen und offiziell abgesegnet worden. Am Rhein fühlte man sich dagegen von König Friedrich Wilhelm III. im fernen Potsdam und Berlin „verschachert", verraten und verkauft.

Kreuzfußreliquiar oder Kleiner Viktorschrein, Niedersachsen, um 1150

Die von höchster Stelle verordnete Säkularisation bedeutete schwerste Einschnitte und Veränderungen für Klöster und Stifte, u. a. sie stellte das kirchliche Leben und die noch tolerierten Ordensgemeinschaften unter staatliche Aufsicht. Angefangen hatte die Kontrolle der französischen Landesherrn im Rheinland schon weit vor dem schicksalsträchtigen 9. Juni 1802. Bereits 1797 hatte die neue Regierung den Ordensoberen verboten, Mitglieder in andere Klöster – egal ob links- oder rechtsrheinische – zu schicken oder von dort neue aufzunehmen. Dann wurde es ihnen 1798 verboten, Novizen aufzunehmen oder von bereits im Konvent lebenden Novizen die Gelübde abzunehmen. Im darauf folgenden Jahr verordnete man, dass die geistlichen Einrichtungen, die seit 1794 bereits mehr als die Hälfte ihrer Mitglieder verloren hatten, gleich ganz aufgelöst werden sollten.

Die Besitzungen und Vermögen der geistlichen Einrichtungen wurden zum Nationalgut deklariert und der staatlichen Domänenverwaltung unterstellt – und die ließ versteigern, „versilbern", was sie nicht behalten und gebrauchen wollte. Da hatten die Xantener Stiftsherren rechtzeitig gemerkt, woher der Wind wehte, und welche Strömungen sich im revolutionären Frankreich entwickelten. Bereits im Juli 1794 hatten sie einen Teil des Domschatzes, der liturgischen Gewänder und das Stiftsarchiv in Kisten verpackt und ins Rechtsrheinische in Sicherheit gebracht. Das Gut Hübsch in Haffen, das dem Vater des Kanonikers Lambert Lensing gehörte, wurde zum Versteck und Asyl der wertvollen Gegenstände. Doch vieles musste in Xanten zurückbleiben und wurde schließlich von den einmarschierenden Franzosen konfisziert. Was nicht gleich mitgenommen wurde, holte man sich später als Kontributionsforderung auf dem „Verwaltungsweg". Als der Schatzmeister des Stifts, der Thesaurar Ellinckhuysen, 1797 ein Inventar der Viktorkirche aufstellt, zeigt sich, dass kaum mehr Gold und Silber vorhanden sind. Gerade etwas mehr als drei Pfund Edelmetall besitzt man noch im ehemals reichsten Stift am Niederrhein – offiziell!

Auf einem anderen Gebiet hatten die Stiftherren mehr Glück und konnten sogar von der Verlagerung, Verschiebung von Klosterbibliotheken profitieren. Bücher aus den umliegenden Klöstern blieben im Zwischenlager, der Xantener Stiftsbibliothek, „stecken" und wurden nicht mehr weiter nach Köln in eine zentrale Rheinland-Bibliothek abtransportiert. Die Geschichte war in diesem Fall schneller als die Lösung des organisatorischen Problems Buchtransport, und so blieben u. a. die Bibliotheken der Kapuziner, Kartäuser, Jesuiten und Birgitten in Xanten.

Neben der Zerstreuung des Domschatzes und dem Verlust von Kunst- und Kultgegenständen brachte die Säkularisation den Stiftsherren wie Ordensleuten Schicksalsschläge ungeahnten Ausmaßes. Viele standen jetzt vor dem Problem, ihren Lebensunterhalt selber finanzieren zu müssen, denn der französische Staat zahlte den ehemaligen Ordensmitgliedern nur eine kleine Pension. Die Stiftsherren betraf dies nicht, obwohl man ihnen die Pfründe und damit ihre Lebensgrundlage abgenommen hatte. Wenn sie nicht in den Schoß der Familie zurückkehren oder einen Beruf ergreifen konnten, dann …? Dann standen sie vor existentiellen Problemen.

Einer jedoch nicht! Der Aachener Johann Wilhelm Marbaise (1769–1826), ebenfalls ein Kanoniker im Viktorstift, sattelte recht erfolgreich um, nachdem das Stift aufgelöst worden war. Er ging wieder zurück nach Aachen, das inzwischen zur Departementshauptstadt erhoben worden war, und stieg dort als Makler und „Immobilen-Hai" ins lukrative Geschäft um die Nationalgüter ein. Dabei plagten ihn – wie allerdings viele andere Katholiken – auch keine Skrupel, ehemaligen Kirchenbesitz, dazu noch aus Xanten und Umgebung, zu verhökern. Und reichlich war sein Angebot: Er fand unter anderem neue Besitzer für den Raymannshof sowie den Marsmannshof, beides Hofgüter des Viktorstifts, den Orwatershof des Benediktinerinnenklosters Hagenbusch oder andere Bauernhöfe des Klosters Fürstenberg, der Xantener Kartäuser. Auch Ackerland, Wiesen, Weiden, Wald, Heide und Brachland der Xantener Klöster und „seines" einstigen Viktorstifts brachte er unters Volk. Lang war die Liste der Vorbesitzer der Ländereien und Anwesen; sie umfasste alle Klöster Xantens und reichte weiter über die Klöster St. Agatha und St. Spiritus in Uedem, das Kloster St. Cäcilia in Kalkar, das

Franziskanerinnenkloster in Geldern, das Prämonstratenserinnen-
kloster in Bedburg, über die Zisterzienserabtei Kamp und das Stift
Wissel bis hin zu Besitz des preußischen Königshauses am linken
Niederrhein.

Für die französische Regierung war die Säkularisation ein will-
kommenes Mittel, ihre Finanzen in Ordnung zu bringen. Mehr als 66
Millionen Francs kamen in die Kasse. Zum Vergleich: Ein Tagelöhner
verdiente in jenen Jahren im Département de la Roer durchschnitt-

lich einen Franc am Tag. Der neue Staat verleibte sich kirchlichen
Grundbesitz sowie denjenigen des Adels ein und verpachtete ihn in
der Regel weiter, während Gebäude und Mobiliar gleich verkauft
oder versteigert wurden. Diese Art und Weise, das Tafelsilber zu verschachern, ließ sich jedoch nicht nur bei den neuen Herren im
Lande beobachten; auch einheimische Kirchenfürsten griffen schon
einmal zu ähnlichen Maßnahmen, um ihre leere Kassen zu füllen. So
gestattete der Kölner Erzbischof Maximilian Franz von Österreich
1794 den Verkauf von Kirchenschätzen zur Finanzierung der kaiserlichen Heere. Diese Investition brachte jedoch nicht den gewünsch-
ten Erfolg, denn es waren die Franzosen, die im November des
selben Jahres die entscheidende Schlacht gewannen. Der Vormarsch
der französischen Heere an den Rhein war danach nicht mehr auf-
zuhalten.

Mit der Säkularisation verloren die geistlichen Landesherren auch
ihre weltliche Macht – dazu bemerkte der Kölner Erzbischof Joseph
Kardinal Höffner (1969–1987): „Aus der heutigen Sicht war es kein
Unglück, dass (…) dem Kölner Erzbischof das Schwert aus der Hand
genommen wurde und dieser sich fortan mit dem Krummstab
begnügen musste."

Doch bedeuteten die rund zwanzig Jahre französischer Herrschaft
am Niederrhein nicht den Untergang aller christlicher Kultur, allen
kirchlichen Lebens oder aller Gotteshäuser. 1804 fühlten sich die
Xantener sogar schon wieder so sicher, dass sie es wagten, den
Viktorschrein aus seinem rechtsrheinischen Asyl in Elten wieder
zurückzuholen. Da die St. Viktorkirche immer auch schon Pfarrkirche gewesen war, stand es um die Zukunft dieses Gotteshauses

Der Obelisk auf dem Domvorplatz, den Napoleon zu Ehren
Cornelis de Pauws 1811 errichten ließ, Holzstich, 1898

nicht schlecht. Im Februar 1812 konnten auch die Paramente, die
kirchlichen Textilien, die man auf dem Gut Hübsch in Haffen versteckt hatte, wieder zurückgebracht werden. Zwei Jahre später – es
war noch immer Zeit der französischen Besetzung – wurden im Chor

der Viktorkirche sogar Restaurierungsarbeiten durchgeführt. Die geeigneten Bodenplatten fand Pastor Johann Peter Spenrath, ein ehemaliger Benediktinerpater der aufgehobenen Abtei Brauweiler, in der Andreaskapelle des ehemaligen Kartäuserklosters. Er selber sorgte dafür, dass die nun überflüssig gewordene Klosterkapelle abgebrochen wurde. Auch ließ er die einst eingeschmolzene Goldene Platte des Hochaltars in St. Viktor durch eine neue ersetzen. Johann Peter Spenrath, der von 1811–1828 als Pastor der Viktorgemeinde wirkte, vermochte gemeinsam mit dem Kirchenrat, das Gemeindeleben nach dem Wirbel der Aufhebung des Stifts fortzusetzen. Schließlich war die Säkularisation zwar stifts- und klosterfeindlich, aber die Notwendigkeit der Pfarrkirchen wollte man in Paris doch nicht bestreiten.

Die Auflösung des Viktorstifts bedeutete, dass die nunmehr beschäftigungslos gewordenen Kanoniker auch recht bald ihre Häuser räumen mussten. Die Pfarrgemeinde wurde alleinige Besitzerin der Viktorkirche, und sie übernahm auch die Stiftsgebäude. Die Wohnhäuser der Kanoniker blieben in Privatbesitz.

Einer der Xantener Stiftsherren stand jedoch bei Napoleon Bonaparte in so hohem Ansehen, dass er die Stadt Xanten dazu verdonnerte, dem 1799 verstorbenen Cornelis de Pauw einen Obelisken im einstigen Stiftsbezirk zu errichten. Am 31. Oktober 1811 machten Kaiser Napoleon und seine Gemahlin Marie-Louise deswegen extra einen Stopp auf der Durchreise, um das Denkmal anzuordnen. Damit ehrten sie einen international gefragten Wissenschaftler, einen verhinderten königlich-preußischen Hof-Vorleser, einen Ehrenbürger Frankreichs – und den letzten herausragenden Xantener Stiftsherrn.

Cornelis de Pauw (1739–1799), Spross einer Gelehrten- und Diplomatenfamilie, trat 1761 in das Viktorstift ein und wurde 1765 zum Subdiakon geweiht. Den Posten des Stiftsbibliothekars übernahm der Bücherfreund und Wissenschaftler im selben Jahr. Neben dem Stiftsalltag fand Cornelis de Pauw reichlich Zeit für philosophische und völkerkundliche Studien. So veröffentlichte er beispielsweise 1769 „Philosophische Untersuchungen über die Amerikaner oder

Cornelis de Pauw
(1739–1799),
Porträtmedaillon,
Keramik, um 1790

wichtige Beiträge zur Geschichte des menschlichen Geschlechtes".
Das negative Amerikabild in diesem Buch soll Napoleon mit dazu
bewogen haben, die französischen Besitzungen in Louisiana 1803 zu
verkaufen! Als Vorbereitung und Reiselektüre für seinen Ägypten-
feldzug 1799 könnte der Franzose Pauws Werk „Untersuchungen
über die Chinesen und Ägypter" (erschienen 1774) gelesen oder im
Gepäck gehabt haben. Die Bücher des Xantener Stiftsherrn wurden
auch in mehrere Sprachen übersetzt. Größte wissenschaftliche Anerkennung erhielt Cornelis de Pauw, als er zur Mitarbeit aufgefordert
wurde an der „Encyclopédie", dem gebündelten Wissen der damaligen Zeit, dem „dictionnaire raisoné des Sciences, des Arts et des
Métiers (dem „wohldurchdachten" Lexikon der Wissenschaften,
Künste und Berufe). Er verfasste Artikel über ferne wie fremde
Kulturen für die „Encyclopédie". Diese Ehre wurde nur sehr wenigen
Nicht-Franzosen zuteil.

Aber auch in Potsdam schätzte man den kritischen aufgeklärten
Geist des Xantener Stiftsherrn sehr. Friedrichs der Große bemühte
sich, Cornelis de Pauw an seinen Hof zu bekommen. Weder der

Posten eines königlichen Vorlesers noch eine wissenschaftliche Stelle an der Berliner Akademie, zusätzlich der Einkünfte aus einer Domherrenpfründe in Breslau, konnten ihn auf Dauer vom Niederrhein weglocken. Mehr Erfolg hatte dagegen Monsieur de Pauw, von seinem Landesherrn Friedrich II. – eben dem Großen – das Einverständnis zu einer wesentlichen Veränderung im Viktorstift zu bekommen. Er konnte seinen Sparvorschlag durchsetzen, mit dem für dreißig Jahre der Stuhl des Propstes unbesetzt blieb. Auf diese Weise ließen sich im mittlerweile finanziell angeschlagenen Viktorstift einige Mittel sparen und das eine oder andere Finanzloch stopfen. So sollte bereits in der Mitte des 18. Jahrhunderts Clemens von Manderscheid-Blankenheim (Amtszeit 1732–1765) der letzte Propst des Viktorstiftes werden.

Sparen war nach dem Durchführen der Säkularisation auch in der Stadt Xanten angesagt, denn die Auswirkungen auf die städtische Wirtschaft waren unübersehbar. Der Anteil der Beschäftigten in Verwaltung, Kirche, Schule und Rechtswesen, der im Jahre 1801 noch 26,4% ausmachte, sank binnen dreier Jahre auf 4,6%. In Handwerk und Gewerbe ging ungefähr die Hälfte der Arbeitsplätze verloren, mehr Leute fanden dagegen Arbeit in der Landwirtschaft, im Handel oder als Hilfskräfte. Für das Xantener Wirtschaftsleben – wie aber auch in anderen Orten – war es ein schwerer Einschnitt, dass es die Stiftsherren als finanzstarke Auftraggeber und Kundschaft nicht mehr gab. Erst 60 Jahre später sollte sich die Stadt von diesem Verlust wieder erholt haben!

Liberté, égalité –
französische Untertanen am Niederrhein

„Guten Morgen, Herr Lehrer!"

„Guten Morgen, Kinder! Welches Datum haben wir heute?"

„Es ist der 12. Brumaire," schallt es ihm vielstimmig aus dem Klassenzimmer entgegen.

„Ja, ja!" brummelt der Lehrer vor sich hin. „Früher hätten wir gesagt, der 2. November. Aber nun haben wir ja seit elf Jahren, also seit 1793 den französischen Revolutionskalender. Aber an dem haben sie ja auch schon wieder soviel geändert, dass man kaum mehr Bescheid weiß, Kinder."

„Herr Lehrer, ich weiß noch, dass man früher die Monate in drei Teile geteilt hat, in Dekaden, und die hatten immer zehn Tage! Und das kommt von dem lateinischen Wort für 10."

„Sehr gut, Heinrich! Aber diese Zählweise hat man 1802, also vor zwei Jahren, schon wieder abgeschafft. So müsst ihr nur noch die neuen Monatsnamen wissen. Sagt sie einmal gemeinsam auf und fangt mit dem jetzigen Monat an!"

„Brumaire! Frimaire! Nivôse! Pluviôse! Ventôse! Germinal! Floréal! Prairial! Messidor! Thermidor! Fructidor! Vendémiaire, Herr Lehrer!"

„Gut, Jungs! Kommen wir zum Nächsten, was ich, was Eure Eltern noch anders gelernt haben: Die Einteilung der Verwaltungsbezirke. Wie heißt unsere Stadt jetzt? Joseph?"

„Commune de Xanten, Herr Lehrer."

„Was kommt dann? Theo?"

„Kanon von Xanten!" Ein Gelächter bricht aus, aber der Schulmeister lässt die Jungen gewähren. Zum einen ist es ihm selber lästig, sich an die französischen Neuerungen und die schwierigen Wörter zu gewönnen und zum anderen schätzt er, dass auch diese Dinge keine allzu lange Lebensdauer haben werden. Schließlich nahm man beim Revolutionskalender schon wieder einiges zurück. „Nein, Theo! Das ist *nicht die Kanone von Xanten – auch nicht der Karton, den der Maler braucht. Das ist der Canton – im Französischen mit einem „C" geschrieben. Es gibt ein Land, dort wo der Rhein entspringt, in der Schweiz, da heißen die Länder schon immer Kantone. Bei uns ist das jetzt erst ein paar Jahre so. Und wie heißt das, von dem Kleve die Hauptstadt ist? Jakob!"*

„Das heißt Aaa … Aronn … Aronnzmont."

„Falsch! Wer kann das richtig aussprechen? Franz!"

„Arrondissement, Herr Lehrer!"

„Ein schweres Wort, aber das hast du richtig gesagt. Und zu guter Letzt, was fehlt uns noch? Thomas!"

„Das Département!"

„Nach welchem Fluss wird es benannt?"

„Nach der Rur!"

„Und wie schreibt man die im Französischen, Philipp?"

„Roer, Herr Lehrer!"

„Wie heißt die Hauptstadt des Département de la Roer?"

„Aachen!"

„Und wer regiert das Département?"

„Das ist der Präfekt."

„Genug von der neuen Heimatkunde!"

Nicht nur die Kinder mussten Neues lernen, auch auf die erwachsenen Xantener kamen viele Veränderungen zu – so zum Beispiel in Sachen Religion. Im April 1806 erließ der Kaiser per Dekret seinen „Catéchisme Napoléon". Dieser Einheitskatechismus galt nun in allen Kirchen des französischen Kaiserreichs, so auch am Niederrhein. Damit versuchte man, dem Volk einzutrichtern, dass Napoleon von Gott für seine Aufgaben eingesetzt worden sei. Das vierte Gebot wurde dann gleich passend abgeändert bzw. erweitert um den Zusatz: „Wir schulden Napoleon I., unserem Kaiser, Liebe, Achtung, Gehorsam und Treue, Heeresdienst und Steuern, die zur Erhaltung und Verteidigung des Reiches und seines Thrones verordnet werden; weiter schulden wir ihm heiße Gebete für sein Wohlergehen sowie für das zeitliche und ewige Heil des Staates." Um Verständigungsproblemen am Niederrhein aus dem Weg zu gehen, wurden 1807 in Mechelen 400 Exemplare in flämischer Sprache gedruckt „… tot gebruyk van alle de kerken …".

Eine andere Umstellung verlangte Napoleon von seinen niederrheinischen Untertanen, was die kirchlichen Feiertage betraf. Hier hatte er schon im Jahre 1802 den Rotstift angesetzt und kräftig gestrichen. Nur noch Weihnachten, Christi Himmelfahrt, Mariä Himmelfahrt und Allerheiligen waren übrig geblieben. An eine Streichung des Feiertages Mariä Himmelfahrt wird er vermutlich nie gedacht haben, weil der 15. August auch sein eigener Geburtstag war. Ab 1806 ließ er diesen Tag als Kaisers Geburtstag feiern.

Das Streichen der Feiertage hatte zur Folge, dass der Kirchgang auch an den gewöhnlichen Sonntagen immer mehr nachließ. Das rief schließlich die Pfarrer auf den Plan, sich bei der Regierung zu beschweren und von dieser Gegenmaßnahmen zu fordern. Ideen lieferte man gleich mit: Während der Gottesdienste sollten die Wirtshäuser geschlossen bleiben, Märkte nicht stattfinden dürfen und auf Tage in der Woche verlegt werden. Tanzen an Sonn- und Feiertagen sollte ebenfalls verboten werden. Mit diesen unterschiedlichen Auffassungen, wie man den Sonntag gestalten könnte, beschäftigte man sich aber noch weit über das Ende der französischen Herrschaft im Jahre 1814 hinaus.

Für das Rur-Departement sowie die anderen neuen Departements auf dem linken Rheinufer brachte das Jahr 1798 wesentliche Veränderungen, die ohne Zweifel zum Vorteil der neu-französischen Untertanen waren. Auch wenn man einer Neuordnung der Verwaltung und des Justizwesens skeptisch gegenüber gestanden haben mag, so brachte sie dem Einzelnen bis dahin unbekannte Freiheiten. Revolutionär war die Tatsache, dass nun alle Staatsbürger vor dem Gesetz gleich waren. Vor Gericht gab es nun öffentliche und mündliche Verfahren. Der Adel hatte seine Jahrhunderte alte Macht und Vorrechte verloren, die Feudalrechte waren abgeschafft worden, die Zehntabgaben ebenfalls und die Bauern kamen in den Genuss von Freiheiten, wie sie ihr Stand noch nie erlebt hatte. Menschenrechte und Selbstbestimmung für jedermann – aber nicht für jede Frau!

Freyheit! Gleichheit.

Im Hauptquartiere zu Neus den 20ten Vendemiaire im dritten Jahre der Einen und Uatheilbaren Französischen Republick.

***

Der Nationalkonvent hat befohlen, daß die eroberten Länder unter dem besondern Schutze der Republik, und ihr Eigenthum, ihre Sitten, Gebräuche, ihr Gottesdienst, überhaupt ihre ganze Verfassung in Ehren gehalten werden solle.

Ich fordere daher Euch, Krieger, hiemit zu der Erfüllung der Pflichten auf, welche Euch dieser Befehl, und die wechselseitigen Verbindlichkeiten der Bruderliebe einschärfen.

Behandelt die Bewohner hiesiger Gegenden den Willen, und den Erwartungen unserer Repräsentanten gemäß, Rechtschaffenheit und Ehrliebe müssen auf Eurer ruhmvollen Laufbahn Euer Betragen gegen sie leiten, und so werdet Ihr sie zu Euren Brüdern und Freunden machen. Vorzüglich beunruhiget ihre Geistlichen und Priester nicht, welche die Pflichten ihres Amtes ruhig und sicher verrichten sollen.

Ich habe das Zutrauen, Bürger, daß jeder von Euch dieses Gesetz und meine dießfallsigen Verordnungen auf das pünktlichste befolgen werde; widrigenfalls die Uebertreter, welche auf die eine oder die andere Art unfehlbar entdeckt werden, der verdienten Strafe nicht entgehen, und gegen selbige ohne Schonung verfahren werden solle.

Der kommandirende Divisions Generall des Vortrabs

Le Fevre.

Aufruf an die Revolutionsarmee zum Schutz der Bevölkerung und Geistlichen in den eroberten Gebieten vom 11. November 1794

Eine andere Bevölkerungsgruppe, die bis dahin sogar offiziell diskriminiert wurde, erlebte erstmals eine Gleichstellung: die Mitbürger jüdischen Glaubens. Für sie sollte die Emanzipation jedoch erst einmal nur ein vier Jahre dauerndes Intermezzo von 1804 bis

1808 in einer langen Geschichte von Benachteiligung und Unterdrückung bleiben.

Zu den fundamentalen Neuerungen zählte auch die Gewerbefreiheit. Ein alter – mittelalterlicher – Zopf, der das Wirtschaftsleben inzwischen nur noch behinderte, war abgeschnitten worden. Die Zünfte und ihre reglementierenden Ordnungen gehörten damit der Vergangenheit an. Die Gewerbefreiheit erlaubte es theoretisch jedem, einem Handwerk, einem Beruf seiner Wahl nachzugehen. Die gesetzliche Grundlage dafür war der „Code Civil", nach der Krönung Napoleons zum Kaiser 1804 dann „Code Napoléon" genannt, der auch nach dem Ende der französischen Herrschaft zu Preußens Zeiten weiter galt, denn er garantierte die freie Entfaltung der Wirtschaftskräfte, den Aufbruch in das industrielle Zeitalter.

Die französische Herrschaft im Rheinland (1794–1814) brachte mit ihren Versteigungen der von Klöstern, Stiften und dem Adel konfiszierten Ländereien und Immobilien, der sogenannten Nationalgüter, eine weit reichende Land- und Besitzumschichtung. Davon profitierten vor allem wohlhabende Bürger, die in einem noch nicht da gewesenen Umfang Land erwerben konnten. Auch Xanten hat mindestens einen sehr eifrigen „Land-Sammler" aufzuweisen: Es ist Philipp Houben. Von Vorbesitzern aus der mittelalterlichen Stadt Xanten wurden allein 146 Nationalgüter in der Aachener Präfektur unter den Hammer gebracht – nicht mitgezählt diejenigen aus den Dörfern der Umgebung, den heutigen Ortsteilen. Neben der Freude und dem materiellen Nutzen von möglichst viel eigenem Grund und Boden, bedeutete dies für das Bürgertum jetzt auch entsprechende Macht und Stimme in der Politik – das Mitspracherecht nach der gezahlten Steuer wurde eingeführt. Der Immobilienbesitz sollte nicht nur im erweiterten Frankreich unter der Herrschaft Napoleons, sondern auch später noch im preußischen Rheinland die Grundlage der gesellschaftlichen, wirtschaftlichen sowie politischen Ordnung bilden. Vom neuen Prestigewert ganz zu schweigen, den die Bürger damit besaßen und der „Heiratspolitik" zur Mehrung des Grundbesitzes, die nun auch in diesen Kreisen zu einem wichtigen Thema werden konnte – so wie einst bei den Herzögen von Kleve.

Xanten im Kaiserreich Frankreich –
Die politische Landschaft am Niederrhein 1804

Die Förderung der Wirtschaft am Niederrhein, die durch die neue Gesetzeslage gute Voraussetzungen hatte, kam jedoch erst nicht richtig in Schwung. Die Verlegung der Zollgrenze an den Rhein wirkte sich nachteilig aus: Im Textilgewerbe waren gegenüber 15,5% im Jahre 1786 fünfzehn Jahre später nur 8,1% der Berufstätigen, 1804 schließlich nur noch 3,5% tätig. Von einem anderen Problem wurden dagegen zahlreiche Fabrikanten und Jung-Unternehmer durch die Säkularisation befreit, nämlich von der Notwendigkeit, Werksgebäude zu errichten. Für die aufgegebenen Klöster und Kirchenräume waren neue Nutzungen als Fabriken nichts Ungewöhnliches. In Xanten stießen die ehemaligen Klöster jedoch nicht auf solches Interesse, das Kapuzinerkloster konnte beispielsweise nicht an den Mann gebracht werden. Für die Immobilie Kloster Hagenbusch – bestehend aus einem Kloster, einem Gebäude, einer Scheune, einer Schäferei, zwei Kirchen und 800 qm Garten – fand sich mit Herrn Teelosen, über den die Versteigerungsakten sonst nichts weiter berichten, einen neuen Besitzer. Ihm muss das ehemalige Benediktinerinnenkloster einiges wert gewesen sein, denn er zahlte 9.200 Francs dafür; der Schätzpreis hatte bei 2.400 Francs gelegen. Noch tiefer musste der Moerser Matthias Scheidtmann – von Beruf „propriétaire"/„Besitzer" – in die Tasche greifen, der den Komplex des Birgittenklosters in Marienbaum ersteigerte. Er hatte 23.700 Francs auf den Tisch der Aachener Präfektur zu legen. Der geschätzte Wert lag in diesem Fall bei 7.920 Francs. Wie man nachvollziehen kann, wurden Anfang des 19. Jahrhunderts auch in Xanten beachtliche Summen für Grundstücks- und Gebäudekäufe bewegt. Von den Aktivitäten des Herrn Philipp Houben soll später noch die Rede sein.

In den weniger betuchten Schichten hatte man dagegen in dieser Zeit größte Schwierigkeiten zu bewältigen, denn die Armenfürsorge der Kirchen und Klöster existierte kaum mehr. Auch die Mittel bei den Bürgern und Städten fehlten inzwischen. Hinzu kam noch, dass die Bevölkerung durch Einquartierungen französischer Soldaten in ihre Häuser, große Lasten zu tragen hatte, man zusätzlich Geld für den Unterhalt der Truppen zahlen musste und manches für den Gebrauch des Heeres beschlagnahmt werden konnte.

Das Jahr 1806 wurde ebenfalls ein wichtiges, auch wenn es die Bewohner des linken Niederrheins eigentlich nicht mehr betraf. Das Heilige Römische Reich Deutscher Nation, zu dem man vor nicht allzu langer Zeit auch einmal gehörte, hatte aufgehört zu existieren, denn Kaiser Franz II. hatte auf Drängen Napoleons hin seine Kaiserkrone wieder abgegeben. Doch keine neun Jahre später mussten die Landkarten neu gezeichnet werden, Kinder und Erwachsene eine andere Heimatkunde lernen. Nach dem Ende der napoleonischen Höhenflüge und Eroberungen ordneten die Sieger 1814/15 Europa neu auf dem Wiener Kongress. Ab dem 5. April 1815 lag Xanten dann im preußischen Rheinland, genauer in der Provinz Jülich-Cleve-Berg. Die preußische Provinz, die den Namen „Niederrhein" trug, zog sich viel weiter südlich von Heinsberg über Altenkirchen, Koblenz und Kreuznach bis nach Saarbrücken. 1824 wurden beide Provinzen zur großen Rheinprovinz vereint. Dabei hatte man in Berlin gar kein Interesse, im fernen Westen wieder Land zu bekommen. Das Königreich Sachsen hätte man gerne „eingemeindet", aber die internationale Diplomatie schickte das militärisch starke Preußen ins Rheinland, um den eventuellen Übermut französischer Potentaten zu bremsen. Und so erhielt man wieder die Niederrheiner als Untertanen, die trotz aller Lasten, die ihnen Napoleon aufgebürdet hatte, auf den Geschmack einiger revolutionärer Freiheiten gekommen waren und davon auch nicht mehr abrücken wollten.

Die Entdeckung der Römer

„Du willst in Deinem Alter, in Deinem Stand den Spaten nehmen und in aller Öffentlichkeit schaufeln und buddeln? Du, der angesehenste Notar Xantens?"

„Ach, Marie! Du solltest mich besser kennen und verstehen! Ich werde schon mit Hut und Krawatte auf das Feld gehen. Ich kann mir auch eine Schürze um den Bauch binden, wenn es dir lieber ist!"

„Nein, nein, eine Amtsperson, die mit Tagelöhnern und Bauern im Schmutz wühlt – nein, das kann ich nicht verstehen. Das ist zuviel verlangt! Und wenn der Herr Oberprokurator des Landgerichts davon hört, wird er Deine Übernahme in preußische Dienste sicherlich ablehnen. Und was dann?"

„Dann habe ich ja noch mehr Zeit für die archäologischen Forschungen und die Grabungen, die ich nun endlich selber durchführen will, meine Liebe! Das wäre wunderbar!"

„Du bringst mich noch um den Verstand! Was habe ich nicht alles schon mit ansehen müssen? Deine Landkäufe wie ein habgieriger Großgrundbesitzer! Ein Vermögen hast Du dafür ausgegeben. Und dann deine Sammelwut alter Möbel und Bilder! Da, alles was du von den Stiftsherren aufgekauft hast!" Erregt marschiert Marie Lucie Isabella Houben durch den geräumigen Salon und zeigt auf einige der Bilder an der Wand, die ihr noch nie gefallen haben – so viele Heilige, so viele Leidensgeschichten im Haus sind ihr zuviel. Sie hätte lieber etwas von den neueren Malern, die so schöne Landschaften und Idyllen auf Leinwand bannen. Einen kleinen Watteau oder einen anderen Maler italienischer Landschaft, das wäre weit mehr nach ihrem Geschmack. „Und dann das Sammeln der Klosterarchive und Bibliotheken! Wo Du dann die halben Nächte über vergilbten Akten verbringst und am Morgen mir die staubigen Jacken zum Reinigen hinhängst."

„Die Johanna wieder säubert, ohne sich zu beschweren! Ich glaube, sie ist stolz auf ihren Herrn. Sie versteht mich wohl besser, sie hat ein größeres Herz für die Wissenschaft! Für die Altertümer!"

„Das ist ja unglaublich! Unser Hausmädchen versteht Dich besser als ich? Oh, Himmel! Mein Gott, wie weit ist es schon gekommen? Ich habe unsere sieben Kinder bisher alleine erzogen, weil du immer mit anderen Dingen beschäftigt warst. Und nun willst Du Dich wieder nur um Deine alleinigen Interessen kümmern? Ich habe hier immer das volle Haus, die vielen Besucher, die hier zu jeder Tages- und Nachtzeit läuten, um die römischen Altertümer des Herrn Notars zu sehen. Während der Herr immer unterwegs ist!"

„Ach, echauffiere dich doch nicht so, ma chère! Du bist doch eine hervorragende Gastgeberin und Direktorin der Sammlung! Sieh es doch einmal so: Du bist die erste Museumsdirektorin in dieser Stadt, Du als Frau!"

„Ach, diesen Floh, den Dir Pastor Spenrath da ins Ohr gesetzt hat! Und Eure Fachsimpeleien über die römischen Steine und Funde! Wenn Du nach diesen Altertümern auf den Äckern von Xanten gräbst, wirst Du, wie ich Dich kenne, sicherlich eine Menge entdecken. Und dann kommt das schließlich auch noch alles in unser Haus, wenn es geputzt und beschriftet ist. Münzen, Gemmen und Kameen, Fibeln, Statuen, Ketten und vielleicht gar noch Grabsteine von Legionären! Wo soll das dann untergebracht werden? Dann musst Du Dich entscheiden, entweder all die Scherben oder all die Besucher!"

„Sieh das doch nicht so schwarz, meine Liebe! Die ehemalige Propstei mit ihren Nebengebäuden hat für noch viele Scherben Platz. Und wenn dann eines Tages alle Kinder aus dem Haus sind, haben wir sogar noch ein paar Kabinette mehr!"

„Dir sind Deine Altertümer, das kaputte und verrostete Zeug und der verstaubte Archivkram lieber und wichtiger als Deine Kinder und Deine Familie! Das ist mir schon seit langem klar. Muss das denn sein, Philipp? Können wir nicht jetzt, wo Du schon 52 Jahre alt bist, etwas mehr für uns haben? Muss unser Haus ein Bienenkorb sein?"

Detail aus dem Titelblatt „Römisches Antiquarium"
von Philipp Houben, 1839

Die Sorgen von Frau Houben waren durchaus berechtigt! Das
Gästebuch des Hauses sollte in den Jahren 1820 bis 1856 mehr als
11.000 Besucher aus aller Welt aufnehmen. In Reisebeschreibungen
und sogar in Reiseführern jener Zeit wurde die Sammlung römischer
Altertümer des Herrn Notars erwähnt und gerühmt. Der Autor Aloys
Henninger äußert sich Mitte des 19. Jahrhunderts begeistert von
Xanten und dabei fällt auch gleich für die Einwohner des Städtchens
noch ein dickes Lob ab: „Nehme ich hierzu noch die liebevolle Be-
reitwilligkeit, mit welcher mir der altehrwürdige Justizrath, Notar
Houben die Schätze seiner Sammlung von Alterthümern erschloss
und erläutete, ..., so ist es kein Wunder, daß ich auf den Charakter
der Bewohner Xanten's einen guten Schluß zog. Und er war nicht
falsch. Gradheit und Herzlichkeit, Fleiß und Thätigkeit, Sinn für die
Denkmäler der Vergangenheit, aber auch für die Freuden der Gegenwart sind hier zu Hause." Ebenso in John Murray's Red Handbook,
dem berühmtesten englischen Führer des 19. Jahrhunderts für
die Reise auf den Kontinent, wird die umfangreiche Sammlung „very
extensive collection ... belonging to Mr. Houben, a notary" genannt.
Die Bedenken von Marie Lucie Isabella Houben – geborene von Lom –
über die berufliche Karriere ihres Gatten nun unter preußischer

Herrschaft sollten sich dagegen bald als unberechtigt herausstellen. Das Ansehen und der Ruf Philipp Houbens waren bestens; er wurde 1820 in einer Beurteilung als ein sehr fleißiger und diensteifriger Mann bezeichnet, so dass seiner weiteren Laufbahn als Notar in preußischen Diensten nichts im Wege stand.

Vom Finanziellen her schien für Philipp Houben die Arbeit nicht so notwendig zu sein. In der Zeit zwischen 1803 und 1812 hatte er in großem Stil Land gekauft, als die französische Regierung den konfiszierten Kirchenbesitz als „Nationalgüter" versteigern ließ. Ca. 68 ha Acker, Wiesen und Weiden vor allem in Rheinnähe hatte der „Land-Sammler" erworben. War die Verpachtung der Flächen als zusätzliches Einkommen geplant? Waren sie als Grabungsflächen in spe gedacht? Wollte sich Philipp Houben damit vor allem als Förderer der Landwirtschaft betätigen? Als Kapitalanlage haben die Investitionen sicherlich genützt, vermutlich auch, um sie den Kindern als nettes „Polster" auf ihren Lebensweg mitzugeben. Insgesamt 44.075 Francs steckte der siebenfache Vater während der neun Jahre, in denen die Versteigerungen durchgeführt wurden, in Land- und Immobilienkäufe. Zum Vergleich: In jener Zeit verdiente ein Richter am Ersten Instanzgericht 2000 Francs im Jahr.

Schon eine stolze Summe von 5.525 Francs legte Monsieur Houben im Jahre 1803 für die ehemalige Propstei des Viktorstifts auf den Tisch der Präfektur in Aachen. Der Schätzpreis des Objekts hatte dagegen knapp unter 2.000 Francs gelegen. Für den deutlich höheren Betrag konnte er schließlich „1 Kloster, 1 Keller, 1 Hof, 1 Speicher, 2 Scheunen, 2 Ställe und 0,28 ha Garten" in bester Lage sein Eigen nennen, und damit über genug Stapelfläche für Altertümer verfügen. Doch im Jahre 1803 war dies noch nicht so dringend!

Die große eigene Ausgrabungszeit sollte erst 1819 beginnen, aber vorher kam auch schon der eine oder andere Fund in die Hände des begeisterten Privatgelehrten und nebenberuflichen Museumsdirektors. Der Ruhm, die römische Vergangenheit Xantens entdeckt zu haben, gebührt Philipp Houben zwar nicht, aber er hat als erster systematische Ausgrabungen durchgeführt und das erste Museum mit römischen Funden in Xanten eröffnet.

Die archäologischen Aktivitäten früherer Jahrhunderte, das „antiquarische Interesse", wie man es nannte, galt zunächst einmal vorrangig den römischen Inschriften und Münzen. Die Reihe dieser Geschichtsforscher beginnt mit Stephanus Winandus Pighius (1520–1604), der als Stiftsherr genügend Zeit und Muße fand, sich mit der Erforschung niederrheinischer Altertümer zu beschäftigen. Viele Jahre hatte der spät berufene Kanoniker – erst mit 55 Jahren war er ins Viktorstift eingetreten – in Rom gelebt und dort unter anderem die vatikanische Bibliothek und die Kunstsammlungen des Papstes geleitet. An den Klever Hof zur Erziehung des jungen Herzogs Karl Friedrich geholt, beschäftigte sich Pighius nun auch mit der antiken Geschichte des Niederrheins. Mit ihm begann die wissenschaftliche Arbeit über die römische Vergangenheit Xantens. 1587 veröffentlichte er ein Buch, eine Lobesschrift auf den früh verstorbenen Karl Friedrich, in dem er eine Zusammenfassung der römischen Geschichte Xantens und anderer Siedlungen aus jener Zeit im Herzogtum Kleve gibt. Ein Teil seiner Erkenntnisse ist auch nach mehr als vierhundert Jahren noch aktuell.

Im 17. Jahrhundert sind es Johannes Turck und Hermann Ewichius, die die archäologischen Studien in Xanten fortsetzen. Im 18. Jahrhundert betätigte sich Pastor Theodor Tack aus Vynen, allerdings ohne selbst etwas von seinen Notizen zu veröffentlichen. Er stand dafür in engem Kontakt mit Baron Adolf Johann Wilhelm Karl von Hüpsch, einem Kölner Privatgelehrten, Schriftsteller und „Hobby-Archäologen", der mit diesem Wissen in die Öffentlichkeit trat. Dessen Arbeiten, so Paul Steiner, der Vorsitzende des Niederrheinischen Altertums-Vereins 1911, verraten jedoch „ebensoviel Nachlässigkeit wie Kenntnislosigkeit". So vertritt der Baron in seiner „Topographie der Stadt Xanten und der umligenden Gegend", die zwischen 1779 und 1805 als Kapitel seiner Enzyklopädie entstand, die Meinung, dass auf der Höhe des Fürstenbergs Julius Cäsar eine Brücke über den Rhein hat bauen lassen. Das Gebälk davon habe er im Oktober 1779 gesehen und genau untersucht. Dass davon nichts in den antiken Schriften steht, stört den Forscher überhaupt nicht, denn „man trift viele Ruinen erheblicher römischer Gebäude an, wovon uns weder Julius Cäsar, weder Tacitus noch die übrigen Geschichtschreiber die geringste Nachricht hinterlassen haben." Teils hatte er schon Recht mit dieser Annahme, doch eine Brücke über den Rhein war vor 2000 Jahren nun wahrlich keine Kleinigkeit oder etwas Alltägliches, über das man kein Wort verloren hätte!

Aus den handschriftlichen Überlieferungen des Vynener Pastors Tack zogen auch die nächsten nebenberuflichen Forscher ihre Erkenntnisse. Es waren der Xantener Pfarrer und erste Bischöfliche Kommissar am Niederrhein Johann Peter Spenrath sowie der Pfarrer Josef Hubert Mooren aus Wachtendonk. Ihr Werk über „Alterthümliche Merkwürdigkeiten der Stadt Xanten und ihrer Umgebung" erschien 1837 in Krefeld. Darin wurde u. a. noch stark angezweifelt, ob es eine Colonia Traiana überhaupt gegeben hat. „Was nun endlich die bei Xanten so häufig entdeckten Ueberbleibsel römischen Aufenthalts betrifft, brauchen sie eben nicht von einer Colonie herzurühren," meint der Herausgeber, der Wachtendonker Pastor. Ein Dorf täte es auch für den Anfang! Dann kann er schließlich auch noch beweisen, dass die Straßennamen im mittelalterlichen Stadtkern auch gar nicht römischen, sondern deutschen Ursprungs ist. Also, waren die Anfänge Xantens weit bescheidener! Auch mit Legenden um das Viktorstift räumt Pfarrer Mooren gründlich auf und sorgt für Ordnung im Xanten der Spätantike.

Während die beiden Herren sich mit überliefertem Wissensstand beschäftigten, sorgte Philipp Houben dafür, dass Neues ans Tageslicht kam. Von 1819 bis 1844, als er immerhin schon das fortgeschrittene Alter von 77 Jahren besaß, grub er systematisch in der Umgebung Xantens. Rund 1500 Gräber entdeckte er, legte sie frei und stellte die Grabfunde aus. Zu seiner Arbeit gehörte auch die Beschreibung der Funde, ebenso ließ er kolorierte Abbildungen anfertigen. Größte Attraktion waren schon zu seinen Lebzeiten die erotische Szenen auf Bildern und Gemmen – Schmucksteinen mit eingeschnittenen Motiven. Diese zeigte der Königlich Preußische Notar, inzwischen auch Ehrenmitglied der Antiquarischen Gesellschaften in Trier, Minden und Wetzlar, in einem „geheimen" Kämmerchen. Die sicherlich nicht nur wissenschaftliche Neugier seiner

Öllampen, Xantener Funde,
kolorierte Abbildungen von Philipp Houben, 1839

Zeitgenossen nutzte Philipp Houben gekonnt zum Wohle der
Armen, denn nur gegen eine Gabe von zehn Silbergroschen öffnete
er die Tür zu dem begehrten Kabinett.

Nach dem Tode des Hochbetagten im 88. Lebensjahr, am 12. August 1855, wurde die Sammlung der Altertümer in alle Winde zerstreut, da sich weder die Stadt Xanten noch die Bonner Universität zu einem Kauf entschließen konnten. Und so sollten die größten Kostbarkeiten durch Versteigerungen bis nach Frankreich und England verkauft werden, während man die weniger attraktiven römischen Funde „Schubkarrenweise zu 5 Groschen" an Xantener Bürger verhökerte. So richtete zum Beispiel der Wirt Ingelath damit sein kleines Römermuseum in seinem Gasthof ein.

Ernsthaft wurde an der römischen Vergangenheit in Xanten wieder ab dem Jahre 1877 geforscht und gearbeitet, nachdem geschichtsinteressierte Bürger den Niederrheinischen Altertums-Verein gegründet hatten. Man veranstaltete Grabungen und traf sich in einem Stadtmauertürmchen, dem Gartenhaus des Schwerdt'-schen Sommergartens, wo man auch die ersten Ausstellungen organisierte. Doch die Räumlichkeiten waren wenig geeignet. Die Stadt half aus und stellte 1883 unentgeltlich im Rathaus zwei Räume zur Verfügung. 1887 wurde bei den Grabungen in der Colonia Ulpia Traiana das Amphitheater entdeckt, dessen ganze Ausmaße dann sechs Jahre später bekannt wurden. Das Jahr 1889 brachte den Verlauf der Stadtmauer der CUT nahezu vollständig ans Tageslicht. Pastor Moorens Behauptung, dass es sich wohl eher um ein römisches Dorf, denn eine „Colonie" nördlich der mittelalterlichen Stadt gehandelt haben mag, wurde spätestens jetzt widerlegt. Xantens römische Vergangenheit war nun einmal bedeutender und zwar die einer zweiten Hauptstadt in der Provinz Germania Inferior – und nicht weniger!

Vom Knatsch zwischen der Königlich-Preußischen Welt und dem Niederrhein – Preußische Provinz zum Zweiten

„Der Lettner muss abgerissen werden! Ich brauche mehr Platz für Kommunionbänke," teilt Pfarrer Brockelmann dem verdutzten Vorstand mit.

„Aber Hochwürden! Diese gotische Chorschranke ist doch ein solches Schmuckstück für unsere Viktorkirche! Die kann man doch nicht einfach zerkloppen."

„Doch, der Lettner stört. Er war früher mal wichtig, als St. Viktor auch noch eine Stiftskirche war und im Chor die Herren Kanoniker ihre Plätze hatten. Und die zwei Kirchenteile deutlich gemacht werden mussten. Aber das ist schließlich schon lange vorbei! Über ein halbes Jahrhundert, meine Herren! Jetzt schreiben wir das Jahr 1867 und St. Viktor ist ausschließlich eine Pfarrkirche und da gelten andere Regeln. Da ist anderes wichtiger! Die alten Zeiten sind nun mal vorbei!"

„Ja, aber … deshalb können wir doch nicht etwas, das Jahrhunderte lang …" Der Küster wagt kaum seinen Zweifel in Gegenwart des Pastors auszudrücken.

„Doch, natürlich können wir! Für die Kommunion braucht die Gemeinde mehr Platz. Erfreulicherweise ist unsere Gemeinde gewachsen, und darauf müssen wir uns einstellen und den nötigen Raum schaffen. Deshalb steht der Lettner im Weg. Und auch anderes stört noch!"

„Wie bitte?" Kaum hörbar wagt der Küster nachzufragen, die anderen sind noch ganz schockiert über das Ansinnen des resoluten Pfarrers. Ihnen erscheint es ein Frevel, mutwillig Teile der Viktorkirche zu zerstören, die über Jahrhunderte den Messen gedient haben und von den Gläubigen verehrt wurden.

„Auch von der unchristlichen und heidnischen Kunst im Dom sollten wir uns endlich trennen!"

„Heidnische Kunst in unserer Kirche? Aber Herr Pfarrer, was soll das denn sein? Ich finde nichts Verdächtiges in diesem geweihten Gotteshaus. Heidnisches in einer Kirche Xantens? In St. Viktor? Nein, das kann es nicht geben! Wir haben doch nichts aus dem Urwald oder aus Afrika hier!"

„Solch heidnischen Kram meine ich auch nicht! Nix da mit Federbüschen, Trommeln und Gehopse! Aber alles, was nicht gotisch ist, muss raus. Das ist auch nicht viel besser!"

„Was? Ein wunderschönes barockes Kunstwerk, egal ob nur eine Skulptur oder ein ganzer Altar, das soll unchristlich sein? Und heidnisch? Ähm, … ich glaube, da gehen Sie aber zu weit, Herr Pfarrer!"

„St. Viktor ist nun mal eine gotische Kirche, und alles andere hat darin nix verloren … besonders, wo wir nun mehr Platz brauchen. Nur die mittelalterliche Kunst ist die wahre, die wir auch zu bewahren haben. Alles andere fliegt da über kurz oder lang sowieso raus. St. Viktor soll wieder eine rein gotische Kirche werden und das mache ich auch noch diesem Denkmalpfleger, diesem Cuno klar! Und all den anderen preußischen Bau-Fritzen, die mir hier reinreden wollen! Sollen sie nur kommen, all die Königlich Preußischen Baumeister!"

„Ich weiß nich, ich weiß nich, ob das alles so richtig ist, was uns da Pastor Brockelmann erzählt," wagt der Küster allerdings erst zu flüstern, nachdem er und die anderen Mitglieder des Kirchenvorstands den Raum verlassen haben.

„Das ist schon starker Tobak. Die Hälfte der Altäre sollen auf einmal stören und aus der Kirche verbannt werden."

„Und dann sollen die auf einmal unchristlich sein? Bei allem Respekt, aber geht da unser Herr Pastor nicht ein bisschen zu weit?"

„Nein, auf keinen Fall. Man muss auch mit der Zeit gehen! Wollen wir wirklich den alten Plunder, den barocken Kram behalten? Die wahre Kunst is die gotische un nix anneres!"

„Ich weiß nich, ich weiß nich! Da scheint mir aber der Cuno, der Königliche Baumeister, was ganz anderes zu sagen. Und der kennt sich schließlich aus mit alten Kirchen."

Was hier die Xantener Gemeinde beschäftigt und in zwei Lager spaltet, bewegt auch die Offiziellen der Königlichen Ober-Baudeputa-

tion. Man hat zwar erkannt, dass man etwas für die Erhaltung der mittelalterlichen Kirchen tun muss, doch die Denkmalpflege ist gerade erst dabei, ihre Aufgaben und Ziele zu finden. Aber auch außerhalb der Expertenzirkel löst die Domrestaurierung noch an anderen Stellen Auseinandersetzungen und heiße Diskussionen aus. Da prallen in der Mitte des 19. Jahrhunderts zwei Welten aufeinander: die Königlich-preußische evangelische Welt gegen den katholischen Niederrhein. Der streitbare Pfarrer Brockelmann scheint sich mit Genuss mit den Herren Bauräten und Denkmalpflegern anzulegen. Das bekommt der Königliche Kreisbaumeister in Xanten Carl Albert Sigismund Cuno immer wieder zu spüren.

Jetzt im Sommer 1867 schreckt Pfarrer Brockelmann seine Gemeinde und die Xantener mit neuen Plänen auf. Er will die Michaelskapelle abreißen lassen.

Gerade überquert er im schnellen Schritt den Marktplatz und stolpert vor der Michaelskapelle fast in eine Gruppe, die sich um den Königlichen Kreisbaumeister Cuno versammelt hat.

„Tach zusammen!"

„Guten Morgen, Herr Pfarrer!"

„Und die Michaelskapelle wird doch abgerissen. Ich habe das beim Bischof in Münster beantragt."

„Und ich habe den Herrn Appellations-Gerichts-Rath Reichensperger über Eure Pläne in Kenntnis gesetzt. Die Meinung dieses Herrn, den Sie sicherlich kennen, gilt viel in kirchlichen Kreisen und auch er ist gegen den Abriss!"

„Das kann der in Köln gar nicht beurteilen, was wir hier brauchen! Außerdem hat man in Köln auch diese ganzen Häuser, die sich da fußpilzartig um den Dom drängten, abgerissen. Und man sieht jetzt diese großartige Kirche erst richtig!"

„Das ist was anderes. Hier in Xanten wird nichts um St. Viktor herum abgerissen. Hier bewahren wir das Mittelalter! Drinnen in der Viktorkirche wollen Sie das schließlich auch!"

„Das werden wir noch sehen! Die Michaelskapelle wird abgerissen, und das recht bald, meine Herren. Auf Wiedersehen!"

„Soviel Borniertheit!"

„Der hat in den zehn Jahren, wo er hier die Arbeiten der Denkmal-
pflege beobachten konnte, wo er mit Fachleuten hätte sprechen kön-
nen, nix gelernt."

„Der hat es eben nicht nötig. Meint, das wäre allein sein Revier,
seine Entscheidung!"

„Selbstherrlicher Pfaffe!"

„Meine Herren! Meine Herren! Lassen wir das und gehen an unsere
Arbeit! Wir werden noch sehen, wer am längeren Hebel sitzt und
wer die besseren Fürsprecher hat. Der Gerichtsrat hat mir übrigens
zugesagt, so bald es ihm möglich ist, nach Xanten zu kommen. Außer-
dem hat die Königliche Regierung in Düsseldorf auch noch ein Wort
mitzureden!"

Und die Michaelskapelle überstand doch Pastor Brockelmanns
Abrissgelüste! Glücklicherweise war noch Geld für ihre Restaurierung vorhanden und zum anderen sah man diese Finanzmittel als
eine sinnvolle Ausgabe für eine Arbeitsbeschaffungsmaßnahme im
Winter 1867/68. Die Steinmetze waren in den kalten Monaten mit

Michaelskapelle von der Immunität aus gesehen,
Cornelis Lieste, Kreidezeichnung, um 1840

ihren Arbeiten an St. Viktor nicht ausgelastet, so dass man sie damit beauftragte, Steine für die Bogengalerie an der Michaelskapelle zu hauen. Fing man denn schon an, die Torkapelle außen zu restaurieren, schien es nur logisch, sie auch im Inneren wiederherzustellen. Während der Restaurierungsarbeiten an St. Viktor hatte man die Kapelle als Reiß-Boden – Zeichenbüro – genutzt und hielt es nun auch für angebracht, mit den noch zur Verfügung stehenden 30.000 Mark, wieder einen Kirchenraum zu schaffen. Den Abriss des Lettners konnte Pfarrer Brockelmann auch nicht durchsetzen. Vorsorglich hatte Carl A. S. Cuno die gotische Chorschranke durch den Dombaumeister Strebel aufmessen und aufzeichnen lassen. Mit diesen Zeichnungen sollte rund hundert Jahre später nach den Zerstörungen des Zweiten Weltkriegs dann ihre Rekonstruktion möglich werden.

Von Anfang an hatte der Königliche Kreisbaumeister Carl Albert Sigismund Cuno (1823–1909) in Xanten mit vielen Schwierigkeiten zu kämpfen. Zuerst waren Anno 1857 keine Handwerker für die Restaurierungsarbeiten aufzutreiben! Das Steinmetz-Handwerk existierte in Xanten kaum mehr. Fachleute aus Köln abzuwerben, war schwierig, da die dort in der Gotik erfahrenen Handwerker weder den „weltberühmten Bau" noch die „gesellige Stadt Cöln" verlassen wollen. Aber schließlich bekam Cuno seine Mannschaft zusammen. Es gelang ihm ebenfalls, nach Kölner Vorbild im zweiten Jahr seiner Arbeit in Xanten – 1858, eine Krankenkasse zu gründen. Dabei vereinigten sich die beim Restaurationsbau des Xantener Doms beschäftigten Steinmetze und Maurer aus freien Stücken zur Bildung und Erhaltung einer Kranken-Kasse, woraus den beim Bau erkrankten Arbeitern kleine Unterstützungen gewährt werden sollen – so § 1 der Satzung.

Mit besonderem Wohlwollen betrachtete und förderte man in der Mitte des 19. Jahrhunderts in Regierungskreisen die Pflege katholischer Kirchen. Man unterstützte die Aktivitäten nach Kräften – mit dem Hintergedanken, eine positive Stimmung bei der Mittelschicht und dem Bildungsbürgertum für das protestantische Königshaus zu erreichen. Die Landesherren nutzten ihre Chance, in den neuen

Provinzen ihre Fürsorge spüren zu lassen und so wirkten sich die Restaurierungsarbeiten auch als königlich-preußische Arbeitsbeschaffungsmaßnahmen konjunkturbelebend aus. Denn es gab nicht nur für die Baugewerke vor Ort für einige Jahre Aufträge, sondern zusätzlich Arbeit auch für Beschäftigte in den Zulieferbetrieben, wie Stein- und Schieferbrüchen, Transportunternehmen, Werkzeughersteller. In den Zeiten schlechter Arbeits- und Lebensbedingungen der frühen Industrialisierung, Massenarbeitslosigkeit und sprunghaft wachsender Bevölkerung profitierten nicht wenige davon, dass die Denkmalpflege von Politikern vor ihren Karren gespannt wurde.

Das soll aber nicht die Pionierleistungen schmälern, die der Königliche Kreisbaudirektor Cuno gerade mit seiner Restaurierung an der Xantener Viktorkirche vollbracht hat – auch wenn seine Gegner es nicht so sahen! Da jammert der Jesuit und Verfasser der mittelalterlichen Baugeschichte von St. Viktor Stefan Beissel 1889, dass die Kunst mit den mittelalterlichen Baumeistern ins Grab gestiegen sei und die Nachfolger am Xantener Dom – und dieser Seitenhieb zielt auf die Arbeit Cunos – nur noch Lieferanten und Maurermeister seien, „aber nicht mehr Leute, die nach des Cirkels Kunst und Gerechtigkeit zur Ehre Gottes arbeiten."

Doch seine Nachfolger sehen das heute positiver! So der Landeskonservator Udo Mainzer: „Cunos denkmalpflegerische Arbeiten sind bis in unsere Tage als vorbildlich anzusehen, machen die doch deutlich, wie sehr ein verständiger und kompetenter Umgang mit der historischen Substanz mit einem Weniger oft ein Mehr erreicht." Man muss bedenken, dass die Xantener Restaurierung zu einer Zeit stattfand, in der Ziele und Methoden der Denkmalpflege gerade entwickelt wurden und man den künstlerischen Leistungen der Epochen nach dem Mittelalter gleichgültig bis ablehnend gegenüberstand. Pastor Brockelmann lag da durchaus im Trend seiner Zeit! Die Gotik des 13. und frühen 14. Jahrhunderts war gefragt, die man als den „wahrhaft deutschen Stil" verherrlichte und gerne übersah, dass er eigentlich eine französische Erfindung war. Während man sich nicht nur im Rheinland in der 2. Hälfte des 19. Jahrhunderts sehr für das Mittelalter begeistern konnte, u. a. Ruinen sammelte und Burgen wieder aufbaute, hatte man in der 1. Hälfte jenes Jahrhunderts noch gerne die alten Gebäude auf Abbruch verkauft. Burgen und Kirchen wurden als Steinbrüche genutzt – Wiederverwertung und Recycling sind wahrlich keine Erfindung unserer Tage!

So lässt sich der für die Zeit typische Umgang mit mittelalterlichen Bauten auch in Xanten beobachten. In den 1820er Jahren werden Scharntor, Meertor und Rheintor abgebrochen, denn man sieht in ihnen nur die Behinderung für den Kutschenverkehr. Das ehemalige Befestigungsareal, das sich wie ein Ring um die Stadt

Postkutsche mit 4 PS, 1985

zieht, muss auch nicht mehr aus militärischen Gründen freigehalten werden und so entstehen Gärten gleich vor den – abgerissenen – Toren der Stadt. Eduard Hölterhoff beschreibt Xanten 1841 in seiner „Vaterlandskunde", einem geographisch-geschichtlichen Handbuch, für die Bewohner der Preußischen Rhein-Provinz: „Die Stadt mit 3000 Einw., ist gut gebaut; die Wälle und alten Thore sind abgetragen. Sie ist der Sitz des Bischöflichen Delegats des Bisthums Münster für den auf dem linken Rheinufer gelegenen Theil der Diöcese, eines Postamts, einer Salzfaktorei und eines Friedensgerichts; hat eine Rektoratsschule, Tuch-, Kasimir- (eine spezielle Weberei), Baumwoll-, Seidenband-, Strumpf-, Woll- und Hut-Manufakturen, 1 Baumwollspinnerei, Lohgerbereien, Essig-, Oel- und Seifenfabriken, 3 Kram- und Flachsmärkte." Der Acker- und Gartenbau gelten als Haupterwerb der Xantener Bürger. Ab 1836 wurde die Verkehrsverbindung nach Süden verbessert, denn man begann, den Weg am östlichen Fuß des Fürstenbergs zu einer mit Kutschen befahrbaren Landstraße, einer Chaussee, auszubauen. Gut vierzig Jahre später erhielt Xanten seinen Anschluss an die große weite Welt mit einem Bahnhof der „Noord-Brabantsch-Duitsche Spoorweg-Maatschappij" (NBDS), kurz „Boxteler Bahn" genannt.

Zweimal Xanten-London und retour!

„Jetzt haben wir nicht nur die Verbindung an die große weite Welt,
nein! Auch die feine Welt wird hier vorbeikommen, die vornehmen
Herrschaften aus Berlin und Potsdam!"

„Ja, stell Dir vor, der Kaiser muss zu seiner angeheirateten Ver-
wandtschaft nach London. Oder sein Fritz will seiner Vicky mal
etwas Heimatluft gönnen! Dann fahren die gekrönten Häupter durch
Xanten!"

„Is aber nur Xanten-West!"

„Vielleicht sieht das Protokoll auch mal einen Halt in Xanten vor
und Seine Majestät steigt aus und gibt unserer schönen Stadt die Ehre
Und guckt nach oder lässt nachgucken, was aus seinem Geschenk,
dem Fenster im Dom, geworden ist."

„Oder lässt einen Beamten nachgucken, ob die Friedenseiche, die
wir zum Geburtstag Seiner Majestät 71 auf dem Markt gepflanzt
haben, noch steht."

„Und nicht alle Hunde dran pinkeln können."

„Ja, ja, ist schon lange her, dass ein König in Xanten war, oder einer
von denen einen Grund hatte, hier einen Halt einzulegen."

„Ich glaube, der letzte König, der hier war, das war der, der die
evangelische Kirche eingeweiht hat. Is schon länger her, nich wahr?"

„Ja, ja, das war da um 1640 – oder so! Aber der war doch kein König,
wenn ich das richtig in Erinnerung habe, was wir da in der Schule
gelernt haben!"

„Nannte man Großer Kurfürst, aber war wie König!"

„Nee, einen richtigen Kronprinzen hatten wir doch vor gar nicht so
langer Zeit in Xanten, den Friedrich Willem, der die Altertümer vom
Houben angeguckt hat. Der hat sich doch sehr für den ollen Kram
interessiert. War der nicht oft im Rheinland? Hatte der es nicht mit
den Ruinen und so?"

„*Mein Großvater hat uns Kindern immer davon erzählt, wie es war, als der Kronprinz im Oktober 1833 in Xanten war. Wie er da losmarschierte in seiner schmucken Uniform mit allem Drum und Dran, die gerade noch über seinen Bauch passte! Wie Großmutter den ganzen Abend lang die Knöpfe poliert hatte und Opa die Stiefel auf Hochglanz gewienert und so. Un dann is er bei der Parade in Pferdeäpfel getreten! Un hätte sich fast hingelegt!*"

„*Ach, bleib mir mit dem Paradieren und Marschieren vom Hals! Und den ganzen Preußen und Beamten dazu! Lass die da in der Ferne, in Berlin und jwd bleiben, wo sie hingehören! Ich brauche die hier nicht!*"

„*Hört Euch den an! Den Sozi!*"

„*Ihr Monarchisten! Ihr Königstreuen!*"

„*König? Nä! Nen Kaiser haben wir. Nen richtigen Kaiser!*"

„*Und wenn der hier vorbeifährt, dann wird der Bahnhof auf Vordermann gebracht! Dann stehen hier alle mit sauberer Uniform, mit geputzten Schuhen, gewaschenen Fingern!*"

„*Genau! Dann wird die Bahnsteighalle mit Blumen und so geschmückt. Dann stehen da die Kinder mit Fähnchen und winken! Und wir üben noch, in welcher Reihe wir uns aufstellen! Damit auch die Jungen das lernen, die noch nicht beim Militär waren, und uns nicht blamieren!*"

„*Dafür, dass Seine Majestät in seinem Salonwagen vorbeirauscht und uns noch nicht mal zur Kenntnis nimmt? – Na, ja. Das hat ja Tradition bei den feinen Herrschaften. Für die zählen wir doch nicht, sind wir nur schmückendes Beiwerk am Wegesrand, das Hurra schreien darf. Ohne mich!*"

Trotzdem stand man stramm in Uniform und Sonntagsstaat, mit Hemd und Kragen, die Mädchen mit gestärkter Schürze und weißer Schleife im Haar, wenn der kaiserliche Sonderzug vorbeidampfte. Neun Wagen pflegte man für Kaiserliche Hoheit in Bewegung zu setzen: zwei Gepäckwagen, einen Küchenwagen, einen Speisewagen, zwei Wagen für die Herren, einen Wagen für die Damen des Gefolges und als Prachtstücke den 20 m langen Salonwagen des

Xanten   Blick von der Hees

Boxteler Bahn, historische Postkarte um 1900

Kaisers sowie den Salonwagen der Kaiserin. Fürs gewöhnliche Volk gab es in ihren Zügen vier Wagenklassen, die man leicht von außen schon unterscheiden konnte. Gelb angestrichen waren die Waggons der ersten, grün die der zweiten, braun die der dritten und trist grau die der vierten Klasse mit ihren einfachen Holzbänken.

Anfangs sah es aber gar nicht danach aus, dass den Xantenern das Abenteuer oder Vergnügen einer Bahnfahrt gleich von ihrer Stadt gegönnt sein würde. Die Bahn, die 1869 geplant wurde, um mit ihren Güterzügen die holländischen Seehäfen mit dem Ruhrgebiet zu verbinden, sollte über Goch und Uedem ohne Stopp in Xanten nach Wesel fahren. Doch als auch der Personenverkehr auf dieser Strecke in die Planungen miteinbezogen wurde, handelte Xantens Bürgermeister Gerhard Schleß schnell und bot der Nordbrabantschen-Deutschen Eisenbahn Aktiengesellschaft (NBDS) das Grundstück für einen Bahnhof auf Stadtgebiet an. Als Gegenleistung für den geschenkten Baugrund, den man auch noch von anderen Abgaben und Steuern befreit hatte, sicherte die Bahngesellschaft zu, alle Züge auch in Xanten halten zu lassen. So wurde Xanten 1878

Gruss aus Xanten.

Neuer Bahnhof der Boxtel-Weseler Eisenbahn.

Der um 1900 errichtete Xantener Bahnhof war das größte
eigene Bahnhofsgebäude der Nordbrabantschen Deutschen Eisenbahn
Aktiengesellschaft in Deutschland, historische Postkarte

durch die Boxteler Bahn an das internationale Eisenbahnnetz angeschlossen.

Ihren Namen „Boxteler Bahn", der sich verständlicherweise an
Stelle des vollständigen Wortungetüms durchsetzte, erhielt die
Bahngesellschaft durch ihre Endstation im Westen, besagtem Boxtel.
Von dort fuhrt eine Anschlussbahn, die Niederländische Staats-
eisenbahn, nach Vlissingen. Nach dem Umsteigen aufs Schiff konnte
ab dem Jahr 1881 die Reise ohne Verzögerung weiter nach London
gehen. Die Boxteler Bahn war somit ein wichtiges Teilstück auf der
internationalen Transitstrecke London – Berlin mit Fortsetzung
nach St. Petersburg. Im Laufe der 1880er Jahre begaben sich zunehmend mehr Xantener mit der Boxteler Bahn auf die Reise: Starteten 1882 knapp 15.000, war es 1890 schon die doppelte Zahl. Zum
Ende des Jahrhunderts vermeldet die Statistik knapp 43.000
Reisende ab Xanten. Im gleichen Zeitraum hatte sich auch das
Güteraufkommen von knapp 10.000 Tonnen auf fast 26.000 ge-
steigert. 1884 erhielt auch Birten einen Bahnhof.

Konnte man nun recht komfortabel von Xanten aus in die weite
Welt starten, so kam gerade ab den 80er Jahren selbige auch an der

Stadt vorbei. Für viele Auswanderer nicht nur aus deutschen Landen, sondern auch aus Osteuropa – und sogar einige Chinesen erregten Aufsehen in diesen vorbeiziehenden Scharen – führte der Weg in die Neue Welt über die Strecke der Boxteler Bahn Richtung Nordseehäfen. Zunächst kamen sie mit dem Schiff bis Beek und dann zog man buchstäblich mit Sack und Pack durch die Stadt zum Bahnhof an der Boxteler Straße. Bei der NBDS spielte man sogar mit dem Gedanken, von der Anlegestelle der Rheindampfer eine Verbindungslinie zum Bahnhof Xanten-West zu bauen. Doch da änderten sich die Verkehrsströme: Man bevorzugte die schnellere Bahnverbindung von Berlin nach Wesel und konnte dort bereits in die Boxteler Bahn umsteigen. 60 bis 70 Sonderzüge für Auswanderer pro Jahr fuhren zum Ende des Jahrhunderts an Xanten vorbei.

Blick auf den Rheinsteiger bei Beek, historische Postkarte

Vynen – Von Schiffen und Häfen

Wie ein Lauffeuer geht es durch Vynen: Ein Schiff ist gleich vor dem Ort gekentert. Ein Hundebesitzer, der seinen Dackel auf dem Deich spazieren führte, hat es beobachtet. Es ist Donnerstag, der 30. Mai 1996, als um 8 Uhr und 2 Minuten ein Notruf an die Revierzentrale der Wasserschutzpolizei Duisburg geht. Das 110 m lange Motorschiff Carabella ist mitten im Rhein bei Stromkilometer 830,9 festgekommen. Geladen hat es 3710 Tonnen Eisenbahnschienen.

Verzweifelt versuchen die Männer an Bord, das Feuer zu löschen. Mit Ledereimern schöpfen sie das Flusswasser auf ihren Prahm. Durch die vielen hektischen Bewegungen kommt selbst das Schiff mit seinem flach ausladenden Boden bedenklich ins Wanken.

„Wie gut, das unser Schiff nicht untergehen kann. Sonst würde ich hier Schlimmes befürchten,“ wirft Lucius Marcus zu, als sie die Eimer austauschen. Da der Prahm fast fünf Meter breit ist, hat sich Lucius in die Mitte nahe an das Feuer gestellt, denn es reicht nicht aus, vom Gangbord aus das Wasser auf die Flammen zu schütten.

„Hat der Koch geschlafen? Oder wie konnte das passieren?“

„Ich glaube, der Wind und die Wellen haben das Schiff so schaukeln lassen, dass die Kochstelle verrutscht ist.“

„Red' nicht soviel! Nimm den Eimer, los!“ Flavius schwenkt seinen überschwappenden Eimer Marcus vor den Bauch, so dass dieser eine halbe Dusche bekommt.

„Sind wir hier in den Thermen? Pass auf, du …!“

„Ihr könnt euch später prügeln! Die CUT hat ein großes Amphitheater. Vielleicht ist da noch ein Platz in der nächsten Vorstellung für Euch verhinderte Gladiatoren!“ Lucius versucht, die beiden Streithähne abzulenken, die auf der ganzen Fahrt von der Mosel immer wieder aneinander geraten waren. Frauengeschichten – verschmähte

Liebe für den einen, das wohl flüchtige Glück für den anderen, damit haben sich die beiden auf dem dann doch wieder engen Boot das Leben schwer gemacht. Fünf Meter Breite und 35 Meter Länge, gefüllt mit großen Haufen von Kalksteinen und nur wenig Raum für die Mannschaft erlaubten es auch nicht, dem Widersacher und seinen Anspielungen aus dem Weg zu gehen. Dafür eignete sich gerade die Aufgabe der beiden nicht, die mit den Staken das Boot zu lenken und vorwärts zu bewegen hatten.

Am Mittag ist der Deich voller Leute, fünfzig, sechzig Schaulustige – vielleicht sind es auch noch ein paar mehr – drängeln sich um die beste Aussicht auf das Geschehen im Fluss.

„Der Kahn steckt fest, der kommt da alleine nicht mehr raus."

„Der muss sich auch gedreht haben, so schräg wie der da rumhängt."

„Stimmt, so kann der ja nicht gekommen sein! Dann hätte er ja volle Pulle auf das Ufer fahren müssen!"

„Vielleicht hatte der Käpten einen im Tee – oder noch geschlafen. Soll doch ziemlich früh heute passiert sein, nä?"

„Ja, ja, dat hab' ich von Strompens Hein gehört, et war so um, ähm, …"

„Muss kurz nach acht gewesen sein!"

„Aber guck! Das wird noch ein Problem geben! Wenn sich die Carabella noch weiter dreht und so quer liegen bleibt, dann versperrt die doch den ganzen Rhein."

„Nicht den ganzen!"

„Aber et wird dann eng! Für die, die da noch vorbei müssen."

„Dat sperren die von der Wasserschutzpolizei bestimmt ab. Und dat gibt 'nen richtigen Stau, so wie sonst auf der A 57. Nur nicht bei Krefeld, sondern mal bei uns."

„Und Schaulustige wie bei einem richtigen Unfall mit viel Schrott und Blut kriegen wir hier auch noch auf den Deich."

„Da sind ja jetzt schon eine ganze Menge, die sich den absaufenden Kahn nicht entgehen lassen. Und pass' mal auf, wie das hier noch voll wird!"

„Schiffsuntergang live, das haben wir auch nicht alle Tage!"

„Und dann noch Plätze im Trockenen! Und in der ersten Reihe dazu!"

„Ich bringe mir beim nächsten Mal, wenn ich komme, den Campingstuhl mit!"

„Und Jupp, vergiss nicht die Kühltasche mit so 'n paar Dosen Alt. Aber gut gekühlt, denn das könnte hier noch dauern! Bis dann und schöne Grüße zu Haus!"

Niemand verfolgt den verzweifelten Kampf der Männer. Die Stadt und ihr Ziel, die Colonia Ulpia Traiana, sind zwar nicht fern, doch kein Fischer oder irgendjemand anderer, nicht einmal spielende Kinder, bemerken das Drama an Bord. Ein stellenweise undurchdringlicher Auewald lässt auch das rettende Ufer in größere Ferne rücken. Leise schlagen die Wellen an die Bäume, nur der abendliche Gesang der Vögel ist von dort zu hören.

Unermüdlich schöpfen die Männer Wasser und schütten es in das Innere ihres Schiffes, wo sich das Feuer weiter ausgebreitet hat. Eine Bordwand steht inzwischen zu großen Teilen in Flammen, ebenso qualmt und züngelt es in den Spanten, den hölzernen Rippen des Schiffsrumpfes. Das Feuer findet fast ungehindert unter den Kalksteinen seinen Weg in den Schiffsboden. In der Abenddämmerung hoffen sie, dass endlich jemand den Schein des Feuers sieht und ihnen mit einem anderen Boot zu Hilfe eilt. Doch dieser Wunsch scheint sich nicht zu erfüllen. Es ist eben doch noch zu hell, so dass man die Flammen weiter landeinwärts nicht sehen kann. Und der aufsteigende Nebel beginnt auch noch zu ihrem Unglück, den Rauch zu schlucken.

Wie eine Staumauer wirkt inzwischen die querliegende Carabella und die Bergfahrt bekommt Probleme, nicht nur durch die schmale Fahrrinne, die übrig bleibt, sondern auch durch die weit stärkere Strömung, die sich nun durch diesen Engpass ergibt. Eine lange Schiffsreihe bildet sich: In der Talfahrt warten die Schiffe bis oberhalb Wesel, in der Bergfahrt reicht das Stauende über die deutsch-niederländische Grenze. Einzeln lotst die Wasserpolizei die Schiffe an der

Die gesunkene Carabella liegt quer im Strom, Luftaufnahme, 1996

Unfallstelle vorbei. Mittlerweile ragt nur noch die Brücke der Carabella ragt aus dem Rhein heraus.

Am 3. Juni beginnt man mit dem Kranschiff „Kraanvogel", die Ladung zu bergen. In kleinen Bündeln von jeweils drei Eisenbahnschienen ist dies nur möglich und entwickelt sich damit zu einer Aktion, die eine Woche dauern wird. Dann kommen die mittlerweile drei Hebeböcke zum Einsatz. „Grizzly", „Phia" und „Taklift 3" sind

weit über die Grenzen Vynens hinaus zu sehen. Die rot angestrichenen
Spitzen vom Hebebock „Phia" erscheinen, wenn man von Süden
kommt, wie die Spitzen eines zweiten Vynener Kirchturms. Eine neue
Landmarke am Niederrhein gibt ihr kurzes Gastspiel.

Unverändert vollzieht sich in aller Abgeschiedenheit der Kampf der
römischen Mannschaft gegen den Brand ihres Schiffes. Der Platz zum
Treten wird weniger, nachdem eine Bordwand nun vollends vom
Feuer erfasst wurde. Auf dem gegenüberliegenden Gangbord stehen
die Männer jetzt dicht gedrängt, um die Wassereimer zu füllen und
gleich wieder hinter ihnen auszuschütten. Sie scheinen wenig gegen
das Feuer ausrichten zu können, das sich unter den Steinhaufen
weiterfrisst, auch wenn die Kalksteine schon längst an ihren Ober-
flächen nass sind.

Da passiert, was man bislang für unmöglich gehalten hat: der
Prahm kippt um. Obwohl die Schiffsbauer den Flachbodenkahn
ringsum mit ausgehöhlten geviertelten Baumstämmen unterhalb
des Gangbords umgeben haben, die für eine bessere Stabilität und
stärkeren Auftrieb sorgen sollten, ist das Boot aus dem Gleichgewicht
gebracht worden. Erst rutschten fast unbemerkt in der Hektik einige
Steinbrocken auf die Seite, doch dann, als es allen bewusst wird, was
geschieht, ist es für die Männer auch schon zu spät einzugreifen. Aber
was hätten sie auch tun sollen? Wer Glück hat, kann sich mit einem
beherzten Sprung und schnellen Schwimmzügen aus der Gefahren-
zone retten. Wer Pech hat, kommt nicht schnell genug vom Prahm weg
und wird entweder von den Steinen oder dem umkippenden Schiffs-
körper unter Wasser gedrückt. Auch Lucius gehört zu denen, die im
Rhein nahe der Colonia Ulpia Traiana ihr Grab finden.

Am Morgen des 17. Juni kann die Carabella gehoben und ausge-
pumpt werden. Anschließend wird sie an das rechte Ufer geschleppt,
wo man die Lecks erst einmal provisorisch abgedichtet. Zwei Tage
später tritt die Carabella im Konvoi ihre Fahrt zur Werft in Millingen
an. Das Schauspiel am Vynener Deich ist vorbei, die Würstchenbude
bei den Logenplätzen am Rhein schließt ihre Klappen und muss sich
einen neuen Standplatz suchen.

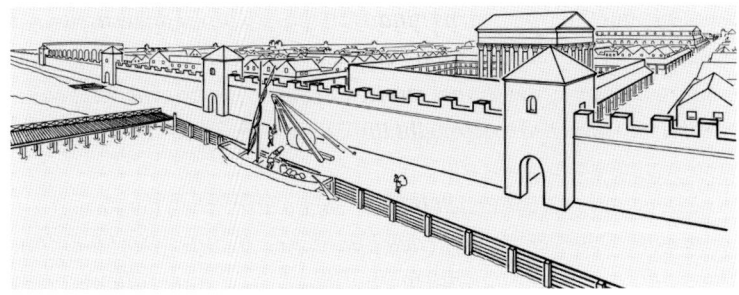

Xantener Hafen- und Stadtansicht aus dem 2. Jh.

Für Vynen war und ist auch ohne solch spektakuläre Ereignisse die Rheinschifffahrt immer ein Thema. Seit der Antike und bevor sich das Dorf entwickelte, hatte man dort schon Berührungspunkte mit dem Hafen der Colonia Ulpia Traiana. Durch das Gebiet zog sich ein Rheinarm, in dessen Bett heutzutage die Pistley – vor dem Eingang zum Archäologischen Park – fließt. Diese Rheinschlinge bildete zu römischen Zeiten den nahezu 450 m langen Hafen, der der Colonia Ulpia Traiana im Nordosten ihren „schrägen" Stadtmauerverlauf einbrachte.

Bereits mehr als ein halbes Jahrhundert vor der offiziellen Gründung der römischen Stadt besaß die Vorgängersiedlung einen natürlichen Hafen. 450 m lang war die Hafenrinne, 45 m breit und sie besaß eine aus schweren Eichenhölzern gezimmerte Kaianlage. Damit waren beste Voraussetzungen für den Bau der Stadt mit ihren großen Gebäuden, den Tempeln, Thermen oder dem Amphitheater gegeben. Da es am Niederrhein nicht das dafür erforderliche Baumaterial gab, musste dies aus der Ferne herangeschafft werden. Kalkstein, Sandstein oder Schiefer kamen aus der Eifel, ebenso vulkanische Gesteine, die man aber auch aus dem Siebengebirge holte. Der bequemste Weg für diese schweren Warentransporte war der Wasserweg. Da half auch schon einmal das Militär aus, wie es eine Inschrift in Bonn aus der Mitte des 2. Jahrhunderts berichtet. Dort ist festgehalten, dass die niedergermanische Kriegsflotte für den Bau des Xantener Forums Trachyt vom Drachenfels geliefert hat. In niederrheinischen Wäldern eine Stadt aus dem Kiesboden zu stampfen, wäre ohne das technische Können der römischen Soldaten und ohne ein funktionierendes Transportwesen nicht möglich gewesen. Aber auch als die Stadt fertig gestellt war, schätzten viele ihrer Bewohner Handelsgüter aus der Ferne und eine wichtige Station auf diesem schon internationalen Handel war eben der Hafen.

Heute besitzt Vynen einen Freizeithafen an der Xantener Nordsee. Segelboote bis zu einer Länge von 7,20 m und 2,10 m Breite finden hier ihre Liegeplätze. Das Klappern der lockeren Stahlschnüre an den Segelmasten gehört heute mit zur Hafenatmosphäre.

Die Schiffsfunde aus römischer Zeit verraten, dass der Rhein seinen Lauf über die Jahrhunderte hinweg immer wieder verändert hat. Noch relativ nahe beim heutigen Stromverlauf nördlich von Lüttingen entdeckte man im April 1993 ein Flachbodenschiff, einen Prahm, aus der zweiten Hälfte des 3. Jahrhunderts. Der Fundort versank mit dem Auskiesen anschließend wieder im Wasser – doch nun der Xantener Südsee, ungefähr auf der Höhe des Hagelkreuzes. Ein anderes antikes Flachbodenschiff wurde 1991 in Wardt nahe der späteren Wardter Förde, wo die Brücke vom Bankschen Weg über den neuen Verbindungskanal führt, freigelegt. Es muss wohl in der römischen Hafenrinne untergegangen sein, während das andere im damaligen Rhein gekentert ist. Zu den Rätseln dieser beiden Funde gehört, weshalb die beiden Prahme mit ihren Böden nach oben lagen. Eigentlich hätte sie mit ihrem flachen Schiffsrumpf und den Sicherungsmaßnahmen gar nicht umkippen können.

Mit solchen Fragen beschäftigt sich der Schifferverein von Vynen jedoch höchstens beim gemütlichen Zusammensein in seiner Messe, wie Schiffer ihren Aufenthaltsraum und die Vynener ihren Vereinskeller nennen. Die Verbundenheit mit dem Strom ist auch heute noch trotz aller Veränderungen im Ortsteil besonders groß. 1938 wurde der Schifferverein erstmals, 1953 zum zweiten Mal gegründet. Zwei Jahre später erhielt Vynen sein Wahrzeichen, den Schiffermast am Deich. An seinem Fuß befand sich einst ein kleiner

Hafen, den man für den Bau des Deiches eingerichtet hatte. Mit flatternden Fahnen – an Festtagen und zu besonderen Anlässen werden über 50 Flaggen aufgezogen – grüßt man heute nicht nur die vorbeiwandernden Spaziergänger und Radfahrer sondern auch die Schiffe auf dem Rhein. Der große Schiffsverkehr hält heute eben nur noch in Ausnahmefällen in Vynen!

Aber die Stadt Xanten pflegt schon noch ihre einst enge Beziehung zur Rheinschiffahrt mit einer Anlegestelle nahe dem Stromkilometer 823. Hier verbindet die Fähre „Kehr Tröch" („Kehr zurück") die beiden Ufer des Stromes. Manchmal legen auch Ausflugsschiffe, wie der Raddampfer „Riverlady" an. Aber der internationale Schiffsverkehr passiert die Stadt, die sich unverändert mit ihrer Schokoladenseite dem Rhein zuwendet, ohne Halt.

„Kehr Tröch" – die Fährverbindung über den Rhein für Fußgänger und Radfahrer

Der entführte Knabe aus Lüttingen

Ein ungewöhnliches Gedrängel herrscht trotz des Schneegestöbers an einem stürmischen Februartag des Jahres 1858 vor der ärmlichen Fischerhütte. Es muss mehr sein als ein Familienfest mit einer großen Gästeschar, denn immer mehr vermummte Gestalten nähern sich der Kate. Auch von der Pfarrkirche St. Pantaleon, in der wohl gerade die Messe zu Ende gegangen ist, lenken heute seltsam viele Lüttinger ihre Schritte Richtung Deich. So zahlreich ist die Verwandtschaft des Fischers Johann Futz gar nicht und so viele Gäste könnte er kaum, wenn auch nur bescheiden, bewirten.

Die Menschen, junge wie alte, haben die Köpfe mit dicken Tüchern oder Schals umwickelt, ihre Mützen sind tief in die Gesichter gezogen, denn es weht ein eisiger Wind. Am aufsteigenden Atem, der fast eine Wolke um die Köpfe bildet, sieht man, dass beinahe jeder spricht.

„Mädchen und unverheirateten Frauen sollte man verbieten, sich den Knaben anzusehen!"

„Ja, so was Unsittliches! Vielleicht ist das eine Statue von einem ..., so einem, ähm, ... Lustknaben. Die Römer haben es ja toll getrieben, hab' ich gehört. Sagt man doch so, oder?"

„Ja, ja, so was Unmoralisches müsste die Gendarmerie verbieten!"

„Und? Wat stehst Du dann hier Schlange für die Unmoral? Du Heuchler!"

„Welch' eine Unverschämtheit! Da kümmert man sich um Anstand und Moral! Und muss sich solche Beschimpfungen anhören! Ich bin entsetzt! Ich werde mich beim Herrn Pfarrer beschweren. Das unsittliche Treiben muss ein Ende haben! Und das ganz schnell!"

„Quatsch! Dat is vielleicht sogar noch richtige Kunst, der bronzene Jüngling!"

„So 'ne nackelige Jung' ist doch ein Bild von Gottes Schöpfung, nicht wahr? Was kann das dann Sünde sein? … Und der soll ziemlich echt aussehen – überall! Hihihi!"

„Schade, dass die das Fenster zugehängt haben. Dass man nicht mal von außen sehen kann, ob sich das Eintrittsgeld überhaupt lohnt."

„Du Geizhals und Schnorrer!"

„Aber ich finde das sehr viel, 20 Pfennige!"

„Aber die Hälfte kannst Du ja sparen, hihihi!"

„Wie denn?"

„Na, Du brauchst ja nicht das Tüchlein, den Lendenschurz von dem Kleinen, hochheben zu lassen! Hahaha!"

Zum Leidwesen der geschäfttüchtigen Fischer sprudelte diese Einnahmequelle nicht lange. Schon wenige Tage später – gerade einmal zwölf Tage nach dem Fund der Statue – erschien am 28. Februar der Regierungsrat Wunderlich in Lüttingen, sich der Sache anzunehmen und den halb-staatlichen Besitz schließlich zu konfiszieren. Da die Bronzefigur im Fluss und damit auf Staatsboden gelegen hatte, gehörte die eine Hälfte Preußen. Die sechs Finder, die Lüttinger Lachsfischer Johann Futz, Hermann Roesen, Peter Terhorst und Hannes van Holt sowie ihre beiden Berufskollegen aus Bislich, Heinrich Praest und Wilhelm Giesen, wurden verhört.

So schilderten sie dem preußischen Beamten, wie sie auf dem Bislicher Ufer die Statue gefunden hatten. Eigentlich wollten sie nur den niedrigen Wasserstand des Rheines dafür nutzen, große Steine, an denen ihre Netze immer zerrissen, im gerade trocken gefallenen Flussbett zu vergraben. Dabei stießen sie nahe dem Stromkilometer 824 auf den Armstumpf einer Bronzestatue, die aus dem Kies ragte. Man buddelte weiter und holte schließlich eine rund eineinhalb Meter große Statue ans Tageslicht. Nachdem man sie vom Schlamm und anderen Ablagerungen befreit hatte, putzten die Männer die Bronzefigur, bis sie fast goldfarben glänzte. Auf die Entdeckung und den Schreck hin genehmigten sie sich anschließend in der Kneipe des Fährpächters ein Schnäpsken. Der Wirt ahnte den Wert des

208

Der Lüttinger Knabe,
Kopie der Bronzestatue auf dem Dorfplatz Lüttingen

Fundes und versuchte, den Fischern die Statue für drei Flaschen Jenever abzuhandeln. Daraufhin wurden diese misstrauisch, nahmen das kostbare Stück und beschlossen, es erst einmal nach Hause in Sicherheit zu bringen. So wurde aus dem „Bislicher Knaben" schließlich der „Lüttinger Knabe", den man in einer der Fischerhütten dann auch ausstellte, bis die Obrigkeit davon erfuhr und einschritt.

Schließlich mussten sich die Fischer von ihrem bronzenen Knaben aus der Mitte des 1. Jahrhunderts nach Christi trennen und ihn nach Berlin „entführen" lassen, wo er in der Antikensammlung der Königlichen Museen – heute Pergamonmuseum – landete. Aber nachdem der preußische Amtsschimmel durch alle Instanzen getrabt war, erhielten sie einen netten Finderlohn von 4.000 Talern. Man hatte die Statue auf einen Wert von 8.000 Talern geschätzt und die Hälfte davon stand den ehrlichen Fischern aus Lüttingen und Bislich zu. Der unerwartete Geldsegen wurde dann in den Ausbau mancher Fischerhütte zu einem ansehnlichen Haus gesteckt.

In seinem Reisebericht, der im Jahre 1859 veröffentlicht wurde, schwärmt Gustav Reisewitz, ein Leutnant a. D., über den antiken Jüngling: „Von erstaunlicher Schönheit sind die sanften Linien des Rückens, die Rundung der Beine, die man am Besten würdigt, wenn man nach Herder's Ausspruch: ‚Schließe die Augen und fasse', die Hand über diese Teile gleiten lässt." Dieser Herr hatte wohl das volle Eintrittsgeld bezahlt, als er an der Lüttinger Fischerhütte stand. Eine Erklärung für den Fund im Rhein hatte der reisende Leutnant a. D. ebenfalls. Er vermutete, dass einer der in Deutschland kämpfenden Feldherren die Statue im Gepäck hatte, die beim „Scheitern" eines Schiffes im Rhein versank und durch einen glücklichen Zufall wieder gefunden wurde. Vielleicht war der Lüttinger Knabe schon damals bei einer ersten Entführung nicht über Xanten hinaus gekommen. Die Statue könnte im Besitz eines römischen Feldherrn im Lager Vetera I gewesen und dann als Beutegut nach dem Überfall der Bataver im Jahre 69/70 verschleppt worden sein. Diese Entführung endete jedoch schon nach gerade einmal einem Kilometer auf dem Rhein.

Der tote Junge in der Scheune

„Knabenmörder! Kindermörder!"

„Knabenmörder! Kindermörder!"

„Saujud!"

„Dreckiger Jud!"

Ein Stein fliegt gegen den Fensterladen. Etwas noch Größeres, noch Schwereres schlägt gegen die Wand. Am zweiten Fenster ist ein wildes Hämmern mit Fäusten gegen die Fensterläden zu hören. Auch nebenan im Laden versucht man, gewaltsam den Fensterladen zu öffnen.

„Knabenmörder! Kindermörder!"

„Juudensau!"

„Holt Äxte und Beile! Los! Schlagt zu! Wir holen sie da raus! Mörder! Mörderbande!"

„Brecht die Türe auf von dem Judenhaus, … dem Mörderhaus!"

Weitere Pflastersteine knallen gegen die Wand und die Fensterläden.

„Mama! Mama!" schluchzt Hermine, *„Mutter!"* schreit sie laut auf, als wieder etwas Schweres gegen das Fenster schlägt, so dass beinahe der Riegel der Läden aufspringt.

„Mama, warum tun die das? Ich hab' solche Angst!"

Frau Buschhoff legt schützend die Arme um ihre Tochter, die am ganzen Leib zittert. Aber ihr geht es nicht viel besser, auch sie ist entsetzt, doch noch kann sie ihre Angst zumindest Hermine gegenüber verbergen. Sie drückt das junge Mädchen noch fester an sich.

„Adolf", flüstert sie ihrem Mann zu, als wollte sie verhindern, dass von dem tobenden Pöbel vor ihrem Haus jemand ein Wort verstehen könnte, *„Adolf, was sollen wir tun?"*

„Gottesmörder," schallt es von draußen in das dunkle Zimmer. *„Unseren Heiland habt ihr umgebracht!"*

„Gottesmörder!"

„Knabenmörder! Kindermörder!"

„Bringt sie um! Mörder! Mörder!"

„Mörderhaus!"

Leise beginnt die Mutter ein Gebet zu sprechen: „Schma Israel: Adonai Eloheinu Adonai echad …" Höre Israel, der Herr, dein Gott, ist ein einziger Gott… In der Dunkelheit des Raumes erklingen ihre beruhigend, fast beschwörend gesprochenen Worte wie aus einer anderen Welt. Da ertönt von draußen mit grölenden Stimmen das Judenlied, das die Eltern kennen. Immer wieder hat man es am *Niederrhein gesungen, wenn Juden eines Mordes beschuldigt wurden. Aber dass es ihnen, der angesehenen Familie gebrüllt werden würde, das hätten sie sich nicht vorstellen können. Doch nun dringt es in ihr Haus: „… störmd man ein Judenhauß/ man schlug alleß in zwey/ da muß es nicht bleiben bey sie werten aufgehänckt …"*

Mutter und Tochter schluchzen laut auf.

„Adolf!"

„Papa!"

„Was sollen wir nur machen? Die bringen uns doch um, wenn sie im Haus sind! Adolf!"

„Erst töten sie den kleinen Johann und – und dann uns!" entfährt es Hermine und sie ist selber erschrocken über ihre Äußerung und Erkenntnis. „Warum? Warum passiert das, Vater?" schreit sie.

„Kind, beruhige Dich! Sei still, Hermine! Es sind immer die Juden! Schon seit Jahrhunderten, nein, Jahrtausenden müssen wir als Sündenböcke herhalten. Die meiste Zeit hatten wir, wo wir auch lebten, keine Rechte wie die anderen Bürger, und wenn etwas passierte, wo man nicht den Täter auf frischer Tat ertappt hat, waren es angeblich immer die Juden. So ist das eben, Hermine!"

„Knabenmörder!"

„Hängt sie auf! Die Mörder!"

„Unser Volk ist durch Gott dazu bestimmt zu leiden. Aber es wird auch …."

„Jude! Mörder! Buschhoff – Mörder! Buschhoff – Mörder!"

Und wieder prasseln Steine und andere Wurfgeschosse gegen das Haus. Ein schwerer Schlag trifft die Tür.

Das zerstörte Haus der Familie Buschhoff, Foto 1892

„Besser ist, wir gehen unschuldig und freiwillig ins Gefängnis!
Da sind wir wenigstens unseres Lebens sicher."

Am 13. Juli 1892 stellten die Herren vom Gericht bei einem Orts-
termin vor dem Haus der jüdischen Familie fest: „Alle Fenster sind
eingeschlagen und die vor den Fensterrahmen von der Behörde an-
gebrachten Bretterbeschläge teilweise wieder abgerissen. Das Dach
ist stellenweise durch Würfe mit schweren Steinen zertrümmert
und die Außenwände sind mit den Inschriften: Buschhoff, Mörder,
Mörderhaus beschmiert. Oben an der Haustüre (...) sind zwei
Kreuze mit schwarzer Farbe gemacht; sie sollen ein Schandmal bedeuten (...). Der Fußboden aller Räume ist mit Fetzen, Scherben und
Glassplittern bedeckt. Vorgestern noch wurde (...) in das Haus ein-
gebrochen und darin zerschlagen, was noch zu zerschlagen war."
Nur noch die Außenmauern blieben vom Haus der Familie Buschhoff in der Kirchstraße – heute Rheinstraße – übrig. Diese Zerstö-
rungswut hatten die Buschhoffs körperlich unversehrt überstehen

können, denn sie befanden sich zu jenem Zeitpunkt in Haft. Vom 4. bis 14. Juli 1892 fand vor dem Schwurgericht zu Cleve die Verhandlung statt.

Obwohl die Verdächtigungen nach dem Mord an dem kleinen Johann Hegmann am 29. Juni 1891 schnell wiederlegt werden konnten, blieb die Volksmeinung bei ihrem Urteil: Der jüdische Metzger Adolf Buschhoff war es, der den Fünfjährigen am Nachmittag des St. Peter und Paul-Tags in der Scheune des Gastwirtes und Stadtverordneten Wilhelm Küppers ermordet hatte. Den langen Schnitt am Hals des Opfers interpretierte man als eine Wunde, die der Täter – und das konnte dann nur ein Jude sein – dem Kind beim Schächten zugefügt haben musste. Ein langsames Ausbluten-lassen gilt nach jüdischen Reinheitsgeboten als unbedingte Voraussetzung für ein vorschriftsmäßiges Schlachten und das Gewinnen von koscherem Fleisch. Man fand eine Reihe von Messern, mit denen das Verbrechen hätte begangen worden sein können bei Adolf Buschhoff – aber schließlich war er Viehhändler, Metzger und früher Schächter der jüdischen Gemeinde. Die Indizien reichten dem Amtsrichter nicht für einen Mordverdacht und so fanden weder eine Hausdurchsuchung und erst recht keine Inhaftierung statt. Viele Xantener sahen das anders und so spitzten sich im Sommer 1891 die Ereignisse zu. Es kam zu progromartigen Ausschreitungen nicht nur gegen Adolf Buschhoff und seine Familie, sondern auch andere jüdische Mitbürger, so dass der Beschuldigte den Amtsrichter bat, ihn festzunehmen. Der Antrag wurde abgelehnt. Daraufhin zog er zu Verwandten nach Köln, um dort die Klärung des Falles abzuwarten. Doch in Xanten verstand man dies als ein Schuldeingeständnis.

Andere Vorwürfe wurden erhoben und als neue Theorie über den Tathergang kam folgende Geschichte auf, die der extra aus Berlin geschickte Kriminalkommissar Wolff ermittelte: Der Fünfjährige hatte angeblich Grabsteine für die jüdische Gemeinde, die von Adolf Buschhoff angefertigt worden waren, beschädigt. Daraufhin soll dieser das Kind so geschlagen haben, das es bewusstlos wurde. Dann habe seine Tochter Hermine den Jungen in einen Sack gesteckt, andere wollten das Kind unter ihrer Schürze gesehen haben, und in besagte Scheune getragen. Am 14. Oktober 1891 wurden die Eheleute samt Tochter ins Klever Gefängnis gebracht. Gut zwei Monate später, am 23. Dezember, wurden sie wieder freigelassen.

Neue Gerüchte und weitere Anschuldigungen kamen auf, die noch seitenweise die Prozessakten füllten. Von Ritualmorden und Menschenopfern, von Christenblut, das Juden bräuchten und anderem Aberglauben war die Rede. Das Ganze mündete am 20. April 1892 in einer Anklage der Staatsanwaltschaft beim Klever Landgericht gegen das Ehepaar Buschhoff und seine Tochter Hermine. Vom 4. bis 14. Juli 1892 wurde der Xantener Knabenmord verhandelt, den ein Arzt als einen Ritualmord bezeichnet hatte, weil er auffallend wenig Blut in der Scheune vorgefunden hatte. Nach seiner Ansicht war der Leiche Blut entzogen worden und die tödliche Verletzung am Hals des Kindes ein Schächterschnitt. Die vom Gericht bestellten medizinischen Sachverständigen hatten jedoch reichlich Blut am Fundort des toten Kindes entdeckt: seine „blutbefleckten Hände, das blutbefleckte Antlitz, die blutdurchdrungenen Kleider, die blutdurchtränkte Spreu, die große Blutlache, die sich unter der Spreu befand" – alles Hinweise, dass „keinerlei Anhaltspunkte für die anderweitige Entziehung und Vergießung von Blut gefunden seien". Auch die Schnittwunde „verletze alle Regeln des Schächtschnitts", so der Verteidiger Rechtsanwalt Gammersbach in seinem abschließenden Plädoyer, „es ist ein Schnitt, der nichts gemein hat mit einem Schächtschnitt, nicht einmal mit einem Metzgerschnitt." Nach zehn Tagen Hauptverhandlung vom wurden die drei Angeklagten wegen erwiesener Unschuld freigesprochen. Abgesehen davon, dass es sich weder um einen Ritualmord handelte, noch ein Motiv für den Angeklagten zu finden war, hatten schließlich drei Zeugen Adolf Buschhoff ein lückenloses Alibi gegeben und damit die zwölf Geschworenen überzeugt.

Für Familie Buschhoff bedeutete das Urteil keine Lossprechung, denn in weiten Teilen der einheimischen Bevölkerung empfand man den Richterspruch als skandalös. Trotz der erwiesenen Unschuld blieb der Familie nichts anderes übrig, als Xanten zu verlassen und nach Köln zu ziehen. In Xanten erzählte man sich später, dass ein Xantener Metzger auf dem Totenbett den Mord an dem kleinen Jungen gestanden habe. Er hatte verhindern wollten, dass ein heimliches Rendez-vouz mit einer Frau in jener Scheune ans Tageslicht käme. Unglücklicherweise war der Kleine beim Spiel zum falschen Zeitpunkt in die Scheune geraten.

Die Ereignisse in den frühen 90er Jahren schlugen sich deutlich auf das Verhältnis zwischen Xantenern christlichen und jüdischen Glaubens nieder. In den folgenden fünf Jahren verließ rund die Hälfte der jüdischen Mitbürger – 46 von 80 – Xanten, um in den Nachbargemeinden oder größeren Städten eine neue Heimat zu finden.

Solche Beschuldigungen, wie sie Familie Buschhoff ausgesetzt war, tauchten am Niederrhein im Laufe des 19. und frühen 20. Jahrhunderts immer wieder auf. Es war kein Einzelfall; eine Serie von Ritualmord-Legenden zog sich durch das Rheinland. Die Reihe begann 1819 in Dormagen und ging weiter 1834 mit einem Ritualmord-Vorwurf in Neuenhoven bei Grevenbroich, 1835 in Willich bei Krefeld, 1836 in Düsseldorf, 1840 in Jülich, 1891 der Buschhoff-Affäre von Xanten, weiteren Fällen 1893 in Kempen, 1898 in Issum und 1901 in Kleve.

Ganz offiziell und von Staats wegen waren während der längsten Zeit des 19. Jahrhunderts die Juden – nicht nur am Niederrhein – Bürger zweiter Klasse. Die Ideale der Französischen Revolution, „Freiheit, Gleichheit, Brüderlichkeit", hatten ihnen mit der französischen Besetzung des Rheinlands zum ersten Mal in der deutschen Geschichte die Gleichberechtigung gebracht. Zwischen dem Code Civil/Code Napoléon (1804) und dem sogenannten „schändlichen Edikt" (1808) besaßen die Juden erstmals offiziell verbrieft die gleichen Bürgerrechte wie die Christen. Nach diesen vier Jahren gab es für die Juden wieder Beschränkungen im Handel und Kreditgeschäft, aber auch in der Freiheit, sich niederzulassen oder sie wurden beim Militärdienst benachteiligt. Erst 1869 wurde folgendes Gesetz verabschiedet: „Alle noch bestehenden, aus der Verschiedenheit des religiösen Bekenntnisses hergeleiteten Beschränkungen der bürgerlichen und staatsbürgerlichen Rechte werden hierdurch aufgehoben". Damit waren nun alle Juden in Preußen den Christen gleichgestellt. Trotzdem blieben die Bürger christlichen Glaubens „gleicher", denn in öffentlichen Ämtern, in Verwaltung, Heer, Polizei, Justiz, Schule und Universität waren Deutsche jüdischen Glaubens auch weiterhin benachteiligt – so schnell ließ sich das Gesetz nicht umsetzen, zu schwer lastete die Vergangenheit. Und am katholischen, ländlich geprägten Niederrhein hielten sich die alten Vorurteile gegenüber den Juden besonders lang, wie es die zahlreichen Ritualmord-Beschuldigungen und die Xantener Buschhoff-Affäre der Jahre 1891/92 beweisen.

Hauptsache, wir leben noch

Kurz vor vier Uhr am Nachmittag heulen die Sirenen auf den Dächern laut auf. Wenige Augenblicke später eilen die Leute aus der Marsstraße und der Kurfürstenstraße mit Taschen und Bündeln beladen zum *Marktplatz, wo drei Bunker Schutz bieten. Kinder ziehen ihre kleinen Geschwister an der Hand nach. Die Kleinsten trägt man auf dem Arm oder man erahnt sie unter voll geladenen Kinderwagen, mit deren Hilfe man das Nötigste ebenfalls in Sicherheit bringen will. Vor allem warme Sachen werden an diesem kalten Februartag des Jahres 1945 mitgeschleppt.*

Wie bei jedem Luftangriff in Xanten bleiben über viele Menschen auf dem Marktplatz stehen und warten voller Neugier auf die Flieger, die gleich über ihre Köpfe hinweg jagen werden. Man hat sich daran gewöhnt, dass die Jagdbomber der Alliierten zwar für Luftalarm

Der Marktplatz mit dem Domcafé, 1935

sorgen, dann aber ohne Xanten zu beachten weiter Richtung Ruhr-gebiet und Düsseldorf fliegen, um dort ihre Tod und Zerstörung bringende Fracht abzuwerfen. „Et hat noch immer gut gegangen" – nach der Devise betrachten viele Xantener die Flugzeugstaffel als ein faszinierendes Schauspiel am Himmel. Auch wenn der Bürgermeister Friedrich Karl Schöneborn noch Anfang des Jahres 1945 in einem Appell an die Xantener Stadtverwaltung vor dieser Neugier und ihren Folgen gewarnt hat. Aber die vier Polizeibeamten der Stadt können nun nicht über all bei Tag und Nacht sein und ordnend eingreifen, und so bleibt es vorerst dabei, dass die Gaffer die Eingänge zum Bunker versperren. Auch an dem Nachmittag des 10. Februar 1945 stehen viele ohne Schutz und Deckung auf dem Marktplatz.

Großvater Dellemann, der Seniorchef des Domcafés, kümmert sich an diesem Tag genauso wenig um den Alarm. Er nimmt eine Schüssel, um aus dem Hühnerstall die frisch gelegten Eier zu holen. Emsige Vorbereitungen laufen bei der Familie Friese im Domcafé, denn am Samstag soll die Kommunion des Jüngsten nachgefeiert werden. Am 4. Februar war Gottfried mit 84 anderen Kindern erstmals zur heiligen Kommunion gegangen.

„Friedel! Paul! Sofia!" Maria Friese läuft rufend durch das Haus, „Kinder, wo seid ihr? In den Keller! In den Keller mit Euch!" Obwohl jede Familie ihre reservierten Bänke in einem Bunker besitzt, hat sie den Weinkeller des Domcafés und einen zweiten Kellerraum für diese Fälle als Schutzräume hergerichtet. Im Marktbunker leidet sie viel zu sehr unter der Platzangst.

„Wo ist Opa?"

„Ich weiß nicht! Geh in den Keller!"

Kaum ist Familie im Keller angekommen, da setzt auch schon ein Höllenlärm ein.

„Die fliegen nicht nur über uns weg! Die werfen ja Bomben auf uns!"

Plötzlich schaukelt alles und die Wände beginnen zu wackeln. Der deutsche Soldat, der das Verpflegungslager im Café bewacht und mit ihnen im Keller Zuflucht gesucht hat, stemmt sich mit aller Kraft gegen die Decke und versucht, sie hochzuhalten. Ein aussichtsloses

*Unterfangen, aber es scheint ihm besser, als gar nichts zu tun. Die
anderen sitzen auf den Bettkanten. Maria Friese drückt die beiden
Kleineren unter ihre Oberkörper in dem verzweifelten Versuch, sie auf
diese Weise mehr zu schützen, auch in der Hoffnung, dass weniger von
dem fürchterlichen Lärm in die Ohren der Kinder gerät. Paul hockt
zusammengekauert den Kopf auf den Knien und versucht, sich mit
einem Plumeau die Ohren zuzuhalten. An den zuckenden Bewegungen des Oberkörpers ist zu erkennen, dass der Junge schluchzt. Um das
Weinen zu hören, ist es jedoch viel zu laut um sie herum. Die Erde er-
zittert durch die Bombenexplosionen, die Krater in den Boden reißen
und Häuser zusammenfallen lassen. Das Einstürzen der Gebäude
sorgt für neue Erschütterungen. Zum Krachen und Knarren der zu-
sammenfallenden Gebäude kommt das eher monotone Brummen der
Flugzeugmotoren. Mal scheinen sie sich zu entfernen, doch nur für
kurze Zeit und dann setzen sie das Bombardement wieder fort. Da
fällt eine Bombe in das Haus der Nachbarn und der getroffene Ofen
des Hauses lässt das Feuer entweichen, das schnell seinen Weg durch
die sich auftürmenden alten wie staubtrockenen Balken und die
Möbel findet, bzw. was davon übriggeblieben ist.*

*Maria Friese hat Angst um ihre Kinder, für die sie in diesen Zeiten
alleine sorgen muss, da ihr Mann in Russland an der Front steht.*

*„Was mache ich, wenn die Kinder schreien, wenn sie verschüttet
sind?"*

*Nur das geht ihr in diesen schrecklichen Minuten, die nicht enden
wollen, durch den Kopf. Darüber vergisst sie fast, dass ihr Vater nicht
bei ihnen ist. Ihre Sorge um die Kinder ist größer als um den alten
Mann, der irgendwo da draußen steckt. Wie bekomme ich die Kinder
satt, wenn oben alles in Schutt und Asche liegt? Mein Gott!*

*Nach einer halben Stunde ebbt der Lärm endlich ab. Die Motoren-
geräusche in der Luft entfernen sich unzweifelhaft. Aber da nähert
sich noch einmal das Brummen eines Jagdbombers. Die Maschine
kreist über der Mitte der Stadt, als wolle man sich vergewissern, ob die
Arbeit auch vollständig erledigt worden sei und nichts vergessen. Für
die Überlebenden sind es bange Minuten, denn sie sind sich dessen
bewusst, dass schließlich noch Mauern und Teile von Häusern ihre*

Bunker und Keller schützen; über ihnen noch etwas stehen kann, das den Bombern als lohnendes Ziel erscheinen könnte. Doch das Flugzeug entfernt sich, ohne dass noch einmal eine Explosion zu hören ist und den Boden erschüttert.

Maria Friese wagt sich schließlich aus dem Keller. Ihr Haus, das Domcafé, ist stehen geblieben. Es erscheint ihr wie ein Wunder bei dem Erdbeben, das die Bomben ausgelöst haben. Natürlich sind die Fensterscheiben und die Türen bei den Explosionen zertrümmert worden, aber das sind ja fast nur unbedeutende Schäden. Sie klettert über die Splitter und das beschädigte Mobiliar, das ihr im Weg liegt, nach draußen.

„Mein Gott!"

Stille, Totenstille herrscht auf dem Markt. Doch der Platz ist gar nicht mehr zu erkennen. Dort stand das Kriegerdenkmal nahe beim Domcafé, für das man viele Jahre gesammelt hatte und das 1934 endlich aufgestellt werden konnte. Eine der ersten Bomben hat es schon in die Luft gejagt. Ein Dutzend Bombentrichter rund um das Café bilden eine Kraterlandschaft, die von Schuttbergen durchsetzt und gerahmt wird. Überall brennen Ruinen lichterloh, an anderen Stellen steigen Rauchschwaden aus den Trümmern.

„Hauptsache, wir leben noch," ist der einzige Gedanke, zu dem sie an diesem Ort des Grauens, nach diesem Bombenhagel, fähig ist. *„Wir leben noch."* Da schreckt sie auf. Steine rutschen in ihrer Nähe. Sie dreht sich zu den Geräuschen um. Erleichtert kann sie feststellen, dass es ihr Vater ist, der über die Trümmer des Nachbargrundstücks gestiegen kommt. Auf dem Boden des Hühnerstalls hat er gelegen, als Xanten seinen ersten Bombenhagel erleiden musste.*

„Kinder, Kinder, wo seid ihr? Lebt ihr noch alle?"

39 Tote waren in Xanten nach dem ersten Bombenangriff zu beklagen. Bis auf ein Haus waren alle Häuser am Marktplatz zerstört. Am 13. und 14. Februar erfolgten weitere Angriffe aus der Luft. In diesen Tagen jagten auch Hunderte von „Fliegenden Festungen", wie die Engländer ihre Maschinen nannten, über den Niederrhein und dabei auch Xanten, um Dresden zu vernichten. Am 21. Februar

1945 – Marktplatz in Trümmern, nur das ehemalige Domcafé steht noch

begann in Xanten am frühen Nachmittag um zwei Uhr der Bomben-angriff, der nach zweieinhalb Stunden Dauer eine vollständig zer-störte Stadt hinterlassen sollte. „Sechs Wellen von je 12 zwei- und viermotorige Bomber starteten gegen Xanten ... Der Marktbunker wurde durch einen Volltreffer durchschlagen. ... In der Stadt herrschte infolge des Pulverdampfes, des Staubes und des ein-setzenden Sturmwindes völlige Dunkelheit," so der Bürgermeister Friedrich Karl Schöneborn. Opfer unter der Bevölkerung waren ver-hältnismäßig wenige zu beklagen, denn die Stadt war vorher nahezu menschenleer gewesen. Jetzt war sie nur noch ein riesiger Trümmer-berg – die Stadt, die schon Anfang des 20. Jahrhunderts sich dem

Tourismus zugewandt hatte. Geschäftsleute hatten unter anderem Geld für einen Steiger gesammelt, an dem die Raddampfer anlegen konnten. So war Xanten in den 20er Jahren bereits ein beliebtes Ausflugsziel gewesen, in dem man beispielsweise mittwochs, samstags und sonntags, wenn die Schiffe aus Düsseldorf kamen, die kleine Maria Dellemann „zur Ork", an den Anfang der Orkstraße schickte, um von dort auszuspähen, ob viele oder weniger viele Gäste zu erwarten waren. Dann lief das Kind zurück zum Domcafé am Kleinen Markt, wo die Eltern entsprechend die Gedecke vorbereiten konnten. In Schutt und Asche lag aber auch die Siegfriedstadt und das militärische Zentrum der Nationalsozialisten am Niederrhein.

Auch der Viktordom war schwer getroffen; nicht viel mehr als die Umfassungsmauern standen noch – eine Ruine ohne Gewölbe, ohne Dächer. Etwas besser war es um die Türme bestellt. Der Nordturm hatte „nur" das obere Geschoss und seine Spitze verloren und der Südturm trug sogar noch seine spitze Haube als ein weithin sichtbares Mahnmal über der Trümmerlandschaft, die noch bis vor kurzem der mittelalterliche Stadtkern gewesen war.

Am 28. Februar traf schwerer Artillerie-Beschuss die umliegenden Dörfer. Marienbaum, Lüttingen und Birten hatten besonders darunter zu leiden. Dies bedeutete auch, dass die nach Birten geretteten Reste der Stadtverwaltung und der Stadtsparkasse weiter flüchten mussten. Am 1. März 1945 zog die Xantener Verwaltung vom Rhein an die Ruhr nach Herbede. Im Sitzungssaal des dortigen Rathauses fanden Bürgermeister, Aktenordner und die Kasse Asyl, jedoch nur vorübergehend, da der Gau Westfalen, dem Herbede zugeordnet war, nicht als Aufnahmegebiet für Xanten bestimmt worden war. Dafür hatte man die Kreise Wiedenbrück, Göttingen und Kreiensen festgelegt. Ein großer Teil der Xantener Bevölkerung wurde auch dorthin evakuiert. Bei den fünf Angriffen auf Xanten, so die Bilanz des Bürgermeisters in der Ferne, waren rund 100 Tote, etwa 70 bis 80 Verletzte und 6 Vermisste zu vermelden. Vor dem Krieg besaß die Stadt 5030 Einwohner, im April 1945 waren es rund die Hälfte, die in den umliegenden Dörfern, aber kaum mehr im mittelalterlichen Stadtkern lebten.

Ein Neubeginn und der Wideraufbau der zerstörten Stadt erschienen fast aussichtslos. Schließlich waren nicht nur die Wohnhäuser, öffentlichen Gebäude und Kirchen zerstört, auch die Versorgungseinrichtungen waren unbrauchbar. Defekte Klärgruben ließen ihr Schmutzwasser in den Boden und in die Hausbrunnen sickern, Kanalisation und Wasserleitungen funktionierten nicht mehr. Gefahr für die Gesundheit bestand bei denen, die gleich anpackten, um Trümmerberge abzutragen. Aber auch bei den Aufräumungs- und Reparaturarbeiten, die Walter Bader gleich bei St. Viktor startete, gab es immer wieder Unfälle, weil Gewölbeteile einstürzten oder Stürme für neue Schäden und Gefahrenquellen sorgten.

Ein Alltag pendelte sich für die gebliebenen und zurückkehrenden Xantener langsam wieder ein. Arbeit fand sich jedoch nicht nur in Xanten, sondern man fuhr nach Rheinhausen (Hüttenwerk), nach Moers (Zeche), Borth (Salzgruben) und nach Kleve (Schuh- und Margarineindustrie). Durch die Zerstörung der Weseler Eisenbahnbrücke 1945 musste man sich neu orientieren und wurde allmählich zum Hinterland von Moers.

Trümmerfeld Marktplatz mit der Marienschule und Haus Bosch (rechts), 1945

Kommunalpolitik bei Opel

Es ist brechend voll in der Kneipe am Markt. Rauchschwaden hängen im Raum und die Luft ist zum Schneiden. Der Geräuschpegel macht es fast unmöglich, auch wenn man eng zusammensteht, sich mit seinen Nachbarn zu unterhalten. Aus den üblichen zwei, drei Reihen an der Theke sind heute mehr geworden, denn die Ratssitzung hat viel Gesprächsstoff geboten. Viele Xantener Bürger haben sich ihren Platz bei Opel gesichert und diskutieren sich schon einmal „warm". Man wartet darauf, dass die Ratsherren nach ihrer nicht-öffentlichen Sitzung hier erscheinen, denn dann will man ihnen die Meinung sagen.

„Einen Deckel oder eine Käseglocke über Xanten – und alles bleibt, wie es ist!"

„Ja, so ein Freilichtmuseum, wo wir als Römer verkleidet rumlaufen! Und wer kein Römer sein will, der kann als Gärtner Rasen mähen oder die Eintrittskarten abreißen!"

„Oder vielleicht kellnern! Ach ja, bringste mich noch ein Alt?"

„Für mich auch! Stellt Euch mal vor! Der Willi im flatternden weißen Römerhemdchen!"

„Und Trautenix als Cäsar mit Lorbeerkranz! Oder machen die auch eine Gallier-Abteilung auf?"

„Nä, dat müsste dann eine Germanenabteilung sein! Die Gallier waren doch nicht hier."

„Und dann rutscht der Dom eines Tages noch in so ein Baggerloch, wo dann schon das halbe Land von Xanten drin ist."

„Nordsee und Südsee hier?"

„Südsee?"

„Unsere Frauen tanzen dann im Hularöckchen vor Touristen?"

„Haha! Ich stell' mir gerade dem Hein sein Maria als Hulamädchen vor. Haha!"

„Da sollten die besser eine Bauchtanzgruppe von so 'nem Scheich aufmachen. Aber auch noch Wüstenzauber in Xanten? Das wird's wohl nicht geben! So viel Trockenheit kriegen wir hier nicht hin!"

„Doch, mit der Käseglocke über Xanten und die Dörfer!"

„Und haste gehört, dass die CDU hier überhaupt keine Industrie will?"

„Ich will hier aber Industrie, denn dat nur bringt Geld ins Land. Aber die Touristen?"

„Ja, genau, da haben aber auch nur die Kneipen und die paar *Restaurants was von, wenn die Fremden nicht auch noch ihre Butterbrote und den Kartoffelsalat mit Würstchen selber mitbringen."*

„Und die eigene Limo und das eigene Bier!"

„Ordentliche Leute arbeiten unter der Woche, verdienen ihr Geld. Wo sollen dann die Fremden herkommen und hier Geld lassen?"

„Das dann nur wenige kassieren können, wie Wilhelm schon richtig gesagt hat, nur die Kneipen und so …"

„Mensch, denkt doch mal weiter! Warum sollten wir uns unsere schöne Landschaft durch Industrie, Qualm und anderes kaputt machen lassen? Wie soll das denn mal in zwanzig, dreißig Jahren aussehen? Wie im Ruhrpott etwa? Das will ich auf keinen Fall!"

„Du Pessimist! So schlimm wird das schon nicht werden. Wenn wir hier von Fremdenströmen überrollt werden, dann sehe ich schwarz."

„Humbug! Tourismus in Xanten, das ist zukunftsweisend. Das hat der Trauten vorhin auch gesagt …"

„Hört den verhinderten Ratsherrn! Hat es bei der letzten Wahl nicht geschafft! Hihi!"

„Quatsch nicht so blöd! Der Trauten hat da ganz …"

„Der spinnt! Der junge Spund hat doch keine Ahnung. Woher soll der Schnösel da aus – ähm, wo kommt der noch mal her?"

„Da so aus Düsseldorf oder so!"

„Nee, fast nur! Der war vorher in Kaarst Beigeordneter und in Willich Bürgermeister."

„Aha, es sprechen die gut informierten Kreise!"

„Blödsinn!"

„Woher will der Kerl denn die Ahnung haben? Der hat doch noch nix vom Leben mitgekriegt. Aber wir, wir haben Xanten nach dem Krieg wieder aufgebaut, das menschenleere Trümmerfeld von 45."

„Und überhaupt Tourismus! So 'n bisschen Sonntagsausflug und so raus ins Grüne, das ist doch kein Wirtschaftsfak…, ähm -faktor, nicht wahr? Das habe ich ja noch nie gehört! Und außerdem hab' ich mit meinem Laden da nix von. Wenn die Leute am Sonntag nach Xanten kommen, ist schließlich zu."

„Dann musst Du eben auch sonntags offen haben!!"

„Am Sonntag? Am heiligen Sonntag? Wer spinnt hier eigentlich? Da will ich meine Ruhe haben!"

„Na, guckt mal! Die Ruhe ist hier jetzt erst mal vorbei. Da kommen sie, die Herren vom Stadtrat! Macht mal Platz da vorne! Lasst doch mal die Herrschaften herein! Mit denen haben wir doch noch ein Hühnchen zu rupfen, mit unseren Zukunftsplanern und Tourismusexperten! N' Abend zusammen!"

Zukunftsweisendes und Einzigartiges für den Niederrhein sollte trotz diverser Gegenstimmen in den 70er Jahren in Xanten geplant und schließlich auch umgesetzt werden. Die Zeiten waren günstig und die richtigen Personen stellten die Weichen. Eine wichtige Voraussetzung war 1969 die kommunale Neugliederung: Xantens Stadtgebiet wuchs von 8 km² auf 72 km², die Einwohnerzahl verdoppelte sich ungefähr von 7.286 auf 15.868 und als „Zugabe" erhielt man mit den Eingemeindungen noch 18 km Rheinfront.

Mit dieser großen Fläche ließ sich hervorragend arbeiten – ein idealer Zustand für den 1970 gewählten Stadtdirektor Heinz Trauten und sein Lieblingsdezernat: die Planung. In dem ebenfalls frisch gewählten Bürgermeister Hans Seber besaß der junge Stadtdirektor einen guten Mitstreiter, denn beide waren von der Stadtentwicklung „besessen". Sie hatten nicht nur kühne Ideen und Visionen, sondern auch die nötige Energie, diese in Planungen umzusetzen. Aber ganz ohne Industrie und Gewerbe sollte die Zukunft Xantens auch nicht sein, allein auf das Pferd „Tourismus" wollte man nicht setzen. „Eine solche Monostruktur könnte der Entwicklung der Stadt nicht förder-

Xantens Stadtmitte um 1960

lich sein …", so Heinz Trauten, „… sie setzen aber Prioritäten, dass solche Ansiedlungen zu unterbleiben haben, die den Freizeit- und Erholungswert und die zu ihrer Aktivierung eingeleiteten Maßnahmen beeinträchtigen könnten".

Was gab es zu verbessern und neu zu gestalten? Der mittelalterliche Stadtkern sollte saniert und dabei der „geschichtliche, kulturelle und städtebauliche Bestand" entwickelt werden. Aus den Resten und Spuren, die der Zweite Weltkrieg von der historischen Stadt gelassen hatte, sollte wieder ein städtischer Mittelpunkt in den Dimension und der Atmosphäre des alten entstehen. Die Vielfalt und der Reichtum an Formen, den Xantens Häuser einst besessen hatten, sollten Grundlage der neuen Stadtkernplanung werden. Das bedeutete eine Absage an alle sonst modernen Trends der 70er, die viele „schematisch aneinander gereihte Wohnghettos als seelenlose Wohnzonen" hervorgebracht hatte. Das sollte in Xanten nicht passieren, der Charakter einer alten niederrheinischen Kleinstadt sollte gewahrt bleiben bzw. wieder aufpoliert werden. Den Spagat zwischen Tradition und Fortschritt zu meistern, traute man sich in Xanten eben zu. Und die Fördertöpfe und die Etats für solche Aktionen waren noch gut gefüllt. Xantens Stadtentwicklung fand jedoch nicht „freischwebend im Raum" statt, sondern die Aktivitäten waren in die allgemeine Landesentwicklung und das Nordrhein-Westfalen-Programm eingebettet.

Rund um die Stadt sollte die ehemalige Wallgrabenzone als eine große Grünfläche wieder neu entstehen. Auch Parkplätze ließen sich auf diese Weise elegant im Grün verstecken und für die Fußgänger plante man einige Straßen des historischen Stadtkerns in eine Fußgängerzone zu verwandeln. Solche Maßnahmen standen auch andernorts auf der Tagesordnung; Revolutionäres bis Umwälzendes war jedoch für die neuen Ortsteile im Nordosten des Xantener Stadtgebiets vorgesehen.

Auf dem Gelände des römischen Xantens, der Colonia Ulpia Traiana, das durch glückliche Zufälle im Laufe seiner Geschichte nur zu einem geringen Teil bebaut worden war, sollte die antike Stadt wieder sichtbar gemacht werden. Hiermit war der Gedanke an einen Archäologischen Park, an ein Reservat der Geschichte und der alten Römer geboren. Ein archäologischer Freizeitpark von ca. 40 Hektar sollte römischen Städtebau und den hohen Stand der damaligen Zivilisation zeigen. Aber nicht nur Bildung sollte hier stattfinden, auch ganz profane Erholung war vorgesehen und damit sollte sich der Park in die Folge von weiteren geplanten Wochenend- und Ferienerholungseinrichtungen einreihen.

Und so zeichnete sich für den Xantener Nordosten wahrlich „Weltbewegendes" ab! Große Auskiesungen waren vorgesehen, in deren Nachfolge Vynen, Wardt und Lüttingen einen ausgedehnten Freizeitbereich erhalten sollten. Nicht ein gewöhnlicher großer Baggersee, von dem es am Niederrhein eine ganze Menge gibt, sondern zwei große Seen, eine „Nordsee" und eine – wenn auch nur niederrheinische – „Südsee", sollte Xanten nach Abschluss der Kiesgewinnung besitzen. Was die Freunde des Wassersports hoch erfreute, rief bei anderen energischen Widerspruch hervor. Die über Jahrhunderte gewachsene Kulturlandschaft wollte man nicht den Baggern überlassen. Altes, wertvolles Bauernland so einfach ab-

graben und seine Grundlagen „verschachern"? Arbeitslose Land-
wirte in einer Seenplatte? Auf einer Insel, wie es die Wardter befürch-
teten? Als dann noch drohte, dass das alte Hagelkreuz den Baggern
weichen und an das Seeufer nahe der Kreisstraße verlegt werden
sollte, bildete sich tätiger Widerstand, dort wo man ihn selten erlebt
hat. Der Wardter Pfarrer Alfons Alders veranstaltete eine Protest-
prozession, der viele folgten. Und sie hatten Erfolg: Das Hagelkreuz
inmitten der markant geschnittenen Bäume blieb stehen am Ende
einer langen schmalen Halbinsel mitten in der Xantener Südsee. Ein

kulturhistorisches Denkmal als „i-Tüpfelchen" einer Badeinsel mit
FKK-Strand – nirgendwo kommen sich in Xanten Freizeitlandschaft
und Kulturgeschichte so nah!

Das alte Hagelkreuz – heute Kulisse für Badenixen

230

Veränderungen auf dem Boden der Colonia Ulpia Traiana:
- das frei gelegte Amphitheater zwischen Feldern und Streuobstwiesen
- zu Teilen wieder aufgebaut:
  das Amphitheater im Blick von der rekonstruierten Stadtmauer

Alte Römer mit und ohne Badelatschen

„Für die Provinz seid Ihr ja gar nicht so schlecht hier in der Colonia Ulpia Traiana, teurer Freund!" Die Anerkennung, die der Besuch aus Rom, dem Veteranen Marcus zollt, freut diesen besonders, denn er hat *es nicht leicht mit seinem Gast. An alles legt der Römer eine hohe Messlatte, wie man es einem erfahrenen Ingenieur auch als „Berufskrankheit" durchgehen lassen könnte; doch es strapaziert die Geduld. Alles scheint in Rom größer, besser, schöner, ausgeklügelter konstruiert, aus edlerem Baumaterial oder schon viel älter zu sein!*

„Bedenke, dass es gerade einmal dreißig Jahre her ist, dass Kaiser Traian die Colonia Ulpia Traiana gegründet hat und heute schon können wir hier einen langen Tag in den Thermen verbringen. So schnell seid Ihr in Rom nicht gewesen! Dreißig Jahre nach der Stadtgründung mussten deine Vorfahren noch in den Tiber springen – wenn der dann überhaupt genug Wasser hatte! Ich habe gehört, dass der nicht solche Fluten hat wie unser Rhein. Und manchmal sogar ausgetrocknet ist!"

„Das gilt aber nur für den Sommer! Ja, da muss ich Dir leider Recht geben, in dem Punkt haben wir Römer ein bisschen länger gebraucht!"

„Nur ein paar läppische Jahrhunderte! Schon gut und nicht der Rede wert!"

„Dann lass uns mal sehen, was die Kollegen hier errichtet haben! An diesem Tag und bei dieser barbarischen Kälte am Ende der Welt brauche ich jetzt die Wärme eines Sudatoriums oder Caldariums. Meine Knochen sind doch nicht mehr die jüngsten, lieber Freund! Du verstehst mich?" sagt Oktavius und schaut seinen Gastgeber grinsend an. Der hat ebenfalls seine Tuniken, die Toga und einen dicken wollenen Umhang zusammengefaltet unter dem Arm und steht nackt vor ihm.

„Komm, Du später Jüngling! Geben wir unseren Kram dem Capsarius, dem Garderobier! Ich hab' hier schon die nötigen Münzen!" Marcus schwenkt Oktavius ein kleines Lederbeutelchen mit seiner Badekasse vor der Nase, *„los, ich will ins Wasser! Vergessen wir nicht, Holzsandalen mitzunehmen!"*

„Wie schön, dass Ihr hier am Rande der Wildnis auch Fußbodenheizung habt! Dann kann das Vergnügen ja losgehen!"

Als sie durch das mit Säulen flankierte Portal ins Frigidarium treten, fühlen sie sich schlagartig in eine andere Welt versetzt. Reges Schwätzen, Rufen, Schreien und fröhlicher Gesang hallen durch den hohen, prächtig ausgestatteten Kaltbaderaum. In den beiden Becken rechts und links des Frigidariums plantschen und stehen schon eine Reihe von Badegästen, obwohl die Thermen noch gar nicht lange geöffnet sind. Am Mittag, gegen 13 Uhr, beginnt der Betrieb für die Männer, während man den Frauen am Vormittag einige Stunden einräumt.

Den beiden Männern ist es noch zu früh für das erfrischende Bad im kalten Wasser. Außerdem steht es erst einmal an, sich gründlich zu reinigen, etwas Körperpflege betreiben lassen und sich dann vielleicht ins kühle Nass zu begeben. Sie durchschreiten die Säulenreihe, die eine ruhigere und dunklere Ecke vom großen Frigidarium abtrennt. Hier stehen einige Liegen, die nach einem Saunagang dazu einladen, sich von den Temperaturschwankungen auszuruhen. Diese Nische wird auf jeder Seite von einem Saunaraum, einem Sudatorium, und dem ersten Saal des Tepidariums umrahmt. Drei junge Männer springen gerade aus dem linken Schwitzraum.

„Kommt in die Palaestra! Los! Lass uns doch im Schneegestöber abkühlen!" ruft der eine und reißt die Tür zum großen offenen Innenhof auf. Ein eisiger Luftzug mit einem Wirbel dicker Schneeflocken fegt durch die Ruhezone. Das Gebrüll und der Protest der dort Liegenden lassen nicht lange auf sich warten.

„Rüpel!"

„Flegel!"

„Tür zu!"

Marcus und Oktavius haben keine Lust, sich in den entstehenden Streit einzumischen und ziehen es vor, schnell die Türe des Warmbaderaums, des Tepidariums, hinter sich zu schließen.

„Ja, ja, die Jugend! Aber so was passiert bei Euch in Rom ja nicht! Oder?"

„Na, der Schnee ist schon seltener bei uns! Aber Flegel, mein Freund, haben wir auch reichlich! Und bestimmt mehr, bei der Größe unserer Stadt!"

„Diesen Sieg nach Zahlen lassen wir Niedergermanen Euch gerne! Komm, womit wollen wir anfangen? Lust auf Massage? Oder möchte der Herr sich ein Härchen rupfen lassen? Ich glaube, da ist gerade ein Haarausreißer arbeitslos! Und es würde sich ja lohnen bei Dir! Vermutlich würde er nicht einmal an einem Tag fertig werden, wenn ich Dich so angucke – grauer Löwe aus den Sabiner Bergen!"

„Du Provinzrömer aus germanischen Wäldern und Sümpfen!"

„Bevor ich mich hier allen Genüssen und Wohltaten hingebe, werde ich erst mal die Latrine aufsuchen. Vielleicht gibt es da noch nette Gesellschaft und Unterhaltung, so ganz unter uns Provinzrömern! Oder willst Du etwa noch sehen, dass wir auch zivilisierte Latrinen haben und nicht immer mit den Bären in den Wald scheißen? Damit Du es aber gleich weißt und mir nicht von der größten Latrine Roms berichten musst: Ich gehe jetzt in die kleinere der Thermen. Draußen in der Ecke der Palaestra haben wir die größere, wo sechzig Leute auf einmal hocken können. Aber fließend Wasser haben wir auch hier drinnen. Du kannst dich ja davon überzeugen!"

Eine Rinne mit fließendem Wasser vor den Sitzbänken der Latrine diente als Ersatz für das noch nicht erfundene Toilettenpapier. Aus dieser Rinne schöpfte man mit der Hand etwas Wasser und wusch sich, während man noch in geselliger Runde auf der Latrinenbank saß.

Den hohen Stand der römischen Badekultur selbst in der fernen Provinz Niedergermanien belegt die Große Therme. Technische Meisterleistungen und Ingenieurskunst vermittelt heute wieder die Große Therme, das jüngste „Kind" der Arbeiten an der Colonia Ulpia

Römische Zivilisation und Geselligkeit: die Thermenlatrine

Traiana. Dies geschieht nicht mit Hilfe von einigen Museums-vitrinen oder Schaukästen, sondern ganz nah am Original mit einem Schutzbau über den antiken Fundamenten.

Dafür musste 1984 ein Stahlbetonwerk abgerissen und verlagert werden, das sich auf dem geschichtsträchtigen Boden befand. Schon 1879 hatten Mitglieder des Niederrheinischen Altertumsvereins Xanten die Fundamente der Großen Therme entdeckt, als man mit Hämmern und Eisenstangen den Xantener Boden nach unbekanntem Mauerwerk durchforschte. Ende der 1920er Jahre waren sich die Experten dann einig, dass man die große städtische Badeanlage der Colonia Ulpia Traiana entdeckt hatte. Dann geriet das römische Schwimmbad wieder in Vergessenheit.

Beim Wiederaufbau Xantens nach dem Zweiten Weltkrieg plante man gerade auf dem westlichen Areal der CUT ein Industrie- und Gewerbegebiet. Da erinnerte sich Hermann Hinz im Rheinischen Landesmuseum in Bonn an die Thermenfundamente in diesem Boden und startete eine Grabung. „Notgrabung" nennen es die Archäologen, wenn sie gefährdete Bodendenkmäler vor den heran-

Der Schutzbau über den Fundamenten der Großen Thermen

nahenden Baggern und anderem Baugerät erfassen und erforschen, bevor sie verloren gehen. Und so geschah es auch an der Traianstraße: Hier gruben die Archäologen, und gleich nebenan begann der Bau der Stahlbetonfabrik. Doch diese Geschichte sollte noch gut ausgehen!

An verschiedenen Stellen in Xanten und außerhalb erkannte man, dass es fünf vor zwölf war, wollte man die ungeahnten Schätze im Xantener Boden bewahren und in irgendeiner Form nutzbringend erschließen. Ein Reservat für das römische Xanten, ein Park über den Ruinen der Colonia Ulpia Traiana, sollte entstehen. 1973 wurde der Vertrag für den Archäologischen Park Xanten abgeschlossen, vier Jahre später öffnete der APX erstmals seine Tore. Grob ein Drittel des Grundrisses der antiken Stadt war damit schon einmal gesichert.

Bliebe noch das gute Ende für die Großen Thermen offen! Im Sommer 1988 konnten dank Arbeitsbeschaffungsmaßnahmen und der Unterstützung des damals zuständigen Ministeriums für Stadtentwicklung und Verkehr des Landes Nordrhein-Westfalen die systematischen Grabungen beginnen. Viel Arbeit wartete auf Spaten, Schaufel, Kelle und Handfeger bei einer Thermenanlage mit den Ausmaßen von 108 m mal 107 m.

Bei der Dokumentation der freigelegten Fundamente sollte ein für Xanten neuer Weg beschritten werden. Nicht ein Gebäude, das die alten Bauweisen widerspiegelt, sollte entstehen, sondern ein ganz moderner Bau. Eine Stahl- und Glaskonstruktion über dem römischen Mauerwerk in den Dimensionen des ursprünglichen Thermengebäudes! 1998 war es denn soweit, dass ein Schutzbau über den Großen Thermen eröffnet werden konnte. Kein Baufehler oder Sparsamkeit an der falschen Stelle bedeutet die Lücke zwischen der modernen Konstruktion und dem historischen Untergrund. Durch den permanenten Luftzug lässt sich das historische Mauerwerk trocken halten und eine Moos- und Schimmelbildung verhindern. Im Gegensatz zur Römerzeit, als Holzsandalen nötig waren, um über die beheizten Fußböden zu laufen, wandelt der Besucher heute eher mit einem leichten Kältegefühl um die Knöchel durch die Großen Thermen. Dafür spaziert er aber auch auf einem Laufsteg durch die Hallen und mit bestem Überblick eine zweitausend Jahre alte Badekultur. Großen Komfort konnte Xanten damals seinen rund 10.000 Einwohnern bieten.

Und hier irgendwo zwischen Warmwasserbecken, Fußbodenheizung und antiken Säulenbasen soll die Xantener Zeitreise vorläufig einmal enden – an einem Ort, an dem die Archäologen sogar den Aufenthalt von Falschmünzern im Bade nachweisen konnten, wie es die tönernen Münzmodeln aus der Zeit des Septimus Severus (193–211 n. Chr.) belegen. Aber zu den Heiligen, ad Sanctos, kam man in Xanten schließlich erst später!

BAYER, Erich (Hrsg.):Wörterbuch zur Geschichte, Stuttgart 1980

BORST: Otto: Alltagsleben im Mittelalter, Frankfurt 1983

FLINK, Klaus: Zur Stadtentwicklung von Xanten (12.–14. Jahrhundert), in: FLINK, Klaus: Rees, Xanten, Geldern. Formen der städtischen und territorialen Entwicklung am Niederrhein. Schriftenreihe des Kreises Kleve 2, Kleve 1981, S.33–56

GORISSEN, Friedrich (Hrsg.): Florilegium Xantense. Xanten in der Literatur von 1464–1892, Schriften des Rheinischen Landesmuseums Bonn, Band 5, Köln 1984

GROTE, Udo: Der Schatz von St. Viktor. Mittelalterliche Kostbarkeiten aus dem Xantener Dom, Regensburg 1998

HEIMBERG, Ursula; RIECHE, Anita: Colonia Ulpia Traiana. Die römische Stadt – Planung, Architektur, Ausgrabung. Führer und Schriften des Archäologischen Parks Xanten Nr. 18, Köln 1998

HORN, Heinz-Günter: Die Römer in Nordrhein-Westfalen, Stuttgart 1987

JANSSEN, Heinrich; GROTE, Udo (Hrsg.): Zwei Jahrtausende Geschichte der Kirche am Niederrhein, Münster 1998

KASTNER, Dieter: 750 Jahre Stadt Xanten. Ausstellung der Stadt Xanten und der Archivberatungsstelle Rheinland, Köln 1978

LANDESKONSERVATOR RHEINLAND (Hrsg.): Xanten. Europäische Beispielstadt. Arbeitsheft 9, Köln 1975

LEHMANN, Michael: Der blaue Brabant. Die Geschichte der Boxteler Eisenbahn, Uedem 1998

MÖLICH, Georg; OEPEN, Joachim; ROSEN, Wolfgang (Hrsg.): Klosterkultur und Säkularisation im Rheinland, Essen 2002

PRECHT, Gundolf; SCHALLES, Hans-Joachim (Hrsg.): Spurenlese. Beiträge zur Geschichte des Xantener Raumes, Köln 1989

SCHMIDT, Hartwig: Archäologische Denkmäler in Deutschland – rekonstruiert und wieder aufgebaut, Stuttgart 2000

SCHOEPS, Julius H. (Hrsg.): Menora. Jahrbuch für deutsch-jüdische Geschichte 1990, München, Zürich 1990

STADT XANTEN (Hrsg.): 700 Jahre Stadt Xanten. Ein Heimatbuch zur Erinnerung an das 700jährige Bestehen der Stadt, Xanten 1928

STADT XANTEN (Hrsg.): Studien zur Geschichte der Stadt Xanten 1228–1978. Festschrift zum 750jährigen Stadtjubiläum, Köln 1978

VEREIN ZUR ERHALTUNG DES XANTENER DOMES (Hrsg.): Geschichte des Restaurations-Baues der St. Viktor's Kirche (Dom) in Xanten in den Jahren 1857–68. Bearbeitet von Hans-Dieter Heckes. Die Stiftskirche des hl. Viktor zu Xanten, Band VII, Teil 1, Kevelaer 1989

ZIELING, Norbert: Die Grossen Thermen der Colonia Ulpia Traiana. Die öffentliche Badeanlage der römischen Stadt bei Xanten. Führer und Schriften des Archäologischen Parks Xanten Nr. 19, Köln 1999

Ohne Verfasser: Der Xantener Knabenmord vor dem Schwurgericht zu Cleve 4.–14. Juli 1892, Berlin 1893

Bildnachweis

Amsterdam, Rijksprentenkabinet: S. 104

Archäologischer Park: S. 203, 236

Bayerische Staatsbibliothek: S. 71

Familie Friese: 217, 221, 223

Groen, F.: S. 29,

Jeiter, Michael: S. 155

Katholische Propsteigemeinde St. Viktor: S. 18, 31, 39, 46, 48, 49, 53, 54, 56, 63, 64, 69, 77, 78, 82, 89, 91, 96, 102, 104, 107,110, 116, 124, 154, 161, 165, 172, 190

Kleve, Städtisches Museum Haus Koekkock: S. 188

Kleve, Museum Kurhaus: S. 99

Landesbildstelle Rheinland: S. 62, 151

Lehmann, Michael: S. 195, 196

Niederrhein-Akademie: S. 174

Olfen, Gerhard: 67, 227

Privatbesitz: S. 74, 84, 118, 125, 129, 140/141, 143, 152, 165, 179, 183, 197, 201, 205, 208, 229

Fürsten zu Salm – Salm, Sammlung Wasserburg Anholt: S. 55

Sammlung Angerhausen: S. 132

Stadtarchiv Xanten: S. 212

Tourist Information Xanten: S. 3, 192, 230, 237